中国税务师行业发展报告
2020

北京哲学社会科学国家税收法律研究基地
首都经济贸易大学财政税务学院
中国税收筹划研究会
◎ 主 编

首都经济贸易大学出版社
Capital University of Economics and Business Press
· 北 京 ·

图书在版编目（CIP）数据

中国税务师行业发展报告．2020／北京哲学社会科学国家税收法律研究基地，首都经济贸易大学财政税务学院，中国税收筹划研究会主编．——北京：首都经济贸易大学出版社，2021.12

ISBN 978-7-5638-3309-2

Ⅰ．①中⋯　Ⅱ．①北⋯　②首⋯　③中⋯　Ⅲ．①税收管理-研究报告-中国-2020　Ⅳ．①F812.423

中国版本图书馆 CIP 数据核字（2021）第 243148 号

中国税务师行业发展报告（2020）
北京哲学社会科学国家税收法律研究基地
首 都 经 济 贸 易 大 学 财 政 税 务 学 院　主编
中 国 税 收 筹 划 研 究 会

责任编辑	晓　地
封面设计	砚祥志远·激光照排　TEL: 010-65976003
出版发行	首都经济贸易大学出版社
地　　址	北京市朝阳区红庙（邮编 100026）
电　　话	（010）65976483　65065761　65071505（传真）
网　　址	http：//www.sjmcb.com
E－mail	publish@cueb.edu.cn
经　　销	全国新华书店
照　　排	北京砚祥志远激光照排技术有限公司
印　　刷	北京建宏印刷有限公司
成品尺寸	170 毫米×240 毫米　1/16
字　　数	255 千字
印　　张	14.25
版　　次	2021 年 12 月第 1 版　2021 年 12 月第 1 次印刷
书　　号	ISBN 978-7-5638-3309-2
定　　价	58.00 元

图书印装若有质量问题，本社负责调换
版权所有　侵权必究

序言一

税收是国家（政府）公共财政最主要的收入形式和来源。税收的本质是国家为了满足社会公共需要，凭借公共权力，按照法律所规定的标准和程序，参与国民收入分配，强制取得财政收入所形成的一种特殊分配关系。马克思指出："赋税是政府机器的经济基础，而不是其他任何东西。"恩格斯指出："为了维持这种公共权力，就需要公民缴纳费用——捐税。"这些都说明了税收对于国家经济生活和社会文明的重要作用。

税务师是指通过全国税务师统一考试，取得《税务师职业资格证书》，同时注册登记、从事涉税鉴证和涉税服务活动的专业技术人员。2014年7月，国务院取消了注册税务师职业资格许可，所以注册税务师更名为税务师，更名以后，税务师资格仍属于国家职业资格。税务师资格的取得实行考试和认定制度。税务师职业资格证书实行登记服务制度。税务师的服务范围包括以下几个方面：纳税申报代理、一般税务咨询、专业税务顾问、税收策划、涉税鉴证、纳税情况审查、其他税务事项代理、其他涉税服务。

我国税务师行业萌芽于20世纪80年代中期，伴随着改革开放的不断深入和经济的快速发展，经历了试点初创、脱钩改制和规范发展等阶段，经过了十多年的迅猛发展，如今已经成为一个从事涉税服务和涉税鉴证的涉税专业化服务行业，成为促进纳税人依法诚信纳税、推动税收事业科学发展的一支重要力量，同时也是国家税收事业不可或缺的社会型管理力量。新时代，我国经济发展已由高速增长转向高质量发展。推动高质量发展，是税务师行业当前和今后一个时期确定发展思路、谋划发展规划的根本要求。

在全面深化改革的前提下，我国的税制也不断做出调整和革新，以此促进经济的发展和产业的转型升级。从"营改增"到"个税改革"，再到"减税降费"，其目的是在调整经济结构、保障民生、促进就业的同时，进一步激发市场主体的活力，以寻求更好、更长远的发展。随着国家深化税制改革的不断推进，以及优化营商环境的不断深化，税务师行业蓬勃发展，不断地拓宽业务范围，向涉税服务法制化、市场化、专业化、信息化、国际化的方向迈进。

在近几年的税制改革之中，税务师始终处于政策落实的一线，在行业内担任急先锋的角色，发挥着积极引领的带头作用。目前中国已进入新的发展时代，经济持续稳中向好，市场活力不断激发，各行各业对于纳税的重视程度越来越高，对于纳税服务的需求也越来越大。尤其是"一带一路"建设不断取得突破性进展，国际交流和业务往来日益频繁和深入，使得我国对于懂得国际税收、企业战略发展的高水平税务师人才的需求大大提升。而目前我国税收服务行业中的高水平人才还是非常稀缺的，具有职业资格和职称的专业人才占比还不到10%。广阔的发展空间和巨大的人才缺口为我们提供了机遇，也使得最近几年报考税务师的人数激增。

2017年，由首都经济贸易大学、国家法官学院、国家税务总局税收科研所联合设立的北京哲学社会科学国家税收法律研究基地——我国税收法律研究领域第一个获批省部级研究基地的研究机构，正式揭牌成立。北京哲学社会科学国家税收法律研究基地为税收法律研究、高校人才培养、税务师行业经验交流等方面加强合作、共同推动税收法律的发展与应用搭建了一个良好的平台，将经济学、法学、管理学有机地融合在一起，推动实现税收立法、执法和司法的统一。北京哲学社会科学国家税收法律研究基地的设立体现了最高人民法院、国家税务总局、全国人民代表大会财政经济委员会在税收立法、执法、司法领域的深度合作，表明坚持税收法定原则，促进依法治国取得巨大进展。党确立了税收法定原则，这是在理念上的巨大进步。近年来我国落实税收法定原则的进展突飞猛进，这是实施依法治国战略的重大进展。北京哲学社会科学国家税收法律研究基地把对税收法定原则的研究，作为一个重要的理论和实践课题，从立法、执法、司法等不同的视角，从税制改革、税收征管、税法研究等不同的层面，进行了更深入的研究，坚持理论联系实际，有效回应社会关切，充分挖掘、运用司法大数据，切实加强税收法律研究，推进新时代背景下税收法治建设，促进国家治理体系和治理能力现代化。

新时代背景下，税务师行业迎来了新的发展的机遇期与挑战期，对税务师行业提出了更高的要求。税务师行业应当抓住"一带一路"与"互联网+税务"等新发展动力，转变思维方式，及时准确把握当前税收相关政策，了解国际税收制度变化，适应日新月异的执业环境，加强职业道德建设，创新管理方式与人才培养模式，利用大数据时代的信息优势与便利办税理念，推进涉税软件的开发，建立健全监管制度，不断更新涉税服务模式，提高监管水平，防范和正确处理涉税服务中面临的各类风险和各种问题，提升专业胜任能力和为纳税人提供涉税服务的水平，使税务师行业向法治化、专业化、市场化、信息化、国际化的方向实现持续、健康、有序地发展，促进社会主义事业的高速发展、依法治国方略的稳步落实。

《中国税务师行业发展报告（2020）》由北京哲学社会科学国家税收法律研究基地、首都经济贸易大学财政税务学院和中国税收筹划研究会共同主编，资料翔实、内容丰富、结构紧凑、逻辑严谨、可读性强，是具有参考价值的年度性发展报告。全书从税务师行业发展概览、部分国家税务师发展情况及经验借鉴、国内税务师行业现状分析、提高税务师行业水平和素质、涉税服务市场面临的机遇和挑战、新环境下税务师行业的发展思路等方面对税务师行业的发展状况做了详细的介绍，同时收录了当下税收领域内人才关于涉税服务、税收法庭、税收筹划等方面的思想碰撞与经验交流的精彩论述，对税务师行业与高校相关学科的进一步发展具有借鉴意义。

郝如玉

中央统战部无党派专家财金组组长

第十一、十二届全国人民代表大会财政经济委员会副主任

北京哲学社会科学国家税收法律研究基地首席专家

序言二

很高兴能为本书作序。首都经济贸易大学一直以来关注、支持税务师行业发展，不仅为税务师行业培养了众多优秀人才，也为行业发展的理论研究工作做出了卓越贡献。本书以年度报告的形式聚焦税务师行业年度发展情况，主要从发展现状、发展环境、发展趋势等方面，多角度、多维度地反映行业一年来的发展状况，既是记录税务师行业发展历程的重要文献，又是帮助广大读者全面了解税务师行业的精品佳作，起到了很好的正面宣传作用。郝如玉教授、丁芸教授为本书的出版倾注了大量心血，我对他们坚守税务师行业理论研究工作的执着精神深表敬佩。

2021年是中国共产党成立一百周年。在革命、建设、改革各个历史时期，我们党都高度重视税收事业。税收事业作为党百年奋斗历程的重要组成部分，薪火相传、生生不息，奋力谱写了初心不改、利国为民的税收华章。特别是党的十八大以来，以习近平同志为核心的党中央高度重视税收工作，习近平总书记多次做出重要指示批示，强调要发挥税收在国家治理中的基础性、支柱性、保障性作用，为推动税收改革发展指明了前进方向，提供了根本遵循。2021年3月，中共中央办公厅、国务院办公厅印发了《关于进一步深化税收征管改革的意见》（以下简称《意见》），《意见》以习近平新时代中国特色社会主义思想为指导，围绕把握新发展阶段、贯彻新发展理念、构建新发展格局，明确了"十四五"时期税收改革发展的指导思想、基本原则、目标任务和工作要求，也对税务师行业高质量发展和协会建设提出了新要求、新期待。中国注册税务师协会希望同包括首都经济贸易大学在内的社会各界一起携手抓好贯彻落实，为服务国家税收现代化做出新贡献。借这次作序的机会，我想谈几点体会，与广大读者和关心、支持中国税务师行业发展的各界朋友分享、交流。

第一，全面加强党的领导为税务师行业发展提供了力量源泉。近年来，全国税务师行业党委带领全行业深入学习贯彻习近平新时代中国特色社会主义思想，坚决贯彻落实党中央及税务总局党委的部署和要求，驰而不息推动全面从严治党向纵深发展。一是促使行业从业党员坚决做到"两个维护",牢固树立"四个意识",坚定"四个自信",始终在政治立场、政治方向、政治原则、政治道路上同以习近平同志为核心的党中央保持高度一致;二是指导行业各级党组织抓好《中国共产党纪律处分条例》的学习教育和贯彻落实,加强纪律建设,严明政治纪律和政治规矩;三是修订完善《中国共产党中国注册税务师行业委员会工作制度》,突出加强纪律建设,严肃党内政治生活,净化党内政治生态;四是履行一岗双责,推动党建业务有效融合;五是推动整顿软弱涣散基层党组织常态化、长效化,对行业党组织开展全面摸底排查,并重点对169个联合党支部进行摸底排查,有力推动了行业党建工作作风的改变;六是抓好党支部工作条例的落实,推动基层党组织标准化、规范化建设。通过推进全面从严治党,使铁的纪律真正转化为行业党员的日常习惯和自觉遵循,带动行业风清气正,促进行业从业人员依法执业、诚信执业、廉洁执业,打造税务师行业良好形象,赢得税务部门和纳税人的信任,为税务师行业发展提供力量源泉。

第二,党中央、国务院赋予税务师行业新使命。从国际经验看,发达国家充分发挥税务师事务所等涉税专业服务机构的传导扩张效应,大幅度提高了税收征管效能,涉税专业服务机构的发达程度是衡量税收现代化的重要指标之一。党的十八大以来,党中央、国务院高度重视发挥涉税专业服务机构的专业作用。党的十九大报告中特别指出"加快发展现代服务业,瞄准国际标准提高水平"。国务院《关于加快发展生产性服务业 促进产业结构调整升级的指导意见》提出"积极发展资产评估、会计、审计、税务等专业咨询服务"。国务院《关于促进市场公平竞争 维护市场正常秩序的若干意见》明确指出,充分发挥社会力量在市场监管中的作用,支持税务师事务所等市场专业化服务组织对企业纳税情况的真实性、合法性进行鉴证。中共中央办公厅、国务院办公厅《关于进一步深化税收征管改革的意见》第六部分"持续深化拓展税收共治格局"首次提出,要"加强社会协同。积极发挥行业协会和社会中介组织作用,支持第三方按市场化原则为纳税人提供个性化服务",这是党中央、国务院立足新发展阶段,为进一步深化税收征管改革而赋予税务师行业的新使命。一方面,市场化涉税专业服务和政府涉税公共服务一样,都是我国涉税服务体系的重要组成部分,在新发展阶段,税务师行业要积极参与、推动税收共治,发挥好涉税专业服务主力军的作用,成为国家税务部门的好帮手,提升纳税人的满意度;另一方面,税务师行业要在依法规范执业的基础上,创新服务模式,提升服务能力,满足纳税人日益增长的多样化、个性化涉税服务需求，努力提升纳税人税法遵从度和纳税信用等级。

第三，税务师行业的发展离不开国家税收事业的发展。税务师行业是社会主义市场经济和税收事业发展的产物。40多年来，行业历经起步创立、脱钩改制、清理整顿、规范发展等不同阶段，与国家税收改革发展同频共振。历史和实践证明，国家税收事业的发展进步，为税务师行业发展营造了良好的外部环境。今天，税务师行业已经进入高质量发展的崭新时期，税务师群体作为新的社会阶层人士已经成为推动我国社会主义市场经济健康发展和税收现代化的重要力量。税务师运用专业特长，为纳税人提供税务代理、涉税审核和咨询等服务，对涉税信息进行鉴证，在优化纳税服务、提高征管效能、防范涉税风险和强化社会监督等方面发挥着不可或缺的作用。未来，国家税收现代化进程将给税务师行业可持续发展带来新的机遇，我们必须积极应对、扬长避短、主动作为，在助力国家税收现代化的伟大事业中继续发展壮大。

第四，新发展阶段税收现代化建设为税务师行业提出了更高要求。党的十九届五中全会立足新发展阶段，贯彻新发展理念，构建新发展格局，擘画了全面建设社会主义现代化国家的新蓝图。立足新发展阶段，国家税务总局党委坚持以习近平新时代中国特色社会主义思想为指导，深入学习贯彻习近平总书记关于税收工作的重要论述，认真落实党中央、国务院决策部署，确立了以"带好队伍、干好税务"为主要内容的新时代税收现代化建设总目标，提出并不断充实完善"六大体系"的具体目标和内容。2021年初，全国税务工作会议提出，税收法治体系要推动进一步大幅提高税法遵从度，税费服务体系要推动进一步大幅提高社会满意度，税费征管体系要在推进理念、方式、手段变革中更加优化、高效、统一，国际税收体系要在推动全球税收治理变革中充分展现中国税务治理之智，组织体系要推动进一步营造凝心聚力、干事创业的浓厚氛围。中共中央办公厅、国务院办公厅《关于进一步深化税收征管改革的意见》把加快推进智慧税务建设作为改革首要任务，主要目标是到2025年基本建成功能强大的智慧税务，这将给税收征管带来从合作、合并到合成的突破。从信息性服务看，智慧税务将根据纳税人、缴费人的不同需求，提供更加精细化、智能化、个性化的政策法规等信息推送服务。从程序性服务看，智慧税务将为纳税人提供智能化的办税系统，这意味着我国将全面扩大为纳税人、缴费人预填纳税缴费申报表的服务范围，从当前的个人所得税扩展到其他各种税费。从权益性服务看，智慧税务将促进精准监管和精确执法，到2023年基本建成"无风险不打扰、有违法要追究、全过程强智控"的税务执法新体系。可以预见，智慧税务的建设会给税务师行业发展带来较大影响。一方面，这在一定程度上有助于避免"劣币驱逐良币"，让恶意筹划没有市场，同时会进一步压缩代理业务的市场；另一方面，税务部门的征管能力会进一步提高，纳税人的税法遵从意识也会相应增强，纳税人对涉税专业服务的需求特别是合规类的需求会大大增加。这些调整和变化对税务师行业实现高质量发展提出了更高要求，将倒逼税务师事务所在治理架构、经营理念和内部管理等方面发生变革。

不久前，国家税务总局党委书记、局长王军到中国注册税务师协会调研党史学习教育开展情况时指出：税务师行业是涉税专业服务的主力军，注册税务师协会是征纳沟通的桥梁，税务师行业党委要在扎实开展党史学习教育中，进一步把党建工作融入税务师业务工作的各个环节，团结带领行业从业人员听党话、跟党走，以协会为家，以税务为本，不断创造新的更好业绩。中国注册税务师协会将认真贯彻落实王军的指示精神，谋划好"十四五"时期税务师行业发展战略。希望广大读者和各界有识之士多提宝贵意见，共同谱写税务师行业高质量发展新篇章，为我国税收现代化事业做出新贡献。

是为序。

谢滨

中国注册税务师行业党委副书记

中国注册税务师协会常务副会长

前 言

2020年是税制改革深入进行的一年，我国税收制度改革不断深化，税收征管体制持续优化，纳税服务和税务执法的规范性、便捷性、精准性不断提升，涉税服务不断向高质量发展推进。我国税务师行业在国家税务总局和中国注册税务师协会的领导下蓬勃发展。税务师从2016年到2020年总报考人数为296.82万余人，有11.27万余人获得税务师职业资格证书。报考人数从2016年的17.6万人增长到2020年的64万人。在疫情防控压力较大的形势下，考试人数和科次依然实现大幅增长，表明行业影响力日益扩大，税务师职能作用日益明显。全行业有税务师事务所8 500多家，从业人员有13万余人。在涉税专业服务市场开放的背景下，税务师行业的行业优势明显，并呈高速发展的势态。

本书由北京哲学社会科学国家税收法律研究基地、首都经济贸易大学财政税务学院和中国税收筹划研究会共同主编，在北京哲学社会科学国家税收法律研究基地首席专家郝如玉教授和首都经济贸易大学财政税务学院李红霞院长的指导下，由北京哲学社会科学国家税收法律研究基地副主任丁芸教授负责相关编写组织工作。本书主要分为两个部分。第一部分系统全面地介绍了我国的税务师行业：第一章是税务师行业发展概览，第二章是部分国家税务师发展情况及经验借鉴，第三章是国内税务师行业现状分析，第四章是提高税务师行业水平和素质，第五章是涉税服务市场面临的新机遇、新挑战、新要求，第六章是新环境下税务师行业的未来发展趋势以及措施。第一部分由北京哲学社会科学国家税收法律研究基地副主任丁芸教授，中国社会科学院大学李泽鹏、高航、李婧，首都经济贸易大学崔若琳编写。第二部分收录了中国税收筹划研究会第十四届年会以"疫情期间财税政策研究与税收法治化"为主题的论文，共计13篇。这些论文对疫情期间财税政策内容、效果以及下一步对策、税收法治化等问题进行深入探讨研究，呈现百花齐放、百家争鸣之势，引人深思。

本书参考借鉴了大量的资料，已尽可能地在引用之处标出文献来源，作者在此表示感谢。但由于作者水平有限，经验不足，书中疏漏、错误之处在所难免，恳请读者批评指正。

编者

目 录

2020年中国税务师行业发展报告

第一章 税务师行业发展概览 ··········· 3
- 第一节 税务师行业概述 ··········· 3
- 第二节 税务师事务所概述 ··········· 9
- 第三节 中国税务师行业发展历程 ··········· 13
- 第四节 2020年税务师行业大事记 ··········· 18

第二章 部分国家税务师发展情况及经验借鉴 ··········· 23
- 第一节 部分国家税务师发展比较 ··········· 23
- 第二节 国际税务师发展的经验借鉴 ··········· 36

第三章 国内税务师行业现状分析 ··········· 42
- 第一节 税务师行业存在的必要性 ··········· 42
- 第二节 涉税专业服务范围 ··········· 45
- 第三节 税务师事务所基本情况 ··········· 49
- 第四节 税务师事务所前百家情况分析 ··········· 50
- 第五节 税务师行业环境分析 ··········· 52

第四章 提高税务师行业水平和素质 ··········· 59
- 第一节 税务师职业道德 ··········· 59
- 第二节 税务师自身技能 ··········· 68
- 第三节 税务师行业培训 ··········· 70

第五章 涉税服务市场面临的新机遇、新挑战、新要求 ··········· 75
- 第一节 新时代涉税服务市场面临的新机遇 ··········· 75
- 第二节 新时代涉税服务行业的新挑战 ··········· 81
- 第三节 新时代对税务师行业的新要求 ··········· 83

第六章　新环境下税务师行业的未来发展趋势以及措施 …… 85
　第一节　涉税专业服务进入新时代 …… 85
　第二节　新时代税务机关要有新举措 …… 86
　第三节　新时代涉税专业服务机构要有新作为 …… 87
　第四节　新时代税务师事务所要有新气象 …… 89
　第五节　新时代税务师自身要有新成就 …… 90

参考文献 …… 94

论文集

●税收筹划 …… 99
　新能源汽车纳税筹划研究——以某汽车公司为例 …… 99
　减税降费背景下建筑企业纳税筹划研究——以某建筑公司为例 …… 106
　个人所得税的纳税筹划分析 …… 115
　后疫情时代中小企业增值税纳税筹划探析 …… 125
　由增值税视同销售引发的思考 …… 134

●税收制度与征管问题研究 …… 143
　有关中小企业税收优惠问题研究——基于企业所得税的视角 …… 143
　上市公司财务造假引发的税务风险及其防范 …… 150
　资产收购涉税问题研究 …… 157
　关于个人所得税汇算清缴制度的两点思考 …… 165
　加大农村生活卫生基础设施投资　促进城乡财政和
　　公共服务均等化 …… 173

●新冠肺炎疫情下税收政策探讨 …… 179
　新冠肺炎疫情防控背景下我国公益捐赠税收政策的完善初探 …… 179
　应对新冠肺炎疫情的财税政策研究 …… 191
　新冠肺炎疫情冲击下我国助企纾困政策效应研究 …… 201

2020 年
中国税务师行业发展报告

第一章 税务师行业发展概览

第一节 税务师行业概述

一、税务师

税务师是指参加全国统一考试,成绩合格,取得《税务师职业资格证书》并经登记的、从事涉税鉴证和涉税服务活动的专业技术人员[①]。2014年7月,国务院取消了注册税务师职业资格许可,2015年11月,在总结原注册税务师职业资格制度实施情况的基础上,人力资源社会保障部、国家税务总局制定了《税务师职业资格制度暂行规定》和《税务师职业资格考试实施办法》,税务师职业资格仍属于国家职业资格,纳入全国专业技术人员职业资格证书制度统一规划[②]。通过税务师职业资格考试并取得职业资格证书的人员,表明其已具备从事涉税专业服务的职业能力和水平。税务师资格的取得实行考试和认定制度,中国注册税务师协会具体承担税务师职业资格考试的评价与管理工作[③]。税务师职业资格证书实行登记服务制度,税务师职业资格证书登记服务的具体工作由中国注册税务师协会负责。

税务师行业是随着社会主义市场经济的建立而发展的新兴行业,是社会主义市场经济发展的必然产物。在中国经济蓬勃向上的同时,一方面由于经济运行到一定阶段所产生的内在要求,另一方面因为与世界经济接轨的客观需要,政府管理经济的模式发生了深刻的转变,宏观调控成为主

[①] 从注册税务师的专业作用看注税行业立法的重要性[EB/OL]. [2020-08-10]. http://www.cctaa.cn/hyxw/ztzl/zyyjiu/2014-08-28/11831.html.

[②] 国家税务总局"税务师职业资格制度和考试办法"在线访谈[EB/OL]. [2020-08-10]. http://www.cctaa.cn/2015ksbm/2015-11-20/13439.html.

[③] 税务师职业资格考试实施办法[EB/OL]. [2020-08-10]. https://ksbm.ecctaa.com/cms/detail-CMS201605171700000014003.html.

导,与此同时,各行业自律性组织——行业协会及其专业机构的建设得到了进一步加强。其中,税务师行业由于帮助政府建立市场经济体制,尤其是健全服务市场体系,保障新税制实施,加快税收征管改革,适应改革开放,而不断得到国家的重视。在此基础上,中国税务咨询协会经过多年的实践,于2003年8月,经民政部批准,更名为"中国注册税务师协会",并与中国注册会计师协会分业管理,这是中国税务师行业发展的一座新的里程碑。

2003年中国共产党第十六届中央委员会第三次全体会议指出,要积极发展独立公正、规范运作的专业化市场中介服务机构,按照市场化原则和规范发展各类行业协会、商会等自律组织。2014年,国务院《关于加快发展生产性服务业 促进产业结构调整升级的指导意见》提出"积极发展资产评估、会计、审计、税务等专业咨询服务"。2014年,国务院《关于促进市场公平竞争 维护市场正常秩序的若干意见》明确指出,充分发挥社会力量在市场监管中的作用,支持税务师事务所等市场专业化服务组织对企业纳税情况的真实性、合法性进行鉴证。2017年10月30日,中国注册税务师行业委员会第十二次(扩大)会议传达了党的十九大精神,强调要全面、系统地领会党的十九大精神,结合行业党建和发展实际,进一步掌握税收现代化的精神实质,以其指导行业现代化的实践发展。2018年4月26日,全国税务师行业党委书记会议深入学习了习近平总书记新时代中国特色社会主义思想以及"两会"精神,会议强调要发挥党建工作的统领作用和核心作用,将党建融入涉税专业服务中,促进税务师行业加快转型升级,锐意进取,扎实工作,为决胜全面建成小康社会、加快推进社会主义现代化、实现中华民族伟大复兴的中国梦发挥税务师行业应有的作用!2019年8月16日,中国注册税务师协会第六次全国会员代表大会顺利召开,会议强调在五届理事会的工作基础上,以习近平新时代中国特色社会主义思想为指引,以实现行业高质量发展为目标,发挥好行业桥梁和纽带作用以及涉税专业服务优势,不断改革创新,继续认真贯彻落实以党建为引领,统筹推进行业市场化、法治化、专业化、智能化、国际化、信用化的"1+6"发展战略,为服务国家经济社会建设、推进国家治理体系和治理能力现代化做出新贡献!2020年,经中国注册税务师协会第六届常务理事会审议通过,并报请国家税务总局领导和有关部门审核同意,出台了《中国注册税务师协会关于推进新时代税务师行业高质量发展的指导意见》,明确要通过"六化"高质量建设,使税务师行业整体服务效率和质量显著提高,经营效益和社会效益持续向好,吸纳就业能力持续加强,涉税专业服务主力军地位进一步巩固，行业发展的外部环境进一步改善，税务师行业在助力政府部门优化纳税服务、提高征管效能、防范涉税风险和强化社会监督等方面发挥更大作用，基本形成专业高效、规范有序、治理完善的税务师行业高质量发展新格局。2021年，中共中央办公厅、国务院办公厅印发的《关于进一步深化税收征管改革的意见》第六部分"持续深化拓展税收共治格局"首次提出，要"加强社会协同。积极发挥行业协会和社会中介组织作用，支持第三方按市场化原则为纳税人提供个性化服务"，这是党中央、国务院立足新发展阶段，为进一步深化税收征管改革而赋予税务师行业的新使命。

随着我国改革开放的逐步深入，我国经济获得了前所未有的发展，税务师行业也成为完善市场经济体制、深化税制改革、优化纳税服务、提高税法遵从度的一支重要的专业化社会服务力量[①]。税收事业的大发展，离不开政府的大力支持和税务师行业工作者们的广泛参与。税务师行业按照客观公正、优质服务的原则，初步理顺了各方面的关系，在市场经济环境中努力转变观念，平等竞争，税务代理业务由单一到综合，正在向税收全面代理、税务高端咨询、税务顾问等高层次业务发展。

二、税务师行业的特征

（一）主体资格的特定性

在涉税服务法律关系中，涉税服务行为发生的主体资格是特定的。这包含两个方面的内容：一是代理人必须是经批准具有税务代理执业资格的税务师和税务师事务所；二是被代理人必须是负有纳税义务或扣缴税款义务的纳税人或扣缴义务人。主体资格的特定性是税务师职业的法定要求。

（二）代理活动的公正性

税务师是与征纳双方都不存在利益关系的独立第三方涉税服务专业人员。税务师在开展相关业务的过程中，要站在客观、公正的立场上，以税法为依据，以服务为宗旨，既要保障纳税人的合法权益，又不能损害国家的利益。公正性是税务师职业的根本要求，是税务师行业得以存续发展的重要前提。

---

① 李林军.税务师行业砥砺奋进　铿锵前行［N］.中国会计报，2018-11-23（003）.

(三) 法律的约束性

税务师从事的涉税专业服务和法律服务、会计审计服务一样，是负有法律责任的契约行为。税务师与委托人之间需要签订具有法律约束力的《业务约定书》，在执业过程中，其行为受到税收及相关法律的约束。

(四) 执业活动的知识性和专业性

税务师从事的涉税服务是知识密集型和实践密集型的专业活动。首先，执业的税务师要具备丰富的知识，不局限于税法、法律、财会、金融等专业知识；其次，执业的税务师要具有一定的实践经验，具备综合分析能力，其执业过程和程序都是专业的、规范的，体现出涉税服务的专业性。

(五) 执业内容的确定性

税务师承接业务的业务范围是由国家以法律、行政法规和行政规章的形式确定的，税务师不得超过规定的内容从事涉税服务活动，税务师不得代理应由税务机关行使的行政职权。在具体的业务中，税务师需要以业务约定书中确定的服务目的、范围、期限为依据开展业务。

(六) 税收法律责任的不转嫁性

税务代理关系的建立并不改变纳税人、扣缴义务人对其本身所固有的税收法律责任的承担。在代理过程中产生的税收法律责任，无论是纳税人、扣缴义务人的原因，还是税务师的原因，其承担者均应为纳税人或扣缴义务人。但是这种法律责任的不转嫁性，并不意味着税务师在执业过程中可以对纳税人、扣缴义务人的权益不负责任，不承担任何代理过错，委托方可以通过民事诉讼程序向代理人提出赔偿要求。

(七) 执业的有偿服务性

税务师行业是伴随着市场经济的发展而产生并发展起来的，既服务于纳税人和扣缴义务人，又间接地服务于税务机关，服务于社会，它同样以获得收益为目标，税务师在执业过程中付出了体力劳动和脑力劳动，应该获得相应的报酬。

三、税务师的执业准则

税务师和税务师事务所提供涉税服务，应遵循以下原则：

（一）合法原则

税务师事务所必须是依法成立的；从事涉税服务的税务师必须是参加全国统一税务师资格考试且成绩合格的涉税服务人员；提供涉税服务的过程和结果应当符合法律规定，不得损害国家税收利益和其他相关主体的合法权益。合法原则是税务师执业的重要原则。

（二）合理原则

合理原则又称客观公正原则，是指税务师提供的涉税服务应当符合税法立法目的，合乎事理常规。不得为纳税人筹划虚假交易或其他不当行为。税务师在实施涉税服务的过程中，要公正、客观地为纳税人、扣缴义务人代办涉税事宜，不得偏袒或迁就。

（三）独立原则

税务师在其权限内能够独立地行使自身的职责，不受其他组织机构和个人团体的干预。税务师从事具体代理活动不受纳税人和扣缴义务人控制，也不受税务机关左右，应严格按照税法的规定，独立地处理受托业务。

（四）胜任原则

税务师在承接业务和执业中，应当审慎评价委托人的业务要求和自身的专业能力，妥善处理超出自身专业能力的业务委托。合理的人员配备能够达到事半功倍的效果，既能够节约业务成本，又能够为委托人提供优质的服务。

（五）责任原则

税务师在执业过程中应当抱着为委托人负责的态度实施服务程序，控制执业风险，承担执业责任。此外，税务师应当对委托人的企业信息及相关的资料负有保密的责任，依照法律规定和约定履行保密义务。

四、税务师提供服务的主要程序

（一）业务承接

税务师应当按照《税务师业务承接规则》的要求承接涉税服务业务。

在签订业务约定书之前，税务师应当与委托人进行沟通，了解委托背景、目的、目标等特定事项的具体内容。在进行充分的沟通和讨论之后，税务师应当按照《涉税业务约定规则》的要求起草业务约定书。业务约定书包括但不限于以下内容：委托背景，委托人的需求，服务目标，服务团队，服务程序，服务成果体现形式、提交方式和时间，业务收费，权利和义务，以及法律责任。

（二）业务计划

涉税服务的业务计划有四个要求：

第一，业务计划应当根据服务目标，按照《税务师业务计划规则》制订，业务简单、风险较小的服务项目可以简化。

第二，税务师应在委托原因、背景、目标充分理解的基础上，制订业务计划。

第三，税务师应将服务总目标分解成若干阶段，然后确定各阶段的子目标，再据此细化各阶段的工作事项。

第四，在项目计划形成后，税务师应当与委托人进行沟通，得到委托人确认后实施。

（三）业务实施

业务实施应以委托人目标实现为导向，根据委托目标，确定涉及相关法律法规范围，分析实现委托人目标应具备的法定条件，分析委托人现有条件与法定条件的差异和差异原因，提出消除差异的方法和建议。在业务实施前，项目组成员应当对业务约定书和业务计划进行讨论，使项目成员都能了解项目目标和各自所承担的任务和责任。项目启动后项目负责人应当按项目计划对项目的进展、成本、质量、风险进行控制。

其中需要强调的是，税务师发现委托人提供的资料和陈述严重偏离业务约定书的内容，对委托目标实现有重大影响时，税务师应当与委托人讨论修改委托目标和业务约定书的其他内容，如不能达成共识，则终止项目。

（四）业务报告

在项目结束时，税务师需要根据项目制定相应的业务报告。业务报告的基本要求包括以下内容：

第一，应向委托人告知涉税服务业务报告的起草原因和所要达到的具体目的。

第二，业务报告的内容和要素要完整，目录要清晰；在具体分析表述中，论述的内容要与大小标题的内容相对应。

第三，业务报告中，除了写明分析过程和业务结论外，还应列明相应的依据（委托人的事实和法律法规）。涉及的法律法规可以作为业务报告的附件。

第四，在报告中针对业务约定书确定的目标，税务师要明确告诉其结论和建议。

第五，在报告中要告知委托人在使用业务报告时应注意的事项，以避免委托人不当使用业务报告给税务师事务所带来风险。

第二节 税务师事务所概述

一、税务师事务所

税务师行业经历了40多年的蓬勃发展，已成为继律师行业、注册会计师行业之后的第三大经济鉴证类专业服务行业，在税收征管环节发挥着重要作用，为我国税收征管工作做出了贡献。

为深入贯彻落实国务院"放管服"改革部署要求，规范涉税专业服务，维护国家税收利益和纳税人合法权益，依据《中华人民共和国税收征收管理法》及其实施细则和国务院有关决定，国家税务总局制定了《涉税专业服务监管办法（试行）》（以下简称《办法》）。《办法》规定：涉税专业服务是指涉税专业服务机构接受委托，利用专业知识和技能，就涉税事项向委托人提供的税务代理等服务。涉税专业服务机构是指税务师事务所和从事涉税专业服务的会计师事务所、律师事务所、代理记账机构、税务代理公司、财税类咨询公司等机构。

我国的涉税专业服务机构可以从事下列涉税业务：纳税申报代理、一般税务咨询、专业税务顾问、税收策划、涉税鉴证、纳税情况审查、其他税务事项代理和其他涉税服务。

税务机关应当对税务师事务所实施行政登记管理。未经行政登记不得使用"税务师事务所"的名称，不能享有税务师事务所的合法权益。税务师事务所的组织形式为有限责任制税务师事务所和合伙制税务师事务所，以及国家税务总局规定的其他形式。

税务师事务所应当依法纳税，并建立健全内部管理制度，严格财务管理，建立职业风险基金，办理职业保险①。

税务师行业是随着我国市场经济体制的建立而发展壮大的新兴行业，税务师事务所是具有涉税服务和护税协税双重职能的税务中介组织，是加强税收征管、监督社会经济活动、维护纳税人权利和义务、促进我国税收事业发展的支柱力量②。但目前我国税务师事务所规模普遍较小、业务范围较窄、高端专业人员匮乏、税务师的执业水平和职业道德水平有待提高、行业法律制度不健全等问题依然存在，仍将成为制约我国税务师事务所发展的因素。

全面改革、简政放权的力度越大，税务师行业发展的空间就越大；中央推进国家治理体系和治理能力现代化的步伐越快，税务师行业的作用就越明显。随着我国社会主义市场经济的发展，以及税制改革的深化，税务专业化服务的需求将会越来越大，必将迎来行业快速发展的历史性机遇③。

税务师事务所对维护国家税收收入增长、减少税收流失、保证国家税收法律法规正确贯彻实施、深化税收征管改革、建立税收服务体系以及促进国家税收收入的稳定增长都起到了重要作用。

税务师事务所自愿加入税务师行业协会。从事涉税专业服务的会计师事务所、律师事务所、代理记账机构除了加入各自行业协会并接受行业自律管理外，可自愿加入税务师行业协会税务代理人分会；鼓励其他没有加入任何行业协会的涉税专业服务机构自愿加入税务师行业协会税务代理人分会。

税务师和税务师事务所承办业务，应当以委托方自愿为前提，以有关法律、行政法规、规章为依据，并受法律保护。国家税务总局与各省、自治区、直辖市和计划单列市税务局（以下简称"省税务局"）是注册税务师行业的业务主管部门，分别委托各自所属的注册税务师管理中心行使对注册税务师和税务师事务所的行政管理职能，并监督、指导注册税务师协会的工作。

二、税务师事务所的种类

参照我国会计师事务所的设置情况，结合《公司法》的规定，我国的

---

① 岳松. 财政与税收 [M]. 北京：清华大学出版社，2008.
② 伍唯佳，周向均. 税务师事务所发展探析：服务产品化 [J]. 中国集体经济，2014（1）：37-38.
③ 上海注册税务师协会课题组. 对税务师事务所转型发展的几点思考 [J]. 注册税务师，2019（11）：68-69.

税务师事务所分为两类：一是根据税务师事务所审批机关的级别，分为国家税务总局批准的税务师事务所和地方税务师事务所。前者是指国家税务总局直接批准成立的税务师事务所，后者是指由省税务局批准成立的税务师事务所。二是根据出资者的不同，分为有限责任税务师事务所和合伙税务师事务所。前者是指按有关规定由单位发起设立，发起单位以其出资额对税务师事务所承担责任，税务师事务所以其全部资产对其债务承担责任的一类税务师事务所；后者是指税务师事务所的债务由合伙人按比例或者协议和约定，以各自的财产承担责任的一类税务师事务所。无论按照哪种分类方法，税务师事务所的人员构成大体一致，即由所长、副所长、部门经理、注册税务师、业务助理人员和其他工作人员组成。

根据2017年国家税务总局关于发布《税务师事务所行政登记规程（试行）》（以下简称《规程》）的公告，税务师事务所股东或合伙人向注册会计师和律师开放；《规程》对税务师事务所出资额（注册资本），合伙人或者股东的人数、年龄、从业经历，从业人员的人数、职业资格等均不做要求，仅就税务师事务所的组织形式做出了规定。

税务师事务所采取合伙制或者有限责任制组织形式的，除国家税务总局另有规定外，应当具备下列条件：

第一，合伙人或者股东由税务师、注册会计师、律师担任，其中税务师占比应高于百分之五十。

第二，有限责任制税务师事务所的法定代表人由股东担任。

第三，税务师、注册会计师、律师不能同时在两家以上的税务师事务所担任合伙人、股东或者从业。

第四，税务师事务所字号不得与已经进行行政登记的税务师事务所字号重复。

合伙制税务师事务所分为普通合伙税务师事务所和特殊普通合伙税务师事务所。

三、税务机关对涉税专业服务机构采取的监管措施[①]

税务机关建立行政登记、实名制管理、业务信息采集、检查和调查、信用评价、公告与推送等制度，同时加强对税务师行业协会的监督指导，建立与其他相关行业协会的工作联系制度，推动行业协会加强自律管理，形成较为完整的涉税专业服务监管制度体系。

---

① 国家税务总局公告2017年第13号涉税服务有哪些？都要如何做？[EB/OL]．[2020-08-12]．http：//www.shui5.cn/article/80/111874.html．

(一) 税务师事务所的行政登记

《规程》规定,行政相对人办理税务师事务所行政登记仅须向税务机关提交一张表格,这简化了报送资料,极大地便利了行政相对人。

行政相对人办理税务师事务所行政登记时,应当自取得营业执照之日起 20 个工作日内向所在地省税务机关提交下列材料:①税务师事务所行政登记表;②营业执照复印件;③国家税务总局规定的其他材料。

省税务机关自受理材料之日起 20 个工作日内办理税务师事务所行政登记。符合行政登记条件的,将税务师事务所名称、合伙人或者股东、执行事务合伙人或者法定代表人、职业资格人员等有关信息在门户网站公示,公示期不得少于 5 个工作日。公示期满无异议或者公示期内有异议、但经调查异议不实的,予以行政登记,颁发纸质《登记证书》或者电子证书,证书编号使用统一社会信用代码。省税务机关在门户网站、电子税务局和办税服务场所对取得《登记证书》的税务师事务所的相关信息进行公告,同时将《税务师事务所行政登记表》报送国家税务总局,抄送省税务师行业协会。

不符合行政登记条件或者公示期内有异议、经调查确不符合行政登记条件的,出具《税务师事务所行政登记不予登记通知书》并公告,同时将有关材料抄送工商行政管理部门。

根据国务院第 91 次常务会议将"税务师事务所设立审批"调整为"具有行政登记性质的事项"的决定,税务机关应当对税务师事务所实施行政登记管理。未经行政登记不得使用"税务师事务所"名称,不能享有税务师事务所的合法权益。税务师事务所合伙人或者股东由税务师、注册会计师、律师担任,税务师占比应高于百分之五十,国家税务总局另有规定的除外。

从事涉税专业服务的会计师事务所和律师事务所,依法取得会计师事务所执业证书或律师事务所执业许可证,视同行政登记,不需要单独向税务机关办理行政登记。

(二) 税务师事务所的实名制管理

税务机关对涉税专业服务机构及其从事涉税服务人员进行实名制管理。税务机关依托金税三期应用系统,建立涉税专业服务管理信息库。通过采集信息,建立对涉税专业服务机构及其从事涉税服务人员的分类管理,确立涉税专业服务机构及其从事涉税服务人员与纳税人(扣缴义人）的代理关系，区分纳税人自有办税人员和涉税专业服务机构代理办税人员，实现对涉税专业服务机构及其从事涉税服务人员和纳税人（扣缴义务人）的全面动态实名信息管理。

（三）涉税专业服务机构对服务总体情况的报送

涉税专业服务机构应当以年度报告形式，向税务机关报送从事涉税专业服务的总体情况。税务师事务所、会计师事务所、律师事务所从事专业税务顾问、税收策划、涉税鉴证、纳税情况审查业务，应当在完成业务的次月向税务机关单独报送相关业务信息。

（四）对违反法律法规及相关规定的涉税专业服务机构及其涉税服务人员的处理

税务机关视情节轻重，对违反法律法规及相关规定的涉税专业服务机构及其涉税服务人员采取以下处理措施：责令限期改正或予以约谈；列为重点监管对象；降低信用等级或纳入信用记录；暂停受理或不予受理其所代理的涉税业务；纳入涉税服务失信名录；予以公告并向社会信用平台推送。此外，对税务师事务所还可以宣布《税务师事务所行政登记证书》无效，提请工商行政部门吊销其营业执照，提请全国税务师行业协会取消税务师职业资格证书登记，收回其职业资格证书并向社会公告；对其他涉税专业服务机构及其涉税服务人员，还可由税务机关提请其他行业主管部门及行业协会予以相应处理。

（五）对涉税专业服务机构加入税务师行业协会的规定

按照自愿原则，税务师事务所可自愿加入税务师行业协会。从事涉税专业服务的会计师事务所、律师事务所、代理记账机构可自愿加入税务师行业协会税务代理人分会；鼓励其他没有加入任何行业协会的涉税专业服务机构自愿加入税务师行业协会税务代理人分会。加入税务师行业协会的涉税专业服务机构，应当接受税务师行业协会的自律管理，享有税务师行业协会提供的相关服务。

第三节 中国税务师行业发展历程

我国税务师行业的发展与市场的需求和行政部门的支持、引导密切相关,行业从无到有,发展到今天,已经成为继注册会计师、律师之后的第三大经济鉴证类专业服务行业。我国税务师行业的发展阶段可以分为萌芽阶段、初创阶段、发展阶段和转变阶段。

一、萌芽阶段

我国税务师行业起源于20世纪80年代出现的以税务咨询为主要业务的税务代理行业。1983年和1984年我国进行了两步"利改税",国营企业上缴利润改为上缴所得税的形式,企业有了自主独立的利润,就需要调节利益的分配。随着我国税收体制的不断丰富和发展,企业需要能够掌握和运用国家税收政策、法律法规的中介机构。在多种因素的推动下,税收代理机构这种独立公正的服务中介机构应运而生。1984年,中国税务协会成立,其职能范围覆盖了经济咨询、税务咨询、税收信息服务等。1985年,第一家税务咨询事务所于新疆创办。80年代中期,国内最早的民间税务咨询和代理组织的业务协调机构由武汉、重庆、广州三市组织成立,随着其他城市的涉税服务组织的加入,该机构于1998年发展成"七城市税务咨询联合会"。

在萌芽阶段,税务代理的主要业务是提供税务咨询服务,具体包括接受专项咨询委托业务、接受企业委托的税务顾问业务和提供电话税务咨询服务。这一阶段成立的组织和机构推进了涉税专业服务行业的发展,但是对税务咨询的探索并没有上升到制度层面。

二、初创阶段

1990年纳税人自行申报纳税制度的确立为我国税务师行业的发展带来了契机,被认为是我国税务师行业初创期的开端。在税务师行业的初创阶段,更为广泛使用的概念是税务代理行业。1992年,《中华人民共和国税收管理法》首次以法律形式明确了税务代理人从事税务代理业务,对我国税务师行业的发展具有重大意义。1994年全面性的、结构性的税制改革使得我国税制体系更加复杂,增加了纳税人对税务专业服务的需求。为了顺应市场的需求,国家税务总局下发了《税务代理实行办法》,对税务代理人资格认定、权利与义务、代理业务范围、代理关系、代理机构以及税务代理责任等一系列事项做出了规定,这是我国税务代理制度正式形成的标志,是我国税务师事业发展过程中具有里程碑意义的事件[①]。

---

① 从代理需求看税务代理的定位 [EB/OL]. [2020-08-12]. http://www.chinaacc.com/new/287/292/337/2006/5/sh31131037301515600212480-0.htm.

为了规范和促进税务师行业的发展，我国从 1995 年起对税务师这个职业进行了一系列的认定和规范。1995 年，中国税务师咨询协会成立，成为我国税务师的行业自律组织。1996 年，人事部、国家税务总局联合颁布《税务师资格制度暂行规定》，标志着我国税务师制度正式形成[①]。1998—1999 年，人事部和国家税务总局成立了"税务师管理中心"，并颁布了一系列的法规来完善、规范我国税务师行业，这对我国税务师行业的健康发展起到了十分积极的作用。

这个阶段我国税务师行业初步形成了具有法律意义、客观公正、自愿平等、操作规范、权责对等的税务代理服务机制。但是，这个阶段同样存在一些问题，如：政企划分不清，难以保证其独立性；税务制度不完善，不利于行业的持续发展；税务代理业公众认识度偏低，地区发展不均衡，人员素质不高。这些问题阻碍了行业的进一步发展。

三、发展阶段

我国税务师行业在 21 世纪进入了蓬勃发展的阶段，各方面有了显著的提高和突破。国务院在 2000 年开始对经济鉴证类中介实施统一管理，国家税务总局 2001 年颁布了《税务代理业务流程（试行）》，这些举措提高了税务师的执业质量，为促进税务师行业的健康发展提供了更为具体的制度保障。2003 年，中国税务师协会成立，标志着我国税务师协会的工作迈上了新的起点，代替原咨询协会对税务师行业进行管理。2004—2009 年，国家税务总局先后出台《关于开展税务代理行业专项检查的紧急通知》《税务师管理暂行办法》《关于印发税务师职业剧本准则的通知》等文件，进一步规范税务师的执业行为，加强行业的自律管理，促进税务师行业健康有序发展。2012 年 4 月 20 日，《税务师行业"十二五"时期发展指导意见》正式出台，体现出我国对税务师行业的重视和希望，同时也标志着我国的税务师行业进入了一个崭新的发展时期。

2015 年 11 月 2 日，人社部和国家税务总局印发了《税务师职业资格制度暂行规定》和《税务师职业资格考试实施办法》，这标志着我国税务师行业越来越规范，税务师的职业资格制度越来越完善。

经过十多年的快速发展，税务师行业已经成为国家税收事业不可或缺的社会管理力量，成为维护国家税收利益和纳税人合法权益、提高管理水平和征纳效率、降低征管成本、规避税收风险不可替代的专业力量，是纳

---

① 税务师考试的发展历程［EB/OL］．［2020-08-12］．http：//www.chinaacc.com/zhuce shuiwushi/ksdt/ya1707266673.shtml．

税人和税务机关联系的桥梁和纽带。随着市场经济复杂性的不断加强、现代纳税体系建设的深入和税收法律法规专业性的不断完善，我国税务师行业迎来了新一轮的转变和发展。

四、转变阶段

我国税务师行业的转变阶段主要是市场地位的转变和行业的转型升级阶段。自2013年11月12日中国共产党第十八届中央委员会第三次全体会议通过《中共中央关于全面深化改革若干重大问题的决定》以来，税务师行业经历了转型升级。2014年7月22日，国务院发布《关于取消和调整一批行政审批项目等事项的决定》，取消了税务师的行政许可[①]。2015年11月2日，人社部和国家税务总局发布了《税务师执业资格制度暂行规定》和《税务师执业资格考试实施办法》。由此，税务师的准入类考试资格已经调整为水平评价类职业资格。税务师事务所行业迎来了业内的重新洗牌，也得到了行业更大的发展空间和历史机遇。

2016年，国家税务总局发布《建立税务机关、涉税专业服务社会组织及其行业协会和纳税人三方沟通机制的通知》，该文件是新时期指导涉税专业服务社会组织发展、构建税收共治格局的重要指导文件。中国税务师协会先后发布《税务师职业资格证书登记服务办法（试行）》《中国税务师协会行业诚信记录管理办法（试行）》《中国税务师协会税务师事务所综合评价办法（试行）》，为税务师行业自律管理、规范服务和转型升级创造了较为完善的制度保证。

2017年9月1日起施行的《涉税专业服务监管办法（试行）》（国家税务总局公告2017年第13号，简称"13号公告"），标志着税务机关将全面开放涉税专业服务市场，更加着重建立健全监管制度，优化服务措施，提高监管水平[②]，为涉税服务行业提供了行为指南，有利于引导涉税服务行业健康有序发展，提升专业胜任能力和为纳税人涉税服务的水平。

2018年3月1日起施行的《税务师事务所行政登记规程（试行）》[③]（国家税务总局2018年第4号公告）规定了税务师事务所行政登记的基本

---

① 国务院关于取消和调整一批行政审批项目等事项的决定［EB/OL］．［2020-08-13］．http：//www.gov.cn/zhengce/content/2014-08/12/content_ 8974.htm．

② 国家税务总局关于发布《涉税专业服务监管办法（试行）》的公告［EB/OL］．［2020-08-15］．http：//www.chinatax.gov.cn/n810341/n810755/c2608050/content.html．

③ 国家税务总局关于税务师事务所行政登记有关问题的公告［EB/OL］．［2020-08-15］．http：//www.chinatax.gov.cn/chinatax/n810341/n810765/n3359382/201802/c3402643/content.html．

条件、办理行政登记需要提交的资料、税务机关的办理程序和步骤、行政相对人的权利等主要内容，同时明确税务师事务所组织形式创新相关试点工作由国家税务总局研究推进，有利于促进税务师事务所进行业务创新、技术创新和转型升级，维护国家税收利益，保护纳税人的合法权益。

税务师行业在20世纪80年代中期萌芽，在90年代初创，在21世纪初发展，之后经过十几年的快速发展，如今已成为国家税收事业重要的社会型管理力量。在这段发展期间里，税务师的地位也发生了由"涉税中介"到"涉税主体"的转变。一方面，税务师除了作为联系征纳双方的桥梁和代纳税人行使某些义务之外，也代纳税人行使权利，如享受税收优惠的权利，以及税法知悉权、要求公平纳税权等。另一方面，税务师承担连带责任，税务师出现失误致使纳税人不能按规定缴纳税款且纳税人无法履行其纳税义务时，税务师就要承担连带责任。这表明税务师在我国税收征纳关系中的地位逐渐提高。

税务师行业发展在经济新常态和监管新动态下取得了良好的成绩。

第一，行业发展持续向好。税务师行业是涉税专业服务的主力军，自1998年起，由原人事部考试中心和国家税务总局教育中心联合组织实施注册税务师职业资格考试。2014年8月，国务院发布《关于取消和调整一批行政审批项目等事项的决定》（国发〔2014〕27号），取消了注册税务师职业资格的行政许可和认定。至此，历时17年，组织17次考试，约12万人取得了注册税务师职业资格证书。根据《人力资源社会保障部 国家税务总局关于印发〈税务师职业资格制度暂行规定〉和〈税务师职业资格考试实施办法〉的通知》（人社部发〔2015〕90号），2016年2月，中国注册税务师协会组织实施了第一次税务师职业资格考试。截至2020年，中国注册税务师协会已成功组织实施了6次考试，将近10万人取得税务师职业资格证书。

2020年度全国税务师职业资格考试于11月7日至9日举行，据统计，2020年考试报名人数为640 568人，报考科次数为1 741 039科，分别比上年增长15.38%和14.57%，人数与科次数再创历史新高。2020年度全国税务师职业资格考试在36个考区（含香港）171个城市设置了557个考点，共计使用考场6 493个。据统计，五科目平均参考率约为50.31%，比上年增加1个百分点。各考区考点考试进程顺利，考风考纪良好，实现自国家设置税务师职业资格考试制度以来连续六年安全考试。

第二，行业影响力显著提升。自2011年起，国家税务总局和中国注册税务师协会连续10年举办全国税法知识竞赛，累计63万多人参加。

2020年全国税法知识竞赛继续由中国注册税务师协会主办。在国家税务总局办公厅、纳税服务司、税收宣传中心的指导下，竞赛紧紧围绕"减税费优服务、助复产促发展"这一主题有序开展，自4月30日启动，到6月30日截止，贯穿第29个全国税收宣传月。竞赛过程中，充分运用互联网、手机等传播手段，搭建H5智能响应式答题系统，根据纳税人、缴费人使用电脑、手机等设备的情况，智能选择显示电脑、手机答题页面，既提升了纳税人、缴费人、大中专院校学生阅读答题体验，又最大限度地降低了人员聚集可能带来的疫情传播风险。本届竞赛共计88 126人参加，相比于2019年参加第九届全国税法知识竞赛的58 594人，增长50.4%。除了机关企事业单位以及各类相关行业的办税人员外，各地税协（即各地注册税务师协会）和税务师事务所积极走进高校，增强了税法宣传力度和广度，扩大了税务师行业的社会影响，取得了良好的社会效应。

第四节　2020年税务师行业大事记

1月6日，全国税务工作会议在北京召开。会议以习近平新时代中国特色社会主义思想为指导，深入贯彻落实党的十九大和十九届二中、三中、四中、五中全会及中央经济工作会议精神，传达学习党中央、国务院领导对税收工作的重要指示批示精神，总结2020年和"十三五"时期税收现代化建设成绩，研究"十四五"时期税收改革发展思路，部署2021年的重点任务。国家税务总局党委书记、局长王军作工作报告。

1月7日，为充分发挥税务师行业的专业优势，更好地协助税务机关和纳税人做好个人所得税综合所得年度汇算清缴工作，全力以赴地确保首次汇算清缴平稳落地，中国注册税务师行业党委、中国注册税务师同心服务团发布号召书，希望行业党组织和各服务分团迅速行动起来，积极进行个人所得税综合所得汇算清缴工作，有序、有效地参与社会治理，不断树立行业专业诚信、奋发有为、热心公益、奉献社会的良好形象，为服务税收事业和经济社会发展、推进国家治理体系和治理能力现代化贡献力量！

1月27日，中国注册税务师协会发布致税务师行业全体人员的一封信，倡导广大税务师行业人员，把思想和行动统一到习近平总书记重要讲话和中央政治局常委会会议精神上来，众志成城，全力以赴地抗击疫情。从重视自身生命安全和身体健康做起，做好个人防护，及时关注官方发布的疫情动态和防控部署，提高对肺炎疫情防治措施的科学认识，相信科学的预防和治疗措施，出现不适症状时要及时就医并遵医嘱。在有能力、有条件的基础上支持湖北武汉、支持全国疫情防控。

1月31日，中国注册税务师行业委员会发布《关于在防控新型冠状病毒感染的肺炎疫情中有效发挥税务师行业党组织和党员积极作用的通知》，强调行业各级党组织要加强党建引领，为打赢疫情防控阻击战提供坚强政治保证；要坚持科学防范，认真组织落实联防联控措施；鼓励税务师事务所远程辅助纳税人开展办税缴费服务工作，服务纳税人、缴费人，配合税务机关落实好各项税费支持政策；号召开展捐款捐物等公益活动，发挥"税务师同心服务团"品牌优势，积极服务社会；宣传行业先进典型，发挥正能量激励作用。

2月11日，中国注册税务师协会发布《关于支持税务师行业进一步做好新型冠状病毒肺炎防控工作的通知》，实行临时会费减免，发放援助补助，开展互助合作，鼓励税务师行业全体人员科学防护、消除恐慌、稳定情绪、增强信心。

2月27日，中国注册税务师行业委员会发布关于在税务师行业发起党员自愿捐款支持新冠肺炎疫情防控工作的倡议，倡议行业各级党组织的党员自愿捐款，在做好党员自愿捐款的指导服务工作中，要尊重党员意愿，坚持自觉自愿、量力而行，不提硬性要求，不搞强迫命令，不得采取从工资收入中统一扣缴的做法。

3月30日，中国注册税务师协会网校上线个人所得税汇算清缴专项业务培训课程，将原定于2020年2月16日在济南举办的个人所得税汇算清缴专项面授培训班调整为录播课程。

4月2日，中国注册税务师协会发布《关于积极配合开展第29个全国税收宣传月活动的通知》，为助力2020年"便民办税春风行动"，配合做好税收宣传工作，中国注册税务师协会结合行业特点，组织全国税务师行业积极配合税务机关，紧扣"减税费优服务、助复产促发展"这一主题，开展一系列宣传活动。要求各地税协加强领导，精心组织；创新方式，提升实效；严肃纪律，加强反馈。

7月1日，中国注册税务师协会党支部召开了"强化政治机关意识，走好税务师行业第一方阵"七一主题教育活动。在中国注册税务师协会副会长兼秘书长、党支部书记张树学的带领下，全体党员面向党旗，重温入党誓词，接受思想洗礼。全体工作人员参加了活动，部分居家办公的人员通过网络视频会议观看了直播。

7月30日，中国注册税务师行业党委召开全国税务师行业党委书记视频会议，庆祝中国共产党成立99周年，深入学习贯彻习近平总书记重要讲话和全国"两会"精神，贯彻落实中央组织部和中央统战部的有关会议精神，回顾行业党委自成立以来所取得的成绩，交流工作经验和做法，聚焦2020年行业党建重点任务和需要解决的突出问题，进一步细化措施，抓落实见行动，不断增强基层党组织政治功能和组织能力，进一步推进行业高质量发展。

8月20日，中国注册税务师协会网校直播平台正式上线并举办了首次直播培训。来自全国36个地方税协及中国注册税务师协会教育培训部的共68人参加了本次培训。

9月17日，中国注册税务师协会税务师行业高质量发展座谈会在北京注册税务师协会办公楼召开，会议邀请在京的12家税务师事务所代表，围绕中国注册税务师协会制定的《关于新时代税务师行业高质量发展的指导意见（征求意见稿）》进行座谈讨论，提出修改意见和建议。

9月22日，全国税务师行业宣传工作会议在广州市召开。来自全国34个地方税协的会长、秘书长，以及税务师事务所的所长60余人参加了本次会议。与会人员共同研究了行业宣传的新形势，共同探讨了税务师行业新媒体资源的共建与融合。

9月22日，中国注册税务师协会推进税务师行业高质量发展座谈会在广州召开。会议分别设立了中南地区、华东地区两个会场。来自全国34个地方税协的会长、秘书长，广东省多家税务师事务所的所长就中国注册税务师协会制定的《关于新时代税务师行业高质量发展的指导意见（征求意见稿）》（以下简称《指导意见》）进行了分组讨论，提出了修改建议和意见。

9月24日，中国注册税务师协会高质量发展座谈会在西安召开，来自西北、西南地区十省市税务师协会和税务师事务所的代表参加会议，与会代表围绕《指导意见》展开交流和讨论，并提出具有针对性的意见和措施。

9月29日，2019年度税务师事务所"百强"发布，整体来看，收入总额增长加速，盈利能力逐渐提升，人才吸引效果明显。2019年度百强所经营收入在每年都保持持续增长的基础上，实现连续两年同比增长超过30%。百强所占行业经营收入比重保持稳定，整体规模呈现良好的增长态势。2019年，百强所利润总额同比继续增长，占行业总利润的比例超过70%。所均贡献度、人均贡献度、师均贡献度均远远高于行业平均水平，盈利规模和盈利能力进一步提升。2019年，百强所从业人员同比增长约

10%，税务师同比增长约15%，分别占行业总体人员的比重超过1/4和1/5，且比上年占总体的比重均有提升，百强所人才吸引能力显著增强。2019年进入百强排名的入围收入再创新高，在上年大幅提升的基础上又有所提升。2020年有18家税务师事务所新登百强。

9月29日，《中国注册税务师行业制度汇编——业务规范类·业务指引（一）》及《指导目录》正式出版。

10月18日，2020年中国税法论坛暨第九届中国税务律师和税务师论坛在北京举办，本届论坛以"减税降费与涉税服务创新"为主题，来自全国各地的律师事务所、税务师事务所、会计师事务所、税务局、企业、高校等各界代表600多人报名参加。根据北京市疫情防控工作部署要求，本次论坛采取线上直播为主、现场参会为辅的方式举行，经主承办方审核，最终确认80多人现场参会，另有24 000余名社会各界人士在线观看了视频直播。与会税务官员、税法学者、税务律师以及税务师、企业财务人员等围绕"新时代税制改革和落实税收法定原则"等重大理论、实务议题，进行了广泛深入的研讨，彰显了前沿性、理论性、实务性、专业性和开放性，社会关注度和参与度达到空前水平。本届论坛的成功召开，对于深入贯彻落实党的十九大精神，全面落实税收法定原则，继续引领包括税务律师、税务师等涉税服务行业的发展、业务创新与战略合作将发挥更加积极的作用。

10月25日，2020年度税务师职业资格考试工作会议在海口召开，全面部署考务组织工作，各省市税协负责人参加会议。

11月5日，中国注册税务师行业党委召开扩大会议，学习贯彻党的十九届五中全会精神、国家税务总局党委扩大会议精神以及中央和国家机关工委关于加强中央和国家机关行业协会商会党建工作的意见。

11月18日，以"发票数字化应对与挑战"为主题的2020年"税与争锋"高峰论坛在深圳成功举办，论坛由中国注册税务师协会和深圳市注册税务师协会联合主办。

12月7日至8日，第十三届经济合作与发展组织（OECD）税收征管论坛（FTA）大会以视频会议形式召开。各成员围绕税收助力新冠肺炎疫情应对和当前国际税收热点议题展开讨论，分享经验并达成共识。会议由FTA主席、加拿大税务局局长鲍勃·汉密尔顿主持，中国国家税务总局局长王军出席会议。

12月20日，为全面落实《优化营商环境条例》，深化税收领域"放管服"改革，提升税收管理服务的信息化水平，按照国务院决策部署，国家税务总局印发《关于在新办纳税人中实行增值税专用发票电子化有关事项的公告》，决定在前期开展增值税专用发票电子化（以下简称"专票电子化"）试点的基础上，分两步在全国新设立登记的纳税人中实行专票电子化。

第二章 部分国家税务师发展情况及经验借鉴

第一节 部分国家税务师发展比较

世界各国的国情不同，发展税务代理的程度也不同，各有各的特色，但其中还是有一些共性的经验值得借鉴。现在，国际上公认的比较成熟的税务代理模式有三种：垄断型模式、开放型模式和混合型模式。

第一种是垄断型模式。垄断型模式有两个特点：一是国家颁布专门的法律（如日本颁布的《税理士法》），政府设有专门的管理机构（如日本国税厅下设的税理士审查委员会），在全国范围内对涉税服务实行统一、规范的管理。二是设立专门的税务师，税务师资格的取得需要通过专门管理机构组织的统一考试和认定，税务师应加入税务师行业组织（如日本的税理士会）。从事税务代理的其他人员，包括注册会计师、律师不必加入税务师行业组织。除日本之外，韩国、德国等国采取的也是垄断型模式。

第二种是开放型模式。开放型模式有两个特点：一是国家没有颁布专门的法律，政府没有设立专门的管理机构，不对营利纳税服务实行统一管理，营利纳税服务的管理监督主要靠行业自律。二是设立或不设立专门的税务师。在设立税务师的国家，税务师资格的取得和认定是由行业组织考核认定的。从事税务代理的其他人员，包括注册会计师、律师等不必在税务师行业组织注册登记。比如，在英国，政府既没有颁布专门的法律也没有设立专门的管理机构对营利纳税服务机构进行管理监督。特许税务师协会是从事涉税服务的唯一专业团体，对税务代理活动整体上的管理监督以特许税务师协会颁布的行业制度为主要依据，财政、税务等其他部门的相关法律法规只对特定事项进行管理监督。除了参加特许税务师协会组织的相关考试，被认定为特许税务师的人员以外，特许会计师、法庭律师、事务律师、注册会计师以及税务检察官也可以从事税务代理。除英国之外，澳大利亚等国家营利纳税服务的运行模式也是开放型模式。

第三种是混合型模式。混合型模式有两个特点：一是政府制定专门的行政法规并设立专门的管理机构对营利纳税服务进行管理监督。二是不设立专门的税务师，从事税务代理的注册会计师、律师不必在专门的管理机构注册登记，从事税务代理的其他人员应在专门的管理机构注册登记。采取这种模式的主要是美国。在美国，一方面，财政部分布的第 230 号文件及其他文件从整体上对营利纳税服务进行管理监督，并在联邦税务局内设执业责任办公室（the Office of Professional Responsibility，OPR）专门管理监督营利纳税服务；另一方面，任何人都可以从事税务代理，加入美国律师协会、美国注册会计师协会、全国会计师协会和全国注册代理人协会的人可以从事税务代理，不加入这些组织的人也可以开展税务代理业务。

一、日本

日本的税务代理模式属于垄断型模式，即国家颁布专门的立法、政府设有专门的管理机构在全国范围内对涉税服务进行统一规范的管理，有专门的负责组织统一考试的机构，并设立专门的税务师，且通过加入该行业组织来获得税务师资格后方可执业。

（一）发展历程及现状

对于日本的纳税服务而言，其税理士制度是最具特点的。该制度具有非常悠久的历史，明治时期已经存在，1896 年前后委托代理就出现了，到目前为止其发展已经超过 100 多年了。1904 年，税务市场逐渐稳定，代理与咨询已经发展成为较为成熟的市场，与此同时出现了许多税务专业人才。目前日本推行和使用的《税理士法》在 20 世纪 50 年代就已经开始运行，前后经历了 4 次修订，开创了此领域法律的先河，同时规定了税务代理的内涵："公署就依据租税有关法令或《行政不服审查法》规定之申报、申请、请求或不服声请，或就该申报等或关于税务官之调查或处分对税务官公署所为主张或陈述，为代理或代行。"随着税务代理市场的发展和成熟，相关的专业人士也越来越多，业务量逐渐增大，到目前为止，日本的税理士数量已经超过 8 万人[①]。

（二）税理士资格的取得

日本的税理士，简而言之就是专门处理税务问题的专业人才。日本为

---

① 浙江省注册会计师行业考察团. 关于日本公认会计士行业的考察报告[J]. 中国注册会计师，2018（8）：123-125.

了规范税务市场，出台了多项规定来约束税理士的行为，与之相关的一部法律就是《税理士法》，该部法律对税理士做了严格规范的说明：税理士是指通过相关资格考试的人员，或者固定从事税务相关工作，本身具有相关的税务实际经验的人员。其中，有部分人员不需要经过相关的专业考试，比如律师和公证会计师。顺利通过考核拿到相关的资格证书之后，还需要在相关的联合会进行登记，通过对取得证书的审核，最终成为合格的、符合国家法律规定的税理士。根据《税理士法》的相关规定，税理士一定要站在公平公正的立场上工作，获得纳税义务人的认可和信任，履行相关的纳税义务。《税理士法》对于从事税理士工作的人员的专业性以及素质有了明确的要求，使他们能更好地为纳税人提供专业而全面的服务。

（三）税理士的业务范围

日本税法本身具有复杂性及严密性的特点。当税理士在市场上有越来越大的需求时，企业会根据实际情况进行经营方式的变更，从而促进业务范围拓宽。《税理士法》主要规定了以下业务内容：税务代理；编写税务文书；税务咨询；进行税务会计账务的处理。税理士业务的内容不仅涵盖了会计业务以及税务事项，还对不同经营领域有深层渗透。税理士事务所的建立是开展税理士业务的前提，日本大多数企业都实施代理申报纳税的模式，税理士负责申报三分之二的财产继承税以及三分之一的个人所得税。纳税人与税理士具有紧密的关系，有利于辅助纳税人进行税收事务的办理。

（四）税理士管理机构的设置

日本针对税理士进行了专门管理机构的设置，包括税理士会以及相关联合会。《税理士法》强制规定税理士参与到税理士会中。总体来说，税理士会被分为三个不同的层次。

税理士会联合会属于上层，大藏省大臣作为其会长。联合会按照《税理士法》的规定和要求，辅助税理士承担相应的义务，促进服务质量以及业务能力的提高，同时积极联系、监督、指导税理士会和所属会员，为税理士办理登记、注册等。国税局下设的税理士会为中层。根据不同的区域划分的税务署区所成立的税理士会支部为下层。这三层是相互指导和互相督促的关系，从而形成了严密的组织管理模式，实现了税务代理的公正性和客观性。

（五）税理士机构与税务部门的关系

日本法律规定，税理士保持一定的独立性，税务部门无权进行干预，以免影响其公正性。税理士和联合会要经常保持和税务部门之间的有效交流。税理士要积极参与到改善税收管理的过程中，提出科学的建议，同时，税务部门在制定税收政策时需要充分考虑税理士的建议。每年税理士支部需要报送给当地税务署委托人名单和税理士名单，而税理士需要承担起联合税务部门共同宣传税收活动的义务，和税务部门形成和谐关系，从而制定出更加有效的税收政策。

综上所述，日本税理士制度是经济快速发展的产物，同时也代表着当前最成功的税务代理制度的典型，为其他国家发展税务中介提供了成功经验。

（六）税理士制度的作用

税理士制度对日本的经济发展起到了促进作用。首先，毋庸置疑的是税理士制度提高了征纳税环节的工作效率，降低了涉税成本。其次，该制度对完善税务监督机制起到良好的作用，维护了税法的严肃性。在涉税服务提供过程中，税理士一方面纠正税务机关征税人员出现的业务差错，另一方面协助纳税人正确、主动地履行纳税义务，使纳税人的纳税意识得到提高。最后，税理士制度极大地推动了税收征管的社会化与专业化，随着涉税服务机构的出现，税收征管的事务性工作便从征税机关中剥离出来，使得税务机关工作人员能够集中资源投入到税收征管工作的调查核实中，研究有关政策与法律措施，涉税专业服务社会组织的存在，使得税务管理更加简化、务实和高效[①]。

二、韩国

（一）税务师的现状

韩国的税务中介真正地做到了独立，有专门的《税务士法》对税务中介人员的行为进行规范；从上至下设有税务士会负责对税务士的自律管理；政府也在财政经济部设有专门的机构，负责对税务士进行行政监督管理。正因为如此，税务代理制度在韩国才得以迅速发展和完善。在韩国，

---

① 北野弘久. 税法学原论 [M]. 陈刚, 杨建军, 译. 北京：中国检察出版社, 2000：313.

税务师事务所遍布全国各地，对全国的税收工作的发展起到了积极的作用，在纳税人与税务机关之间搭起了一座桥梁，大大降低了纳税成本。

（二）服务范围和内容

韩国税务士的业务除在《税务士法》中有明确规定外，其他单项税种立法和有关行政法律法规对此也有专门规定。

《税务士法》规定的业务主要有：代理有关税务的申报、申请（含异议申请、审查申请、审判申请和公示地价异议申请等）；制作税务调整计算书及其他有关税务文书，填写纳税申报表；代理与纳税申报有关的记账，包括处理计算缴纳增值税的账务问题；进行有关税务的商谈和咨询；代理纳税人对税务机关的调查或处罚等行为进行意见陈述；确认有关税务的申报文书及其他附带业务。

其他单项税种立法和有关行政法律法规规定的业务有：对公益法人（指从事公益事业的法人）的税务确认；对高风险企业的税务确认；对调拨厅、地方自治团体、住宅建设企业、中小企业等财务报表的确认等。

《税务士法》规定税务士帮助建账、记账的，可享受减免应纳税额10%的优惠；税务调整计算书没有税务士签字的，税务机关不办理申报。

（三）在纳税服务中的作用

韩国税务士在韩国经济的发展中充当着不可替代的角色，作为维护社会公众利益的税务专家，通过为客户制作纳税调整计算书，代理客户申报纳税文件，代理发行各种凭证及向政府提出建设性意见等一系列工作，切实维护了纳税人的利益，促进了国家经济的发展。

多年的实践证明，韩国税务代理的机构设置以及管理运作都较为科学与规范。税务机关与税务代理以伙伴关系相互合作，税务代理人员按照纳税人委托可以方便快捷地办好纳税人所有涉税事项。可以说，税务代理制度为纳税人的申报纳税和税务机关的管理都提供了很大的便利。纳税代理服务已经成为韩国大多数纳税人委托申报纳税的选择，成为税务机关的得力助手。

三、德国

（一）税务师的现状

在完善的法律法规的规范下，德国的税务中介业十分繁荣，近90%的纳税人都委托代理机构办理涉税事宜。德国有一个会计（税务）师专用信息数据处理中心,该中心从成立至今已有60多年的历史,中心总部设在纽伦堡,在16个州均有分支机构,并实现计算机联网,与税务局的税务信息处理中心也实现了完全的网络联通。目前,德国共有执业税务(会计)师5万名左右,其中3.5万名加入了该中心成为会员。在德国,除极少数纳税人自行申报或邮寄申报外,一般都要委托税务代理人即职业税务师进行税务代理,纳税人很少与税务机关直接接触。该中心每月处理个人所得税申报案件800万件左右。规范的代理服务使纳税人降低了纳税成本,从而深受纳税人的欢迎。同时,税务中介从业人员协助税务机关工作,提高了征管效率,因而也得到税务机关的认可①。

(二) 服务范围和内容

《税务代理咨询法》对税务师的执业范围做了十分明确的规定:①办理税务代理业务;②提供税务咨询服务;③参与企业的经济评价;④为企业制订详细的财务计划;⑤为开办各类经济实体确定合适的法律形式;⑥代企业向国家申请特殊扶持补贴;⑦拟定财务文书、代办会计账簿记账及办理其他有关财务的业务;⑧拟定税务文书(填制向税务机关申报的纳税申报书、不服申诉书及提交税务机关的有关纳税事宜的文书)。

(三) 服务的特点

税务师和税务师事务所在法律保护下独立开展工作,不依赖或依靠税务机关,税务机关不得随意要求税务师做任何事情,更不允许税务机关向纳税人指定税务师或税务代理机构。税务师事务所(税务师)在接受委托代理税务事宜时,若发现纳税人提供虚假资料或提出不合理要求,可以拒绝为其代理。税务师或事务所在进行税务代理的过程中,可以按照法律规定的标准收取代理费。

税务师在从事税务代理业务时,必须向税务机关提交能证明其权限的书面证明和出示税务师执业证;税务师在向税务机关提交拟定的税务文书和有关税收申报书时,必须在拟定的文书及申报书上签字;税务机关在进行调查时,税务师有义务陈述有关事宜;税务机关和纳税人之间发生诉讼时,纳税人必须通过税务师上法庭辩护。税务师必须替客户保守商业秘密,未经客户许可或无正当理由,不得向任何人提供其客户的税收、财务及其他方面的资料,但税务机关在履行公务时检查纳税人的各种原始资料

---

① 葛克昌,陈清秀. 税务代理与纳税人权利 [M]. 北京:北京大学出版社,2005:前言.

除外。税务师或事务所不许做广告,但可以发表文章或出版图书扩大自己的影响和信誉;不允许开展商品流通经营性业务。一名税务师不得同时在两个及两个以上事务所任职,不得参与除税务代理以外的其他经营活动,不准在任何企业参股。执业税务师的多数收费项目都有统一标准,不准自行决定,也不允许在正常收费外接受客户的钱物。税务师对自己做出的税务文书要负责到底,不允许将自己的责任转移和推卸给第三方。税务师要按时交纳职业保险金。

四、英国

(一) 基本情况与特点

英国税务中介行业是随着英国税法的变化而发展起来的,是社会分工细化的结果。截至 2014 年 6 月英国的税务中介机构有 43 000 多家,业务范围主要是接受委托办理所得税、间接税、个人涉税服务的纳税申报,税务咨询、筹划,以及跨国业务合作中的涉税事宜等,其中超过 78% 的中介机构进行企业纳税申报工作,超过 63% 的中介机构进行个税申报工作。英国税务海关总署认为,税务中介在英国税收征管中发挥着积极作用,主要体现在三个方面:一是帮助纳税人正确计算、申报缴纳税款,从而提高了纳税人的税法遵从度;二是使纳税人在规定的期限内比较均匀地进行纳税申报,从而缓解了税务机关的工作压力;三是节约了税务机关的人力物力,使其更好地进行税收风险管理。

英国的税务中介具有以下特点。

1. 发展历史较长、得到了市场认可

英国税务中介行业起源于 1920 年,随着英国税法的复杂化与税率的提高,在特许会计师、律师和税收检察官中,出现了专门为纳税人提供税收援助服务的人员。1930 年税务协会的成立,促进了税务中介行业的进一步发展。1994 年税务协会获得英国王室的特许,更名为英国特许税务师协会,这样,特许税务师成为税务中介行业众多从业人员中的高级别称谓,具有很高的信誉。特许税务师人数逐年增长,税务中介行业作为独立行业已初具规模。

2. 税务中介服务市场化程度高

英国政府对从事税务中介服务的机构和个人没有特殊限制,其发展主要依靠市场需求调节。执业机构除了极少数专门从事涉税业务外,大部分存在于各类其他中介中,如会计师事务所、律师事务所和审计师事务所等。其组织形式有个人、合作、合伙以及合伙有限等。其从业人员不限于特许税务师，只要有市场，其他人也可以从事税务中介业务。因此，在从业人员中，还有较多的特许会计师和其他人员。

3. 纳税人委托税务中介办理纳税事宜的情况普遍

在英国，纳税人与税务代理的比例为 100 : 1。约有 3/4 的小企业委托税务中介办理纳税事宜；110 万个公司纳税人中有 79 万个委托税务中介代理完成纳税申报，比例达 72%；300 万个居民中有 190 万人委托税务中介代理完成个人所得税的申报，约占 63%；140 万个雇主中有 76 万个委托税务中介代理填写雇主纳税申报表，约占 54%；180 万个增值税纳税人中有 78 万人委托税务中介代理完成增值税纳税申报，约占 43%；15 万户进出口商中有 13.5 万户委托税务中介代办进出口涉税文书，约占 90%。

（二）行业制度建设

1. 考试制度

在英国，要加入特许税务师协会取得会员资格，必须通过一个难度较大的考试，每年举行两次。该考试的报考条件为：报考人须具有特许会计师、法庭律师、事务律师或注册会计师的专业资格；没有专业资格的要通过级别较低的"税收技术员联合会"的考试；报考人须具备三年的工作经验。该考试的考试科目和时间为：税收概论，考试时间 3 小时；选考科目，考试时间 3 小时，在操作实务、个人所得税、信托、房产税、公司所得税和间接税中任选一项；税收相关问题，考试时间 3 小时 15 分钟；税收管理及专业责任与职业道德，考试时间 2 小时 30 分钟。对考试成绩实行滚动管理，每次通过的科目可以往后保留，期限为三年。

2. 会员制度

只有成为特许税务师协会会员，才能以"特许税务师"的头衔开展工作。入会登记必须符合下列条件：①须有两名以上与申请人相识的会员或律师、各种会计师协会的正式会员、银行的分行行长等做担保人，并按照要求和指定事项进行担保的陈述及推荐；②有三年以上作为税务专家的实务经验；③缴纳会费。

3. 道德规范

特许税务师协会于 1989 年制定了《职业道德规定与实务手册》，对会员的实践形式、客户承担的义务、开发新客户、客户开展活动、职员的条件和培训、报酬、利害关系、特殊问题、广告等九项内容做了详细规定。1992 年和 1993 年两年又分别对其内容进行了补充。

4. 赔偿保险制度

特许税务师协会会员必须办理专业性损失保险，保险水平不能仅仅满足于有关部门提出的最低保险条件，还必须加上足够的追加额。经营专业性事务所的会员因死亡或其他原因永久不能再工作时，必须以适当的专家保险保证该专家及其客户的利益。

5. 教育培训制度

特许税务师协会每年为会员提供 2 200 个小时的培训与终身执业教育，会员有义务参加 120 个小时的培训。

6. 信息披露制度

税务海关总署规定，将税务中介的不规范行为向专业团体即特许税务师协会、特许会计师协会等进行通报。执业人员在税收筹划中制订新的避税方案，要在方案出售后规定期限内向税务海关总署提供详细内容。

7. 违规惩戒制度

特许税务师协会对会员的疏忽或不诚实的行为要进行审查，对违法的会员予以开除，被开除者不得再以"特许税务师"的名义从事税务中介业务。一旦税务中介从业人员违反税法，不论是否是特许税务师协会会员，税务机关都要对其进行处罚并将其记入税务机关档案。惩罚的主要形式是罚款和给予刑事制裁。

（三）行业管理

英国税务中介行业管理分为行业协会管理和税务机关管理。

1. 行业协会管理

英国税务中介行业管理以特许税务师协会管理为主。协会设会长一名，任期一年；理事会由高级会员组成，三年换一届；下设技术委员会、教育委员会、会员资格委员会、标准委员会、财政委员会和低收入税收改革组。协会的主要工作是：提供高标准的税务咨询服务；向政府提出税收政策等方面的建议，积极促进和改革英国的税收立法；开展会员教育培训和服务活动以及对会员违规行为进行查处工作；通过媒体公告重大涉税事宜。

2. 税务机关管理

税务机关管理包括两个方面：一是成立指导机构。英国税务海关总署内部成立了税务代理与咨询指导小组，成员有11人，有三项主要职责：①通过加强与专业团体合作，指导税务代理与咨询工作；②在战略层面上，研究处理税务中介机构与税务机关交往出现的问题，并将解决方案下传到基层税务机关；③改善税务机关与税务中介之间的关系，最大限度地发挥税务中介的作用，为税收工作服务。二是约束与规范措施。英国税务机关依据法律对税务中介行为进行强制约束和规范，并对违法违规行为予以处罚，主要包括：①对税务中介的不规范行为进行披露。《2005年收入与关税法案》规定，税务海关总署有权力对税务代理的不规范行为向专业团体即特许税务师协会进行通报。公告后，专业团体必须对其展开调查。②对税务中介骗税逃税的行为进行处罚。《2000年财政法案》规定，对于严重的税务代理骗税行为，证据确凿的适用于最严重的处罚。《2002年犯罪收益法案》规定，对税务代理中涉嫌逃税或纵容逃税的行为予以刑事制裁。③对税务中介提供错误信息和虚假申报的行为进行处罚。《1970年税收管理法案》规定，任何人故意导致涉税的信息、申报表、账目等出现错误，将处以3 000英镑以下的罚款。《关税与消费税管理法案》规定，任何人提供虚假申报是犯罪行为，处以最高2 500英镑的罚款。④对税务中介违反税收管理程序的行为进行处罚。英国税务海关总署认为，税务中介违规操作退税程序的是不可靠的税务代理。对此，《1970年税收管理法案》规定，为保护纳税人，避免将退税款交到不可靠的税务代理手中。⑤对违反避税方案披露规定的行为进行处罚。《2004年财政法》规定，制订避税方案的人在方案出售后，在规定的期限内要向税务海关总署提供详细的方案内容。不遵守此规定的，将被处以5 000英镑以内的罚款。此规定的目的并非直接打击避税行为，而是给相关部门提供避税方案信息，从而有利于完善税制和更有效地采取稽查行动。⑥对税务中介洗黑钱的行为进行处罚。《2003年反洗黑钱规章》规定，税务代理隐瞒、安排、帮助、获得、使用犯罪收益（包括偷逃的税款），是洗黑钱的犯罪行为，将被处以无限额罚款和14年以下监禁。税务中介帮助纳税人逃税或者帮其隐逃税额就是洗黑钱的犯罪行为。税务师、会计师、审计师、破产清算师等知道或怀疑有逃税（或洗黑钱）行为的，必须向国民犯罪情报局报告，否则将被处以无限额罚款和5年以下监禁。

3. 税务机关与专业团体合作

英国税务机关与专业团体的合作内容具体包括：①定期交流。英国税务海关总署与特许税务师协会每年10月举办一次联系会议，参加人员是税务机关官员和协会高级会员，主要议题是对当前税收的重要事项沟通情况、交流意见。会议对税法的修订与完善会产生重大影响。②加强反洗钱合作。税务机关通过专业团体监控会员建立反洗钱机制，增强了反洗钱的监控能力。③规范税务中介行为。税务机关通过与专业团体合作，制定业务标准、建立完整的业务流程,提高会员的执业质量,规范税务中介行为①。

五、澳大利亚

(一) 税务中介的现状

澳大利亚的税务中介,在其国家的税收及养老金系统中扮演着非常重要的角色,已经成为连接纳税人和征税人的桥梁。澳大利亚实行纳税人自核自缴的税款申报征收办法,但因税收法规复杂、专业性强,税种较多,主管税务局多,处罚又较强硬,所以纳税人对税务代理的依赖性也较强,造就了澳大利亚极其活跃的税务代理行业。就个人所得税而言,税法规定了非常多并且复杂的可以从所得中抵减的事项。税法规定纳税人先行按所得额申报缴纳,次年根据实际可抵减额申请退税,纳税人很难搞清楚自己到底能享受什么类别的抵减,故一般都会请税务中介人员审核申报。截至2014年6月,澳大利亚的税收中介有231 000个,大约超过70%的个人纳税申报工作和90%的企业纳税申报工作由这些税务中介提供,超过90%的中介机构从事所得税申报。

(二) 服务的范围和内容

税务中介从业者的主要业务范围包括为客户提供涉税咨询、所得税申报及退税服务,起草并递交商业活动报表,代理申请注册和受理年度检查,帮助企业进行税收筹划,代理记账和核算,以及接受企业管理层的有关咨询业务,充任管理顾问,进行金融理财规划,代理所得税申报表及异议申请书的制作,代理有关福利税的业务。对税务中介人员与客户之间签订合同的形式,法律上没有强制性规定,由双方自主决定。有关执业收费没有统一的标准和办法,完全由市场供求决定。一般是由税务中介人员向客户报价,双方根据承办人员的等级、提供服务的价值、工作量和所需费用等协商确定收费标准。

具体来说,服务内容包括几个方面:①协助客户处理他们在会计上和税务上的问题,尽量减少不必缴纳的税款;②在每个财政年度结束前,为客户向税务局申请较长的时间,使其有更多的时间处理财务上的问题;③帮助客户写信反驳税务局对他们纳税申报的不合理认定和税款的多征,

---

① 国家税务总局税务中介行业考察团. 英国、埃及税务中介行业考察报告[J]. 税务研究, 2007 (9): 79-83.

争取合理的利益；④解答客户在纳税问题上的各种问题；⑤为客户向税务局递交纳税申报表和各种表格，帮助客户注册各种形式的公司等。

（三）税务中介行业的特点

澳大利亚税务中介人员必须具备公正、诚实的职业素质，资格取得要经过严格的申请注册手续，要有大学三年以上会计专业学历，且在最近五年内有两年从事税务中介服务业务，在此期间要为各类纳税人代理主要税种，并在执业期间有50%以上的时间用来填写税务申报表、提供税收建议等。具有以上条件者，方可提出申请，由代理人管理委员会负责审批，符合条件的颁发《税务代理证明书》，每两年要通过一次检查，进行延期确认。

税务中介的具体业务包括：代办纳税申报和退税，代理申请注册和受理年度检查；帮助企业进行税收筹划，选择经济、合理的纳税结构和方式；代理记账和核算；接受企业管理层的有关咨询。税务代理机构在开业后，每隔三年必须向税务代理注册委员会申请注册一次，并接受其必要的资信查验；对不合格或不具备条件的代理机构，税务代理注册委员会有权取消其代理资格，同时，税务部门将对其处以一定的罚款。税务代理在澳大利亚税收及养老金系统中扮演着非常重要的角色，纳税人对比较健全的税务代理体系的依赖性较强。

澳大利亚的联邦税务局及下设分支税务局都设有专门部门通过互联网与中介人员进行沟通，及时告之税收信息。中介人员将委托人提供的资料输入计算机，计算机按顺序制作申报文书，一次代理业务15分钟左右即可执行完毕。

六、美国

（一）发展历程及现状

19世纪，税务代理逐渐在美国发展起来。南北战争发生之后，出现了一系列的赔款问题，美国国会因此在1884年出台了相关的法案，法案允许政府纳入一些税收经验相对丰富以及具有较强专业知识的人员，这样能就战争中所产生的纠纷赔款问题和相关税收问题，代表农民利益与政府进行协商，从而达成一致意见。其实最早的美国税务代理服务人员就是由这些专业人员组成的。从此领域的立法来看，当前并没有设置专门的税务代理服务立法，所依据的法律还是1966年财政部颁布的第230号文件（以下简称"230号文件")。此文件规定了税务代理人、律师、会计师在执行代理业务时所需要遵照的13项限制和义务。在不断变化的经济环境条件下,财政部也适时地调整了文件内容,从而满足税务代理市场发展的需要。

在美国实行的税制结构中,所得税是主体,由于计算所得税难度较大,一般纳税人常常会存在计算失误,这样就使纳税人产生了税务代理帮助的需要。相关部门统计数据显示,美国有将近一半以上的工商企业以及几乎所有的个人所得税业务会将纳税申报委托给税务代理组织。一般来说,纳税人是比较信任税务代理的,美国政府问责局(GAO)调查了全国范围内的纳税情况,其中完全信任税务代理的大约占49%,而基本信任税务代理的则占28%。美国当前在税务代理方面拥有超过30万名服务者,同时还存在很多税务代理的兼职人员[①]。

(二)资格认定和代理机构的设置

230号文件规定,从事税务代理没有条件限制,对于那些已经参加美国注册会计师协会、律师协会、税务代理人协会、会计师协会以及注册代理人协会等相关组织的人员,允许其从事税务代理,不加入这些组织的人也可以开展税务代理业务。值得注意的是,在国家税务局只有注册会计师、律师以及注册代理人才有条件作为纳税人的代表,而注册会计师或者律师需要考取一定的职业资格证。一般来说,注册代理人资格取得主要通过考试和免试两种途径,其中:考试一共分为四个科目,州政府会为考试合格者颁发合格证,允许其在税务代理服务方面从事相关工作;而免试所针对的对象为从税务机关退休的人员,大约占到20%的注册代理人比例。美国税务代理组织主要分为三大块,包括税务公司、律师事务所以及会计公司。税务公司属于专业服务机构,后两者则属于税务代理主营或者兼营的机构。

(三)业务范围和收费标准

230号文件对美国税务中介服务的具体内容进行了界定,包括:流程型业务,像会计、审计、签证财务报表等;创新型业务,包括担保纳税、出庭辩护或者税收筹划等,这类业务可以为纳税人提供更高质量的服务。

税务代理中所依据的收费标准受多种因素影响,其中变化的市场供

---

① FEIOCK R C. Analysis of Taxpayer's reputation with Game Theory [J]. Journal of urban affairs, 2002 (11): 123-142.

求、质量的高低、服务时间的花费以及机构信誉等方面都可能对所收取的费用产生影响。

（四）管理机构的设置

美国财政部门为了加强监督管理税务代理服务，颁布了与230号文件相关的公告，但是这种公告并不具有法律性质，因此呈现出了相对松散的模式。美国在联邦税务局设置了执业责任办公室，专门监督管理税务代理，主要涉及以下内容：组织通过统考形式、认定资格以及职业证书发放等方式来限定从事税务代理者的条件，当然律师或者注册会计师是不包含在内的；加大对违反税务准则的具体行为的处罚；针对那些拥有税务代理资格的人员规定每三年审核认定一次。

美国会计师协会、注册会计师协会、代理人协会以及律师协会等都属于此行业的自律性组织，美国注册会计师协会对相关执业行为做出约束规定，从而对注册会计师行为起到制约作用，同时还规定应在此统一标准的基础上提供税务代理服务，包括税务咨询服务以及代理申报纳税服务，还要求注册会计师服务具有客观性和公正性，应避免任何利益冲突。注册会计师一方面要注重基于事实开展业务，另一方面也要以自身专业判断提供相应的服务。

第二节　国际税务师发展的经验借鉴

一、发展模式要符合中国国情

税务中介服务模式一般分为分散型和集中型，不过根据当前实践，并不能确定其中的哪一种模式更有价值。因为每个国家的基本国情不同，历史发展、经济、政治以及文化等方面都存在差异，所以需要根据具体情况采用合理的发展模式。英国、美国在经济领域很早就确立了社会中介市场，其会计师制度、律师制度都相对成熟，社会中介机构具有较高的职业道德，纳税人也具有较高的纳税意识，因此它们采用分散型的发展模式。而我国与它们的经济发展水平不同，人口众多，地域辽阔，税收管理复杂程度较大，因此不可能照搬它们的发展模式，需要建设具有中国特色的税收管理体制，选择合理的税务中介发展模式。

二、打牢税务中介自身基础

（一）执业人员范围广泛

一般发达国家中从事税务中介的人员一方面包括那些符合一定要求的会计师、律师以及其他人员，另一方面又包括一些获得一定执业资格的人员，因此所涉及的范围是比较宽泛的。例如，日本的《税理士法》就要求从事税务代理的人员可以是会计师、律师以及超过三年此行业实践经验且达到税理士考试要求的人员。美国的执业人员范围更广。美国230号文件规定那些已经参与到美国注册会计师协会、律师协会、税务代理人协会、会计师协会以及注册代理人协会等相关组织的人员可以从事税务代理工作，不加入这些组织的人也可以开展税务代理业务。

（二）中介人员素质高

税务中介虽然涉及较广的执业范围，不过发达国家一般都会对执业人员有较高的要求，规定经过考试来获得执业资格。日本设置税理士资格的考试，还专门设置了很多考试科目以及资格条件。美国虽然在税务代理从业方面并没有设立一定的门槛，但是要取得资格还是比较难的，国家会设置统考，对于注册会计师以及律师资格取得会设置更加严格的条件。在这种严格的条件下，催生了很多专业性较高且综合素质较强的此领域专业人才，从而有利于提高税务中介机构的服务质量。

有的国家除了要求通过统一考试获得执业资格外，还针对一些人员设置了免试条件，进一步壮大了税务中介专业人才队伍。

（三）业务范围广泛

从总体来说发达国家的税务代理所提供的服务内容相对全面，拥有广阔的市场需求。例如，日本《税理士法》规定，税理士既要承担一般性质的业务，同时需要提供税务文书编制服务、制定有关的会计账务和及时解答税务咨询问题。委托办理纳税业务的工商企业比例占到85%。从某种意义上说，可以认为如果没有税理士业务的代理，那么纳税申报工作将很难完成，而若税务部门没有税理士，则征税工作也无法进行。美国税务中介所涉及的服务范围较广，包括流程型业务，像会计、审计、签证财务报表等方面，创新型业务包括担保纳税、出庭辩护或者税收筹划等方面，种类越来越多①。

(四) 税务中介服务手段现代化

发达国家的税务中介机构除了积聚一大批专业技术人员以外，普遍实现计算机化、信息化。例如，美国、德国等国的税务中介机构均有现代化的设备，纳税人的有关税务资料以及各国的税收法规资料的各种信息均储存在电脑中，并根据情况随时更新。很多国家都借助现代化信息技术来有效调配相关资料，从而高效便捷地开展业务。例如，澳大利亚税务代理组织通过信息技术与税务部门联网，实现了计算机资源的共享，且全天开通业务，使信息传递和反馈更加高效，税务中介机构可以在最短的时间内获得第一手信息，其运作效率也得到了相应的提高。

三、加强对税务中介的管理和监督

相对于国内，目前国外主要从三个方面制定法律规章制度来监督管理税务中介服务：一是国家通过制定税务代理法来监督管理税务中介服务，目前德国、韩国、日本这几个国家都颁布了此类代理法；二是通过相关法典及条例监督管理税务中介服务，如财政、税收相关法典及条例；三是通过社会中的各个行业组织制定相应的制度。日本、德国、韩国等制定税务代理法的国家，通过代理法中的相关法制法规来全面管理规范税务中介机构，主要是管理规范税务中介机构的经营方式及制度的建设，而第二、三方面所叙述的颁布法典、条例以及相应的制度则是为了更好、更全面地监督管理税务中介机构。像美国这类没有税务代理法的国家，则通过财政、税收的相关规章制度来管理和规范税务中介机构，以及管理和规范中介机构的制度建设，并对其进行监督，而各个行业制定的规章制度可以辅助监督和管理税务中介机构。此外，诸如英国等国家，则通过社会中的各个行业组织制定相关的规章制度来对税务中介机构进行管理和规范，以及管理和规范其制度的建立，并对其进行监督，而相关的法典、条例以及相应的制度可以辅助监督和管理中介机构②。

四、保持税务中介的独立性

独立性是税务中介机构最明显的特点，通过观察税务中介机构在发达

---

① PENTLAND B T, CARLILE P. Audit the taxpayer, not the return: tax auditing as an expression game [J]. Accounting, organization and society, 1996.

② 田中治. 各国（地区）税务代理制度 [M]. 北京：中国税务出版社，1997：134.

国家的实践情况可知，税务中介机构都能坚守自己的执业原则，公正独立地从事行业工作，既不依附于任何团体和纳税人，也不从属于税务部门。

国际上通常将税务中介人员视为税法专家，认为税务代理人不仅为纳税人提供涉税服务，还利用税法专业知识弥补纳税人税法知识的不足，帮助纳税人既合法又合理地纳税。注册税务师在从事税务中介业务时，既要依法为委托人提供涉税服务，维护纳税人的合法权益，又要维护国家税法尊严和国家税收权益。这种在税收征纳关系中的中介地位，决定了税务中介机构必须站在独立、客观、公正的立场上，以税法为准绳，以服务为宗旨，既为委托人依法履行纳税义务、维护其合法权益服务，又要监督税务机关是否依法征税，维护国家税收权益。税务中介机构作为一个独立的市场主体，应同社会上的仲裁机构、公证机构、资产评估机构一样，独立地承担责任，接受社会或政府的监督，而不能依附于任何一个机关。从税收法律关系上说，只存在课税的立场和纳税人的立场，必须有一支专业性、知识性、独立性很强的队伍对税收征纳关系进行协调。税务代理人作为这样的中介组织，必须确立其独立的中介地位。

由于国外注册税务师制度产生的历史背景及所处税收环境不尽相同，各国注册税务师执业独立性强弱也不尽相同。在日本，税理士机构是介于纳税人和税务机关之间的完全独立的中介组织，不存在任何的政治、经济利益关系，除了法律规定的正常收费外，税理士不得从客户那里取得任何经济利益或其他便利条件，是名副其实的民间"税务警察"。同样，韩国的《税务士法》规定，税务士及其执业机构必须与纳税人和税务机关保持超然的独立。德国的《税务顾问法》规定，税务顾问须有独立从事代理业务行为的意愿，税务顾问不得被强制从事与法律或职业义务相悖的业务。独立从事业务行为中的"独立"，是指与税务当局相独立、与委托人相独立、与职员相独立、与资本关系人相独立。

国外税务代理制度推行较好的国家都制定了严格的在职税务代理人资格考核制度或者定期的考察制度，其税务代理人作为具有丰富税收法律知识和税务代理实践经验的法律专家，基本上都能按照法律法规的严格要求，坚持自己的立场，很好地遵循自愿委托、依法服务、客观公正、诚实信用原则，这有利于提高其执业效率，发挥注册税务师的专业胜任能力，保证服务质量。因此，国外的税务中介人员具有较高的独立性。

五、制定合理的收费及赔偿保险制度

在发达国家，根据市场经济的原则，税务中介机构都会制定比较合理的收费制度，收费的数额是根据两方面来决定的，即提供服务的具体内容和完成服务所需的时间，经过中介机构与纳税人的协商确定收费的数额。此外，在发达国家，税务中介也会有优惠服务，如日本就存在一些优惠服务，诸如法律援助项目。

纳税人和税务中介有时候也会产生问题，主要是选择方向和信息不对等问题，这些问题会产生一定的风险，影响纳税人的权益。发达国家会制定一定的赔偿制度，纳税人会根据业务的避险能力，制定一定的保险额。如果因为税务人员主观性的错误，造成了纳税人利益受损，那么可以按照赔偿标准弥补纳税人受损的部分[1]。

德国的《税理士法》规定，税理士对于业务活动可能出现的赔偿责任必须适当地投保。一般来说，税理士必须考虑该项业务可能出现的各种风险，在自我责任方面确定合适的保险金额。若因没有投保而出现被害人要求赔偿的事件，则属于违反执业义务，有可能会被取消执业资格。

奥地利的《经济受托士职业法》规定经济受托士从事业务时，必须投保职业责任赔偿保险。注册会计师兼税理士最低投保35万奥地利先令，账簿检查士兼税理士者最低投保25万奥地利先令，税理士最低投保15万奥地利先令。

六、建立健全税务师行业法规

市场经济是一种法治经济，税务中介代理是一种法律行为，没有专门的法律法规保障是行不通的，规范税务中介代理市场的核心问题就是依法代理。税务中介代理的权利与义务、业务范围及收费、执业标准、法律责任、代理原则等方面均应符合法律的规定，使"法"贯穿于代理的始终。因此，要真正做到"依法代理"，就应加快立法步伐，尽早建立起全国统一的、独立的、完善的、规范的税务中介代理法律制度，为税务中介代理市场的健康运行提供良好的法律保障。

许多发达国家的税务代理法律制度都较为严密，为了保证税务中介代理制的顺利推行和健康发展，制定了专门的税务代理法规。在日本，以《税理士法》为注册税务师制度体系的基石，已经建立起了从实体法到程序法等的一套完备的法律体系。与日本相似，韩国、法国也建立了以《税务士法》为核心，以若干专业准则和职业道德守则为补充的法律体系。德

---

[1] COLE R, EISENBEIS R A, MCKENZIE J A. Asymmetric information and principal agent problems as sources of value in FSLIC assisted acquisition of insolvent thrifts [J]. Journal of financial services research, 1998 (8).

国《税务代理咨询法》也对税务代理、税务咨询及顾问做了统一的规定。英国的《税收管理法》，奥地利的《经济受托士职业法》，美国的230号文件等也都是有代表性的法律法规。总体上看，这些法律法规详细规定了税务代理人的使命、资格取得与登记或登录制度，税务代理人的业务范围，权利和义务限制，执业管理和政府监管，惩戒和处罚的种类与程序等内容。应该说这些国家都将税务代理制度定位在法律法规的层次上，使税务代理制度非常规范，法律条文的内容可操作性较强，税务代理各项业务的开展都有严密的程序加以规范。这些都有利于税务代理人严格地遵照税务代理法律法规的要求，既不受税务机关的左右，也不受纳税人意志的影响，客观、独立地执业，使税务代理结果更加公正，能进一步提升税务代理的社会信誉度。这些法律法规的出台有效地保障了税务中介的地位，同时也为税务中介的健康、有序发展提供了有力的法律保障。

第三章 国内税务师行业现状分析

第一节 税务师行业存在的必要性

一、税务师的需求分析

(一) 政府对税务师的需求分析

党的十八届三中全会公报对财税体制改革明确提出,"财政是国家治理的基础和重要支柱,科学的财税体制是优化资源配置、维护市场统一、促进社会公平、实现国家长治久安的制度保障。必须完善立法、明确事权、改革税制、稳定税负、透明预算、提高效率,建立现代财政制度,发挥中央和地方两个积极性。要改进预算管理制度,完善税收制度,建立事权和支出责任相适应的制度"。涉税专业服务社会组织在改革中的作用不可替代,涉税专业服务社会组织的创新不可停顿,涉税专业服务社会组织的管理不可或缺。本轮税收制度改革要盯住全面深化改革所涉及的诸多方面的线索,同时进行适应性的改革,税务师行业要在改革中根据政策的需要为企业提供涉税服务,推动改革的顺利进行,这也是历史赋予税务师行业的重任[①]。

财税体制改革必然伴随着征管体制的改革。目前,我国的税收征管模式已经不能适应税制改革的要求,征管改革势在必行。截至 2020 年底,全国税务师事务所已经达到 7 500 余家,从业人数超过 10 万人,有执业税务师将近 5 万名,为税务机关的税收征管提供了强有力的补充。首先,随着现代化税收征管体系逐步建立与完善,税务师的专业优势将得到充分发挥,这为税务师行业的发展带来了新的机遇。其次,随着纳税人纳税意识

---

① 蒋宝铸. 借助税务师行业满足纳税服务需求的思考 [J]. 税务师,2014 (7):60-62.

的逐渐增强，纳税人越来越重视自身权利的保护，因此，在税收征管过程中，当征纳双方发生矛盾时，需要第三方来协调征纳矛盾，促进税收征管的顺利进行。税务师作为专业处理征纳矛盾的第三方，被赋予了加强税收征管、协调征纳矛盾的使命。最后，充分发挥税务师的职能作用，可为税务机关减轻征管压力，转移税收管理风险。

（二）企业对税务师的需求分析

目前我国经济发展处于转型期，国家通过税收政策对企业的经济行为进行调整，像制定股票投资的个税及印花税政策等。另外，由于我国经济发展快，新情况多，出台的税收政策在执行中可能遇到新的问题，因此，国家税务总局会及时发布新的政策进行补充。近年来，我国进行了多次税制改革，如2008年进行企业所得税政策的大变革，2009年进行增值税政策的重大变革，2016年全面实行"营改增"，2017年增值税13%一档税率并入11%，2018年增值税税率降低1%，2019年从16%降至13%、10%降至9%，6%档保持不变，2019年施行新个人所得税法等，政策不停地颁布、更新、补充、作废。税收在国家治理中的作用更加凸显，税收共治的基础越发坚实，给新税务工作带来了前所未有的机遇。企业要想及时掌握税收政策，就要不断地学习税收法律、法规、政策，但限于自身能力不足无法及时准确地掌握税法，不能充分享受税收优惠政策。由此税务师的重要性进一步凸显，企业对税务师的需求也进一步加大，需要税务师帮助纳税人正确理解政策内涵，正确处理涉税疑难问题。

（三）社会对税务师的需求分析

《中华人民共和国宪法》规定，每个公民都有依法纳税的义务。从国际上看，无论是发达国家还是发展中国家，一般都建立了申报纳税制度。我国现行的《中华人民共和国税收征收管理法》也对纳税人做了自觉申报纳税的规定，但由于税种多、计算复杂，纳税人自行准确计算、申报纳税是有一定难度的。因此，实行涉税服务制度，符合纳税人准确履行纳税义务的需要，他们可以选择自己信赖的税务师代为履行申报纳税义务。涉税服务制度的实施，有利于提高纳税人主动申报纳税的自觉性，增强纳税意识。

实行涉税服务制度，纳税人可以在税务师的帮助下减少纳税错误，用足用好税收优惠政策，做好税收筹划。税务师还可以协调税收征纳双方的分歧和矛盾，依法提出意见进行调解，如有需要，税务师可以接受纳税人委托向上级税务机关申请行政复议。这些都切实有效地维护了纳税人的合法权益。

二、税务师制度供求均衡分析

供求理论是市场经济中非常重要的理论。需求是指消费者在一定价格条件下对商品的需要量,包括两个条件,即消费者愿意购买和有支付能力。供给是指在某一特定时期内,经营者在一定价格条件下愿意并可能出售的商品量。影响供求关系达到平衡的因素有很多,价格是其中一种,此外还受政府政策、服务质量、消费者喜好等的影响。

税务师事务所提供涉税服务的行为是一种经济行为,供求理论也可用于涉税专业服务市场的分析。纳税人是涉税专业服务的主要需求方,税务师事务所是供给方。如图3-1所示,假设税务师事务所开始以一定的价格P_1(纳税人支付的成本)提供中介服务,供给量为Q_1,纳税人却只愿以很低的价格P_3支付Q_1,或者以P_1的价格仅购买很低的量Q_3,涉税专业服务市场就不能有效形成。此时,税务师事务所是否存在降价空间,或者纳税人能否节约成本,以及纳税人能否进一步扩大需求非常关键。当税务师事务所把价格降到P_2时,市场供给曲线S正好与因纳税人需求增加而向右移动的需求曲线D_2相交,市场达到均衡状态。在E_2点,税务师事务所与纳税人以P_2价格完成交易量Q_2,涉税专业服务市场形成。

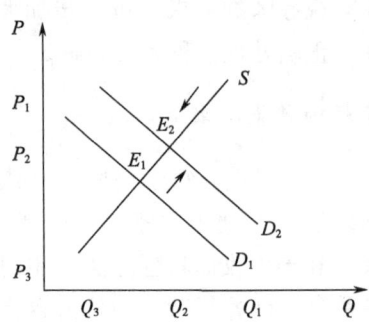

图3-1 税务师市场的需求-供给分析

在税务师事务所提供涉税专业服务的市场中,对该市场供求关系起作用的因素不仅包括价格因素,还包括服务质量、服务内容的差异化等因素。要想增加市场对该行业的有效需求,不能仅仅靠打价格战,还要提升税务师行业的专业水平,扩大人才队伍,提升从业人员的素质,强化行业的自律作用,提供高水平、高质量的涉税服务。政府有关部门也要推进税务师行业的法制建设，加强对行业的行政监管。通过这一系列的措施，获得纳税人的信任与支持，扩大市场需求，增加供给。

第二节　涉税专业服务范围

涉税专业服务是指涉税专业服务机构接受委托，利用专业知识和技能，就涉税事项向委托人提供的税务代理等服务。涉税专业服务机构从事涉税业务，应当遵守税收法律法规以及相关税收规定，遵循涉税专业服务业务规范。我国的涉税专业服务机构可以从事下列涉税业务：纳税申报代理、一般税务咨询、专业税务顾问、税收策划、涉税鉴证、纳税情况审查、其他税务事项代理和其他涉税服务。

2020年7月30日，中国注册税务师协会组织制定了《企业重组税收策划业务指引（试行）》等四项执业规范，这些政策是根据13号公告等有关规定、结合行业实际制定的，目的是规范税务师行业执业行为，推动行业涉税专业服务标准化。

一、纳税申报

（一）纳税申报代理业务的界定

纳税申报代理业务，是指税务师事务所接受纳税人、扣缴义务人、缴费人委托，双方确立代理关系，指派本机构涉税服务人员对委托人提供的资料进行归集和专业判断，代理委托人进行纳税申报和缴费申报准备，签署纳税申报表、扣缴税款报告表、缴费申报表以及相关文件，并完成纳税申报的服务行为。

（二）纳税申报代理业务的流程

代理纳税申报，应执行以下基本流程：①与委托人签订纳税申报代理业务委托协议；②从委托人处取得当期代理纳税申报的资料；③对资料和数据进行专业判断；④计算当期相关税种（费）的应纳税（费）额；⑤填制纳税申报表及其附列资料；⑥进行纳税申报准备；⑦确认和签署申报表；⑧进行纳税申报后续管理。

二、一般税务咨询

一般税务咨询是指税务师通过电话、书面、晤谈、网络咨询等方式对纳税人、扣缴义务人的日常办税事项提供税务咨询服务。税务咨询服务涉及内容广泛，咨询、服务形式多样。

税务咨询以税收方面的疑难问题为主导，具体包括：①税收法律规定方面的咨询；②税收政策运用方面的咨询；③办税实物方面的咨询；④涉税会计处理方面的咨询；⑤税务动态方面的咨询。

三、专业税务顾问

（一）专业税务顾问的界定

专业税务顾问业务是指税务师事务所接受委托人的委托，指派税务师事务所的涉税服务人员，就委托的特定涉税事项提供专项税务咨询服务或者为委托人提供长期税务顾问服务。

（二）专项税务咨询服务

1. 专项税务咨询服务的定义

专项税务咨询服务是指通过一定业务程序取得委托人的业务事实证据和有关法律法规，并对业务事实证据与法律法规进行对比分析得出结论（结果），将结论（结果）或者根据结论（结果）提出的建议，以书面形式提供给委托人的服务。

2. 专项税务咨询服务的内容

专项税务咨询服务包括但不限于以下服务：涉税尽职审慎性调查，纳税风险评估，资本市场特殊税务处理合规性审核，以及与特别纳税调整事项有关的服务等。

（三）长期税务顾问服务

1. 长期税务顾问服务的定义

长期税务顾问服务是指，对委托人在接受委托时尚不能确定的具体税务事项提供期限不少于一年的咨询服务。

2. 长期税务顾问服务的内容

长期税务顾问服务包括但不限于以下服务：税务信息提供，税务政策解释和运用咨询，办税事项提醒和风险提示，涉税措施的评价和建议，代表委托人向税务机关咨询问题和协商税务处理事宜等。

3. 专业税务顾问业务的执业原则

（1）合法性原则。该原则要求服务过程和服务成果不违反法律法规。

（2）合理性原则。该原则要求分析的依据以及服务成果合乎常理。

（3）特定目标原则。该原则要求以委托人的委托目标为核心，开展专业税务顾问服务。

（4）胜任原则。该原则要求慎重考虑胜任能力，指派具有专业胜任能力人员提供服务。

四、税收策划

（一）税收策划业务的定义

税收策划业务是依据国家税收政策及其他相关法律法规和相关规定，为满足委托人特定目标提供的税收策划方案和纳税计划。税收策划业务的内容包括：①配合委托人战略发展需要和重大经营调整；②适应委托人日常事项经营模式变化；③接受委托办理委托人企业重组及投融资事项；④接受委托办理委托人其他拟开展的业务或拟实施的特定交易事项。

（二）税收策划业务的种类

税收策划业务的种类包括：①战略规划税收策划；②经营活动税收策划；③企业重组税收策划；④投融资税收策划；⑤其他事项税收策划。

（三）税收策划业务的执业原则

税收策划业务的执业原则同专业税务顾问业务的执业原则，这里不再赘述。

（四）税收策划服务的业务流程

税收策划服务的业务流程包括了解业务目标、制订业务计划、收集项目资料、确定法律依据、测算数据结果、制订策划方案、进行方案综合辩证分析。

五、涉税鉴证

（一）涉税鉴证业务的定义

涉税鉴证业务是指鉴证人接受委托，按照税收法律法规以及相关规定，对被鉴证人涉税事项的合法性、合理性进行鉴定和证明，并出具书面专业意见。

(二) 涉税鉴证业务的种类

涉税鉴证业务包括企业注销登记鉴证、土地增值税清算鉴证、企业资产损失税前扣除鉴证、研发费用税前加计扣除鉴证、高新技术企业专项认定鉴证、涉税交易事项鉴证、涉税会计事项鉴证、税收权利与义务事项鉴证以及其他涉税事项鉴证。

六、纳税情况审查业务

(一) 纳税情况审查业务定义

纳税情况审查业务，是指税务师事务所接受行政机关、司法机关的委托，指派本所有资质的涉税服务人员，依法对纳税人、扣缴义务人等的纳税情况进行审查并得出专业结论。

(二) 纳税情况审查业务内容

纳税情况审查业务包括海关委托保税核查、海关委托稽查、企业信息公示委托纳税情况审查、税务机关委托纳税情况审查、司法机关委托纳税情况审查等。

(三) 纳税情况审查业务流程

税务师事务所提供纳税情况审查服务，应当执行业务承接、业务计划、业务实施、业务记录、业务成果、质量监控与复核等一般流程，包括但不限于以下内容：①调查了解委托审查事项的环境和特征；②搜集评价既定标准的适用性；③判断审查证据和风险；④出具专项业务报告。

七、其他税务事项代理业务

(一) 其他税务事项代理业务定义

其他税务事项代理业务，是指税务师事务所接受纳税人、扣缴义务人（以下称"委托人"）的委托，在其权限内，以委托人的名义代为办理信息报告、发票办理、优惠办理、证明办理、国际税收、清税注销、涉税争议、建账记账等纳税事项的服务活动。

（二）其他税务事项代理业务流程

税务师事务所及其涉税服务人员提供其他税务事项代理服务，应当执行业务承接、业务计划、归集资料、专业判断、实施办理、反馈结果、业务记录、业务成果等一般流程。

八、其他涉税服务

第三至第六项涉税业务，即专业税务顾问、税收策划、涉税鉴证和纳税情况审查四项业务，应当由具有税务师事务所、会计师事务所、律师事务所资质的涉税专业服务机构从事，相关文书应由税务师、注册会计师、律师签字，并承担相应的责任。

第三节　税务师事务所基本情况

自 2014 年 7 月《国务院关于取消和调整一批行政审批事项的决定》（国发〔2014〕27 号）等一系列文件下发以来，税务师行业政策发生了很大的变化，行业遇到新的冲击和挑战。随着新的行业政策的逐步明确，税务师行业发展进入了战略调整机遇期。

近年来，我国税务师事务所的数量和从业人员数量均保持上升态势，并且税务师事务所的执业税务师人数及事务所收入总额均有所增长。2018 年，全行业总计报告经营收入 203.45 亿元，同比上年增长 19.73%；2019 年税务师行业经营收入总额为 241.5 亿元，增幅约为 18.7%。2019 年全行业共有税务师事务所 6 806 家，同比增加 10.83%；从业人员约 10.5 万人，同比增加 3.14%；在税务师事务所执业的税务师有 4.66 万人，同比增加 5.25%。2020 年全行业共有税务师事务所 7 500 多家，同比增加约 10.2%；从业人员将近 11 万人，同比增加约 4.76%；在税务师事务所执业的税务师将近 5 万名，同比增加约 7.3%；行业收入结构呈现出业务多元发展的趋势。经营收入排名前五位的地区为北京、广东、江苏、上海、浙江。行业各项指标的快速增长，反映出随着市场经济的不断发展和税收改革的深入，纳税人对涉税专业服务的需求越来越旺盛，税务师行业的专业价值日益增加。

第四节 税务师事务所前百家情况分析

中国注册税务师协会从2010年起公布税务师事务所经营收入前百家名单（以下简称"百强所"）。在国家各项改革不断深化的新形势下，2020年，税务师行业和百强所发展又取得了长足进步。

一、经营情况

2020年百强所收入合计161.77亿元，同比增加20.34亿元，增幅达14.38%。经营收入、资产总额和利润总额分别占行业整体的60.45%、49.34%和70.07%，执业税务师和人员总数分别占行业整体的24.41%和27.12%。2020年第一百名的收入为2 271.27万元，相较于上年度第一百名的收入2 159.52万元，提升了5.17%。百强所占行业经营收入比重连续三年超过50%，整体规模呈现出良好的增长态势。2020年，百强所利润总额同比继续增长，所均贡献度、人均贡献度、师均贡献度均远远高于行业平均水平，盈利规模和盈利能力进一步提升。具体而言，收入在10亿元（含）以上的有3家，5亿元（含）~10亿元6家，3亿元（含）~5亿元6家，1亿元（含）~3亿元25家，5 000万元（含）~1亿元4家，3 000万元（含）~5 000万元37家，3 000万元以下19家。

从地区分布来看，百强所分布在17个地区。其中，北京41家，浙江15家，上海9家，江苏6家，宁波6家，广东5家，四川5家，山东、青岛、重庆各2家，安徽、湖南、厦门、深圳、广西、陕西、天津各1家。

2020年百强所中包含43家集团所，比上年增加了2个。其中，北京28家，上海5家，浙江2家，天津1家，江苏1家，安徽1家，湖南1家，广东2家，深圳1家，重庆1家。集团化发展成为事务所做大做强、提升整体实力和市场竞争力的有力武器，排名居前的均为集团所。

二、发展特点

百强所发展的主要特点如下：

第一，实力明显增强。百强所整体收入每年均保持两位数的增长率，受疫情影响，2020年百强所的收入增幅为14.38%，相较于2019年的30%有所下降，但百强所所均收入持续增加，年均增长率高于行业整体收入的增长率。从进入百强所的门槛来看，2019年入围百强所名单的最低营业收入为 2 159.52 万元，比 2018 年提升 25%，2020 年为 2 271.27 万元，比 2019 年提升约 5.17%。百强所能取得这样的成绩主要得益于事务所坚持锐意进取、开拓创新，努力提升专业服务质量，打造税务师事务所知名品牌。已经有越来越多的税务师事务所品牌被市场所认可。这些百强所品牌所展现出来的不仅仅是专业的服务能力和严格的质量控制，更是良好的信用和先进的理念。近年来，百强所更是不断加快集团化和国际化的经营步伐，通过建立分支机构、打造服务网络，提升服务能力。百强所的影响力正在不断扩大。

第二，创新不断精进。随着"放管服"、税制、征管改革的不断深化和税务总局《涉税专业服务监管办法》的实施，税务师行业的内外部环境都发生了不小的变化。百强所勇于迎接挑战，善于抓住机遇，根据新的市场需求开拓新的业务领域，专业税务顾问、税收策划和纳税情况审查等高端业务比例明显加大，走在全行业的前列。不少百强所通过业务发展经验不断积累，发掘出具有自身鲜明特色的业务、行业领域，拓展出新的产品和服务，不断扩大其在行业中的影响力。一些百强所依托互联网，强化科技创新，形成了各具特色的服务平台和产品，专业服务效率及能力迅速提升。

第三，机制日益完善。百强所的发展，得益于优秀的管理体系和治理机制。首先，百强所完善的用人机制和先进的企业文化成为吸引人才的重要因素。2020 年，百强所的执业税务师和人员总数分别占行业整体的 24.41% 和 27.12%，充分说明百强所对人才具有极大的吸引力。同时，百强所人员的增长率也一直高于行业整体水平，人才队伍更具稳定性。其次，事务所集团化发展、强强联合，也是百强所实力迅速增强的重要原因。这些集团所凭借精心设计的内部治理机制，以增进内部合作为重点，实现风险管理严格、质量控制有效的目标，进而促进事务所不断发展壮大。国家税务总局《关于税务师事务所行政登记有关问题的公告》的发布，将可以担任税务师事务所的合伙人或者股东范围扩大到从事涉税专业服务的科技、咨询公司，更加推进了税务师事务所组织形式创新，为税务师事务所集团化发展创造了更好的条件。

随着社会和纳税人对涉税专业服务需求的不断增加，税务师行业和百强所还将有更大的发展空间。中国注册税务师协会将继续秉承服务会员的宗旨，进一步建立与完善税务师行业自律管理机制，努力为会员提供更多更好的服务，引导百强所和会员为广大纳税人和社会各界提供优质高效的涉税专业服务，为维护国家税收利益和纳税人合法权益做出更大的贡献。

第五节 税务师行业环境分析

一、政策环境分析

2013年以来,人力资源社会保障部(以下简称"人社部")按照国务院要求,将职业资格许可和认定事项分为七个批次,取消了四百余项,进一步降低了就业创业门槛。

2016年6月,国家税务总局发布通知(税总发〔2016〕101号),建立三方沟通机制,发挥税务师事务所等涉税专业服务社会组织的积极作用,协助税务机关构建税收共治格局和优化纳税服务,协助提高征管效能。

2017年5月,国家税务总局发布13号公告,开放涉税服务市场,通过信息化手段加大对涉税服务行为的监管力度,为规范的涉税专业服务机构提供培训、专门咨询以及绿色通道和网上批量申报等服务措施。

2017年8月,国家税务总局发布《税务师事务所行政登记规程(试行)》,规定注册会计师和律师也可以成为税务师事务所的股东或合伙人,其中税务师占比应高于百分之五十,同时减少了办理税务师事务所行政登记的报送资料。

2017年9月,人社部印发《关于公布国家职业资格目录的通知》(人社部发〔2017〕68号),明确公布国家认可的职业资格的范围、实施机构、设定依据等内容,从根本上解决了我国职业资格数量多、管理不到位的问题。其中,税务师职业资格在专业技术人员职业资格中排在第52项。

2018年,涉税专业服务市场进一步开放,倒逼行业加快转型升级步伐。政府机关和行业协会都非常重视行业的发展与转型,发布了和事务所息息相关的通知和意见引导行业的升级。

2019年8月,中国注册税务师协会组织制定《纳税申报代理业务指引(试行)》等十二项执业规范。

2020年7月30日,中国注册税务师协会组织制定《企业重组税收策划业务指引(试行)》等四项执业规范,这些政策是根据13号公告等有关规定、结合行业实际制定的,目的是规范税务师行业执业行为,推动行业涉税专业服务标准化。

2020年与税务行业发展相关的新政策梳理如表3-1所示。

表 3-1 2020 年与税务行业发展相关的新政策梳理

发布机构	政策名称	政策作用
国家税务总局	《国家税务总局关于开展 2020 年"便民办税春风行动"的意见》（税总发〔2020〕11 号）	深入贯彻落实习近平总书记在统筹推进新冠肺炎疫情防控和经济社会发展工作部署会议上的重要讲话精神和关于疫情防控等系列重要指示批示精神，持续深化税务系统"放管服"改革，优化税收营商环境，全力支持抗击疫情和企业复工复产，服务经济社会发展，助力全面建成小康社会
国家税务总局	《国家税务总局关于延长 2019 年度代扣代收代征税款手续费申报期限的通知》（税总函〔2020〕43 号）	进一步支持新冠肺炎疫情防控工作，加大援企稳岗力度，纾解企业困难，进一步优化办理流程，加强审核核算，及时办理支付
国家税务总局	《国家税务总局关于完善调整部分纳税人个人所得税预扣预缴方法的公告》（国家税务总局公告 2020 年第 13 号）	进一步支持稳就业、保就业，减轻当年新入职人员个人所得税预扣预缴阶段的税收负担
国家税务总局	《国家税务总局关于纳税信用管理有关事项的公告》（国家税务总局公告 2020 年第 15 号）	深入贯彻落实国务院"放管服"改革精神，优化税收营商环境，完善纳税信用体系
国家税务总局	《税务总局等十三部门关于推进纳税缴费便利化改革优化税收营商环境若干措施的通知》（税总发〔2020〕48 号）	贯彻党中央、国务院决策部署，深化"放管服"改革，优化营商环境，进一步推进纳税缴费便利化改革，持续提升为市场主体服务水平，加快打造市场化、法治化、国际化税收营商环境
国家税务总局	《国家税务总局关于修订〈涉税专业服务机构信用积分指标体系及积分规则〉的公告》（国家税务总局公告 2020 年第 17 号）	深入贯彻落实国务院"放管服"改革要求，优化税收营商环境，促进涉税专业服务行业规范、健康地发展
中国注册税务师协会	《关于印发〈企业重组税收策划业务指引（试行）〉等四项执业规范的通知》（中税协发〔2020〕35 号）	规范税务师行业执业行为，推动行业涉税专业服务标准化

二、经济环境分析

当前,消费加快升级、创新趋于活跃、开放力度持续扩大、企业效益明显改善,都为经济进入高质量发展阶段创造了基础和条件,必然会给税务师事务所带来发展契机。随着经济主体的实力不断增强,国有企业改革一步步推进,境外投资以及企业之间并购、重组的频繁发生,涉税服务项目会越来越多,涉税服务环境会越来越复杂。因此,在经济新常态和财税体制持续深化改革的背景下,我国涉税服务市场的发展潜力依然向好。

(一)全国税收收入现状

2020年全年组织税收收入(已扣除出口退税)13.68万亿元,同比下降2.6%,比财政预算安排的目标高出0.8个百分点,及时准确办理出口退税1.45万亿元,组织社保费收入3.81万亿元、非税收入6 316亿元,为抗击疫情和经济社会发展提供了有力保障。全年新增减税降费超过2.5万亿元,为399万户纳税人办理延期缴纳税款292亿元,实现90%的涉税事项和99%的纳税申报业务都可网上办、线上办、掌上办。

"十三五"期间,全国新增减税降费累计超过7.6万亿元,累计办理出口退税7.07万亿元,有效激发了市场主体活力,新办涉税市场主体5 745万户,较"十二五"时期增长83%,为稳住就业和经济做出了积极贡献。同时连年完成预算收入任务,累计组织税收收入(已扣除出口退税)65.7万亿元,为经济社会发展提供了坚实的财力保障。

税制改革和减税政策不仅直接降低了企业税收负担,有力地支持了大众创业、万众创新,而且推动了供给侧结构性改革和企业转型升级,对稳定经济增长和增强市场活力起到了重要的促进作用。因此,税务师要加快结构升级转型,协助企业在复杂的税收政策中降成本、避风险。

(二)财税体制改革现状

财税体制改革是全面深化改革的重头戏。如果将这场改革比喻成一场马拉松,按照"2016年基本完成改革重点工作和任务,2020年基本建立现代财政制度"的进度安排,那么2019年的财税体制改革正处于加速期。2019年的财税体制改革自然要在结合财政经济现实运行情况的基础上,继续向建立现代财政制度这一目标迈进。

2019年以来,深化增值税改革、小型微利企业所得税优惠普惠性减免、鼓励创业创新税收优惠政策、小规模纳税人免征增值税等一项项税收优惠政策的推出,一次次的精准落实,为企业下了一场接一场的"及时雨",滋润了企业发展的沃土,可谓"减税政策月月有,降负措施月月新"[①]。2019年,是国税地税机构合并的第2年,是深化"放管服"改革的第4年,是便民办税春风行动的第6年,各项改革相互辉映,成效环环促进。世界银行发布的《2020年营商环境报告》显示,中国的总体排名比2019年上升15位,名列第31名,这也是世界银行营商环境报告发布以来中国的最好名次[②]。2019年以来,我国出台的代表性减税政策有:持续推进增值税改革,自2019年4月1日起将制造业等行业现行16%的税率降至13%,将交通运输业、建筑业等行业现行10%的税率降至9%;保持6%一档的税率不变;小规模纳税人月销售额10万元以下(含本数)免征增值税;对小型微利企业年应纳税所得额不超过100万元的部分,减按25%计入应纳税所得额,按20%的税率缴纳企业所得税;对年应纳税所得额超过100万元但不超过300万元的部分,减按50%计入应纳税所得额,按20%的税率缴纳企业所得税。随着财税体制改革的深入推进,以及税收法治化的深入开展,税务师需要根据国家政策变化和市场经济发展,协助企业在财税改革中把握先机,以优质专业的服务立足于市场经济体制中。

(三)"互联网+"和大数据时代

在互联网时代,互联网的应用给人们的生活带来了巨大的变化,税收是经济发展的重要组成部分,税务师行业不可能游离于"互联网+"和大数据时代。通过与"互联网+"模式的结合,税务师事务所可以降低运营成本,提升服务效率,强化服务质量[③]。

在"互联网+"和大数据背景下,纳税人不仅可以通过税务机关的"12366"服务热线和官网服务进行互动,还可以通过网络免费获取大量的税务相关资讯。因此,税务师为客户提供的咨询要能够将税收法律法规和纳税人实际情况相结合,为纳税人提供个性化税务咨询服务和税务风险管理服务,实现税务师行业的服务结构转型。

在"互联网+"和大数据背景下,"云技术"在企业管理、财务会计领域中的广泛运用,企业管理、财务核算软件及办公无纸化的运用,对税

---

① 国家税务总局. 税务总局再取消20项税务证明事项[EB/OL]. [2020-09-20]. http://www.chinatax.gov.cn/n810219/n810724/c3984300/content.html.
② 中国营商环境全球排名再度提升[J]. 共产党员(河北), 2019 (23): 55.
③ 李金蔓. "互联网+"背景下税务师事务所涉税服务转型升级思考[J]. 纳税, 2019, 13 (20): 23-24.

务师行业提出了新要求，要求税务师行业与这些高科技软件紧密合作，更好地适应在"互联网+"和大数据背景下提供税务服务。

在"互联网+"和大数据背景下，税务机关创新了征管手段，获取纳税人的涉税信息更加便捷，金税三期成为国家依法治税及提高纳税人税法遵从度的有力工具。纳税人希望购买一份长期的有价值、有质量的涉税服务产品。同样，信息化浪潮中，涉税专业服务市场的全面放开与简政放权让税务师行业业务不再成为"法定业务"，而是完全参与了市场竞争，这要求税务师行业顺应"互联网+"和大数据浪潮，加速品牌建设、信息化建设，提升专业能力，提供专业服务，形成核心竞争力。

三、社会环境分析

社会环境分析是指对行业所在社会中成员的民族特征、文化传统、价值观念、宗教信仰、风俗习惯及教育水平等因素对行业发展产生的影响进行分析。对于税务师事务所行业而言，社会公众对专业涉税服务的理解和认知度、纳税人的税收遵从度以及税务师行业的诚信水平对行业的发展尤为重要。

（一）税务师事务所的社会认可度

对税务师事务所来说，社会的认可度将在很大程度上影响事务所的可持续发展。由于早期的涉税服务都是由会计师事务所提供的，所以目前还有少部分人认为没必要设立税务师事务所，这种观点和看法不仅会干扰税务师事务所的业务开展，还会影响到税务师事务所区域布局的扩展延伸。产生这种观点的主要原因还是对税务师事务所缺乏理解或对其理解得不够准确。一部分人错误地将税务师事务所等同于税收政策的宣传、辅导机构，还有一部分人没有将涉税业务与会计业务区分开来，以为税务师事务所的主要作用是为企业建账、记账。

《中国税务报》2017年公布的一份调查结果表明，涉税服务市场需求旺盛，发展空间乐观，并且大多数纳税人都表示有接受涉税服务的意愿。该问卷调查由湖南税务师行业组织实施，从湖南省所有纳税人中随机抽取出并接受调查的有7 479户，其中，5 534户没有接受过税务师事务所的涉税服务，占比73.99%，在他们中间，91%以上的纳税人表示愿意接受税务师事务所提供的涉税服务；接受过税务师事务所涉税服务的纳税人中，有25.28%的纳税人表示需要常年纳税服务，29.24%的纳税人表示需要专项税务服务，45.48%的纳税人表示两项服务均需要①。虽然发展前景乐观，但是税务师事务所也需要主动走入市场，做好身份包装和推介，让更多的纳税人了解涉税服务行业。

（二）纳税人的税收遵从度

2017年，国家税务总局联合29个部门签署了《关于对纳税信用A级纳税人实施联合激励措施的合作备忘录》，对纳税信用A级纳税人实施41项守信联合激励措施。2015年8月至2017年9月累计向授信企业发放贷款51万笔，并与34个部门对重大税收违法案件当事人实施28项联合惩戒措施，有效震慑了涉税违法犯罪行为。

在激励与惩戒两大措施并行下，纳税人的税收遵从度不断提高，企业为了节约纳税成本，避免税务风险，会主动联系税务中介机构（如税务师事务所）为自己的企业或个人做纳税筹划及代理，给税务师行业提供了良好的发展空间。

（三）税务师行业的诚信水平

税务师行业的诚信水平对行业发展起着极其重要的作用，有的税务师事务所过分迎合服务客户的需要，违背了税务师行业的专业性和公正性，成为企业偷逃税款的帮凶。这极大地损坏了税务师行业的声誉，妨碍了国家征收税款。2016年底国务院办公厅印发《关于加强个人诚信体系建设的指导意见》，明确了14类职业人群要加快建立和完善个人信用记录形成机制，这其中就包括税务师。2017年，个人诚信体系建设掀起了高潮。信用机制为税务师行业的诚信服务提供了保障，方便委托人选择合适的税务师事务所，也让税务机关能够更好地信任税务师行业。

四、科技环境分析

从国家税务总局金税三期平台的全面上线，到国家税务总局深圳市税务局与腾讯公司签约共建"智税"创新实验室，再到中国银联与大赉科技的全面业务合作，税务机关、企业、IT供应商正以"三驾马车"之势，共同开发"税务+科技"的业务蓝海。

在普华永道发布的《2016年中国税务科技成熟度》这一调查报告中，普华永道会计师事务所表示，受访的中国企业中，约有二分之一的企业已

---

① 湖南省涉税服务市场调查［N］．中国税务报，2017-04-07（B8）．

经将制定跨年度税务科技策略或发展规划列入待办事项；但仍有三分之一的受访企业处于依赖现有资源的初级阶段，并不具备配置税务科技资源的条件。从税务管理和决策层面来看，约有六成企业缺乏系统化的税务分析和管理工具的支持①。就税务数字化而言，发达国家的企业往往比当地税务机关发展得更快些，更早地使用数字化管理，而在中国，企业的发展往往要比当地的税务机关滞后些。

虽说税务科技发展形势一片大好，但企业对税务科技运用的程度还远未达标。目前税务科技主要在税金计算、税负分析、税收申报、风险提示等方面广泛应用，但还处于发展初期，很多方面不成熟，只得到局部应用，未来市场上还有很大的应用需求。对于企业而言，税务信息化建设更应该跟上甚至超过税务监管部门的步伐，不断提高企业自身的税务管理水平。

短期内，税务管理系统以及财税 RPA（机器人流程自动化）依然是企业提升税务管理的主流选择。但是企业也应该清楚地认识到，税务管理的提升并不能一蹴而就，而是循序渐进的。企业可以先进行比较标准化的、基础性的税务流程管理，以后逐步推进。从长远来看，自然语言处理、机器学习以及区块链技术将为税务管理带来革命性的变化②。

另外，德勤会计师事务所研发的德勤智能机器人，将重新定位未来的财务岗位。德勤智能机器人不仅可以提高财务工作效率，而且可以大大缩短财务处理周期。在大部分财务工作中，财务系统操作、内部控制、报告生成、执行记账等基础生产工作占极大比例，真正需要时间思考的分析决策工作则被挤压。为避免被社会淘汰，相关从业人员需要主动提升自己的业务水平，接受更高技能培训，关注更高价值的业务。未来，人工智能处理基础业务，人力员工进行审计、检查，两者交互工作的新模式将被广泛应用于企业。

未来，不管是企业、IT 供应商还是税务机关，应该具备税务技术发展的前瞻性，在实施现有自动化管理方案的基础上，着手研究颠覆性的技术解决方案，为真正实现"智能税务"共同努力。

---

① 普华永道调查：中国企业税务职能亟需数字化管理解决方案 [EB/OL]．[2020-09-25]．https：//www.pwccn.com/zh/press-room/archive/pwc-survey-tax-function-at-chinese-enterprises-in-urgent-need-of-digital-management-solutions.html.

② 税改步入深水区 且看税务科技如何上下求索 [J]．中国总会计师，2018（8）：23．

第四章 提高税务师行业水平和素质

第一节 税务师职业道德

一、税务师职业道德的含义

税务师职业道德是指税务师的职业纪律、执业能力以及职业职责等的总称。它是一种行为规范,主要调整税务师行业内部、税务师与客户、税务机关及社会之间的道德关系。它既是税务师行业从业人员职业行为的道德要求,也是税务师行业从业人员对社会应承担的道德责任和义务。职业道德规范是税务师为实现执业目标,保证国家税收利益不被侵犯而必须遵守的基本原则。这些基本原则包括独立、客观、公正,专业胜任能力,以及应有的关注、保密等。税务师树立职业道德可在一定程度上限制税务师不恰当、不合规的行为,为税务师合法、合规地从事涉税服务奠定坚实的基础。

二、《税务师行业职业道德指引(试行)》提出的背景

随着社会的发展和税制改革的深化,以及经过20多年的发展积淀,注册税务师行业执业环境不断优化,执业领域不断拓宽,执业人员的技术水平不断提高并逐步被社会所认可。在市场经济快速发展的助推下,注册税务师事务所已经成为仅次于律师事务所和注册会计师事务所的第三大专业服务机构,并且在维护纳税人合法权益、保障国家税收权益、提高征管效率、降低征纳成本、维护社会和谐稳定等方面的作用越来越突出。近年来,在行业发展、业务规模和市场进一步扩大的同时,经济、社会和注册税务师行业的发展对注册税务师应有的道德品质和职业行为也提出了更高的要求。13号公告是税务师事务所及其涉税服务人员提供涉税专业服务以及建设职业道德体系的具体实践指导。中国注册税务师协会作为税务师事

务所及其涉税服务人员的自律管理组织，依据13号公告的要求编写《税务师行业职业道德指引（试行）》。

为了响应中央加强社会主义核心价值观教育和全面深化改革的重大决定，中国注册税务师协会制定并发布了《税务师行业职业道德指引（试行）》，以规范服务行为，促进税务师行业的健康发展，明确税务师行业职业道德的业务标准，为税务师事务所涉税服务人员提供职业道德指引。

《税务师行业职业道德指引（试行）》提出的主要原因有：一是职业道德规范和教育可以对执业者的行为加以明确的界定和制约，充分发挥职业自律对行业发展的主导作用，从根本上为国家和社会公众提供高质量的、可信赖的涉税专业服务，在社会公众中树立良好的职业形象和职业信誉。这也体现了《税务师行业职业道德指引（试行）》出台的现实性。二是税务师事务所及其涉税服务人员是为国家征税事项与纳税人纳税事项提供涉税专业服务的机构，是提供涉税专业服务的重要主体，应当遵守职业品德、职业纪律等行业规范。

税务师行业是独立的第三方，其提供涉税专业服务，同时依赖于涉税服务人员的执业能力和执业水平，所以整个行业的道德风险相对较高。自从整个涉税专业服务行业全面对注册会计师、律师和税务师等涉税专业服务人员放开后，在行业竞争过程中，诚信、独立和专业胜任能力及保密等，成为税务师行业参与市场竞争、促进行业长足发展的必然要求。税务师行业既是委托人的业务代理人，又要与税务机关协调办理涉税事宜，会产生双方向的职业道德风险。因此，必须对税务师行业从多个角度进行职业道德的规范和管理。

三、《税务师行业职业道德指引（试行）》的重要意义

目前在某些注册税务师的工作中，确实存在不少有违职业道德的现象，比如有些事务所竞相压价、恶性竞争，面对干预和压力出具不实报告等，因此亟须加强职业道德约束。现行《税务师行业职业道德指引（试行）》在《注册税务师行业自律管理办法（试行）》的基础上对行业规章做了进一步的完善。

遵守职业道德规范，是注册税务师行业赖以生存和发展的基础，更是与每一个注册税务师的职业生涯紧密相连的。注册税务师道德水平的高低直接关系到整个行业能否生存和发展。《税务师行业职业道德指引（试行）》可以赢得社会公众的广泛信任；可以提高税务师的执业质量，提高执业效率；可以维护税务师事务所和税务师的合法权益；可以强化行业的

自律管理，是税务机关行政监管的必要补充。因此，对注册税务师职业道德问题进行深入系统的研究以及建立职业道德规范，对更好地保证注册税务师依法执业、诚信经营，规范执业行为，提升注册税务师行业的服务能力和社会公信力，推动注册税务师行业的规范健康发展具有深刻的现实意义和深远的历史意义。

四、税务师行业职业道德的要求

中国注册税务师协会将《税务师行业职业道德指引（试行）》的编写列入《业务准则委员会2019年执业规则制订工作计划》，在构建税务师执业规范体系的过程中，为规范服务行为，促进税务师行业的健康发展，明确了税务师行业职业道德的业务标准，为税务师事务所涉税服务人员提供指引。

《税务师行业涉税专业服务规范基本指引（试行）》中明确提出："税务师行业涉税专业服务规范具体包括基本指引、职业道德指引、质量控制指引、程序指引、业务指引、具体业务指引及释义。"其中，职业道德指引是指税务师行业（税务师事务所及其涉税服务人员）从事涉税专业服务过程中应当遵循的道德原则、职业纪律、职业操守等方面的基本规范。职业道德指引的制定，应当按照诚信、独立性、合法性、客观公正、专业胜任能力、保密等职业道德的基本要素设计章节条款。

（一）诚实守信是注册税务师行业发展的基石

《税务师行业涉税专业服务规范基本指引（试行）》第二章第六条至第二十条强调注册税务师从法律上和道德上都必须合法、合规、合理执业，主要明确应从税务师自身保持诚信和税务师事务所保持诚信两个方面进行规范，同时由税务师协会进行诚信记录管理。首先，在税务师自身保持诚信方面，要求在协议履约、执业中具体操作、税务机关沟通和业务成果形成中均要遵守法律法规，做到正直自律、诚实守信。其次，在税务师事务所保持诚信方面，要求在职业道德的内控制度建设、同业竞争、对外宣传等方面使用正确方式，体现行业专业诚信的形象，并形成行业良性发展状态。最后，税务师协会作为自律管理组织，负责行业诚信记录管理。

（二）保持超然独立性和客观公正是注册税务师必须具备的品质

保持独立性是税务师行业的职业操守，该部分是《税务师行业涉税专业服务规范基本指引（试行）》的重点部分。按照13号公告，涉税专业服务划分为八大类，其中对涉税鉴证业务和纳税审查业务的独立性要求更高，其他六类服务需要在形式上保持独立性。在提供涉税专业服务过程中，税务师事务所及其涉税服务人员应该将保持独立性作为遵守职业道德操守的核心要求。在提供服务的整个过程中，包括但不限于业务承接、业务委派、业务实施等程序，需要对独立性进行持续性评价。在进行持续性评价时，对影响独立性的因素采取措施进行规避、排除或消除。

（三）客观公正是注册税务师职业道德的要求

客观公正部分，明确税务师行业的客观公正要求。涉税服务行业执业过程，是将税收法律法规运用于具体经济业务的过程，因此必须以法律法规为基石提供业务成果。税务师行业客观公正的职业道德要求，是以税收法律法规为基石而提出的具体内容。

（四）专业胜任能力是注册税务师职业的要求

注册税务师的专业胜任能力要求十分重要，我国税收政策随着经济发展的要求不断地进行调整和完善，要求税务师事务所及其涉税服务人员时刻保持对税收政策的学习能力。另外，涉税专业服务的提供，依赖于涉税服务人员的涉税实践经验的积累。所以，专业胜任能力是对税务师事务所及其涉税服务人员的业务能力的核心要求。

（五）保密义务要求是注册税务师职业的底线

税务师事务所及其涉税服务人员作为第三方提供涉税服务，对于委托人或客户，应展现应有的职业规范，履行保密义务。

（六）自律管理是注册税务师职业能力的体现

税务师事务所及其涉税服务人员需要在中国注册税务师协会的管理中保持自律，体现注册税务师行业的职业性。

五、税务师职业道德面临的新挑战

（一）竞争风险的挑战

我国税务师行业发展的历史相对较短，现在还处于行业发展的初级阶段，所以税务师事务所之间的竞争十分激烈，都希望能够抢占更多的市场份额，这对税务师和税务师事务所职业道德的挑战也是极大的。

根据《2017—2022年中国税务师事务所市场现状调研及未来发展趋势

预测报告》，目前中国委托注册税务师事务所代办纳税事宜的工商企业尚不足10%，而个人委托注册税务师事务所代办纳税事宜的几乎没有。由此可见，税务师事务所客户的拓展空间很大。同时，我国由涉税专业服务机构代办纳税事宜的比例仅为12.62%。而在西方发达国家，90%的纳税事宜都是在政府的监管下，由社会专业服务机构及其他组织来办理的，如日本有85%以上的纳税人通过税务中介机构代办纳税事宜；美国约有50%的公司委托代理人代理申报纳税，个人缴纳所得税近乎100%是委托代办的；澳大利亚的税务中介机构帮助纳税人填写大约76.2%的纳税申报表。所以，我国由涉税专业服务机构代办纳税事宜的比例仍处于较低水平。

造成上述税务师事务所代理客户数量以及代办纳税事宜比例低下现状的原因主要是：一方面，税务机关没有很好地培植、引导涉税专业服务机构和其他组织从事涉税服务，扶持力度不足；另一方面，纳税人对于涉税专业服务机构不信任，存在一定程度的偏见，进一步造成我国由涉税专业服务机构代办纳税事宜的比例较小。这两个原因造成本应该由涉税专业服务机构充分发挥的职能一直被抑制，使其发展受到制约。

对此，税务机关应该界定好自身与涉税专业服务机构的服务范围，做到有所为有所不为，充分放权，把更多的物力、财力、人力放在只能由税务机关提供的均等化纳税服务上，把多样化、个性化纳税事宜交给涉税专业服务机构去代办。只有适当地放权，充分发挥涉税专业服务机构的桥梁作用，才能使税务机关和涉税专业服务机构的工作相互补充、相互促进。

（二）大数据时代的挑战

互联网、物联网和云计算等新技术的迅猛发展，带领我们步入了全新的大数据时代。大数据时代与传统的数据时代相比，具有巨大的优势，无论是企业经营者还是公共部门，都可以通过大数据技术的运用创造更多的价值。当前涉税服务行业的发展方向是以大数据技术为基础，构筑智能化、个性化涉税服务体系，然而传统涉税服务已无法满足多样化、个性化涉税服务的需求，因此结合大数据时代的特点对其进行优化已不可避免。

在大数据时代下，涉税服务行业急需建立起智能化、数字化的涉税服务大数据信息系统。大数据技术给涉税服务带来了新的契机，通过数据信息的采集和传输，涉税服务和税务产品将会在行业之间、用户之间以及用户与政府之间产生融合，提升涉税服务每个环节的价值，推动涉税服务的创新和变革。当前涉税服务行业信息系统建设的主要问题是中小型税务师事务所的信息化程度不足，而且涉税服务大数据信息系统建设初期投入大，大多数中小型税务师事务所缺乏足够的财力、技术以及相关专业人才。

在大数据时代,涉税服务人员对于大数据的理解和掌握仍处于较浅层面,对涉税数据重视程度不高,大多习惯于按照以往经验办事,缺乏大数据理念。随着企业信息化管理水平的不断提高,大量企业会计核算和生产经营数据存储于企业财务核算系统、ERP系统等管理信息系统,而许多涉税服务人员对企业管理信息系统缺乏了解,运用现代的数据分析工具来认识、说明和解决问题的能力比较欠缺。此外,部分涉税服务人员对于以往年度的涉税数据关注度较低,缺乏数据的敏感性,对于涉税服务工作的规律性把握不足。

税务师在大数据时代面临的挑战主要体现在专业胜任能力方面。对于税务师事务所而言,要有足够的财力、技术和专业人员建立健全涉税服务大数据信息系统;对于税务师而言,要能够与时俱进,时刻把握大数据时代涉税服务的特点,满足纳税人个性化涉税服务的需求,这将成为税务师能否提供优质服务的关键因素。

(三) BEPS(税基侵蚀和利润转移)计划的挑战

随着经济全球化和贸易全球化的发展,中国的成本优势和市场优势,吸引了众多外资进入中国市场,但是中国并没有得到应有的税收收入回报。在BEPS的国际行动中,必须要明确提出我国的地域特定优势和征税权的主张,避免外资企业将利润转移,侵蚀税基造成税源流失的风险。

涉税专业服务机构在反避税行动中主要扮演三种角色:纳税人服从反避税规则的帮助者,避税计划的提供者和促进者,反避税立法的参与者和推动者。涉税专业服务机构存在的前提是它们可以为客户提供独立、客观、公正的纳税服务。因此,出于维护企业信誉、降低执业风险、取得各国税务当局信任的目的,涉税专业服务机构也有严格审查其客户账户的义务。甚至有很多大型税务师事务所,更加关注声誉风险,设立严厉的内部风险管理和质量审核程序。在BPES计划下,我国税务师要有更扎实的专业能力,熟练掌握国际税收的相关知识,这是一个挑战。

六、税务师职业道德建设存在的问题

(一) 行业环境导致的竞争风险

在行业环境方面,受我国具体国情的影响,涉税专业服务机构是与税务部门多次脱钩改制,依靠行政手段人为推动而来的产物,致使机构与机构之间、地区与地区之间、行业与行业之间的业务办理出现差异性。目前，涉税行业为纳税人提供服务的机构主要是税务师事务所和会计师事务所以及一部分律师事务所。

但税务师事务所等中介机构的涉税服务规模有待扩展，盈利能力有待提升，个别税务师对委托客户具有一定的经济依赖性，从而弱化了税务师事务所等中介机构执业的独立性。个别税务师可能采取满足客户不合理甚至不合法要求的方式来抢占客户，提供有失公允的虚假鉴证报告，这就违反了职业道德规范的要求，从而影响了鉴证业务和涉税服务的客观公正性。个别税务师事务所甚至主动或者被动地协助企业做出偷税、漏税的违法举动，给税务师行业带来巨大的执业风险。

（二）部分人员素质低下导致的执业风险

在人员素质方面，税务代理人员的素质总体上还远远不能适应税务代理行业发展和竞争的需要。税务代理人员的专业素质有待提升，也导致税务代理局限在相对比较低的层次。据统计，截至2020年底，从业人员中，执业注册税务师近5万人，占从业人员总数的41.67%，税务代理人员中没有税务师从业资格的人员超过半数。在税务代理机构中，一些人员达不到执业所要求的熟练程度和专业胜任能力，不能按照相关规定从事税务代理行为，从而导致执业质量不高，少数税务师鉴证报告质量低下，已经影响到客户和税务机关的信任度，直接破坏了税务师行业的形象、信誉，影响了该行业的发展前景。

（三）管理制度不完善导致的道德风险

税务代理的管理制度尚不健全，法律级次偏低。我国一直没有出台关于涉税专业服务方面的法律。在涉税服务实践中，基本上是各行其是，或者按照各地税务机关的要求开展鉴证业务、质量控制等，但是各个地区对于相关涉税服务的要求存在很大差别。没有统一、规范的管理制度不利于税务师树立职业道德规范，认识缺乏统一，管理不够规范，再加上涉税专业服务机构之间在业务上的竞争，严重制约了涉税专业服务作用的发挥。

七、完善我国《税务师职业道德规范》的建议

（一）加强学习税务职业道德精神

廉洁奉公是对税务人员职业道德的重要规范。税务人员要严格遵守法

纪，坚持廉洁奉公、秉公执法的办事原则，不接受纳税人的宴请和以任何名义馈赠的礼物，不在管户内以低价购买商品，不向管户赊欠、借钱借物，不索贿受贿，不收人情税，不包庇纳税人偷税、欠税，不擅自减免税款，不以白条收税、收税不开票和在税票上弄虚作假，不贪、占以及挪用税款，不随意克扣纳税人的物品、资金和不按规定征罚。

学习中要精选案例、树立标杆，内部管理部门要严格检查与考核，力争提升税务师职业道德水平。各地税务师事务所应通过系统有效的宣传、培训来促使税务师重视和了解规范的重要性，加强对税务师行业政策支持和宣传的力度。各地税协和税务师管理中心要利用各种媒体进行宣传，各地协会之间也应该相互交流。税务师事务所在做业务过程中要积极地宣传自己，但不得夸大本所而恶意贬低同行。同时，还要加强国际交流，认真借鉴国外税务师行业的发展经验。另外，各地税务机关要积极发挥政策导向作用，转变观念，提高认识，积极引导，依法支持税务师行业的发展，采取有效措施加强对行业的扶持、指导和监管。

（二）加强从业人员诚信机制建设和监管

在实施和完善事务所内部执业质量检查制度过程中，把充实职业道德评价、加强独立性检查作为重要内容。在事务所内部执业质量检查中，不仅要检查业务程序是否执行到位，还要检查在利益冲突方面是否贯彻了职业道德的要求。建立和完善事务所内部诚信档案，收集、整理、分析、更新、维护事务所从业人员的诚信信息，开展诚信调查，出具诚信证明。逐步建立健全税务师诚信执业评价机制和失信惩戒机制，通过加强诚信宣传和引导，把诚信理念切实贯彻到行业协会的自律管理服务中，落实在每一位税务师从事涉税专业服务的过程中。同时，行业主管部门可从诚信评价、诚信公示、诚信教育、动态监管和加强惩罚五个方面进行行业诚信建设，逐步将诚信档案记录与资格管理、资质审批、执业情况相结合，增强诚信信息监控体系的信息披露功能，推动诚信信息的公开共享，实现社会公众的监督。此外，要加大宣传曝光力度，积极弘扬以诚信为本、职业操守为重的职业风尚，将行业诚信水平提升到新的高度。完善的诚信机制能降低税务师从业实践过程中违反《税务师职业道德规范》要求的风险，在一定程度上抑制了涉税专业服务执业者及其机构的不良动机。

（三）建立健全事务所内部管理与控制体系，减少道德风险

健全有效的税务师事务所内部管理机制是保证税务师事务所执行客

观、公正原则的前提，也是促使税务师事务所从业人员按照《税务师职业道德规范》的要求执业的基础。我国现在试行的《税务师职业道德规范》涵盖内容不够广泛，仅重点对涉税鉴证业务涉及的独立、客观、公正和保密等原则进行规范，涉税服务业务的规范相对较少，税务师事务所可以根据《税务师职业道德规范》制订本税务师事务所适用的职业道德规范。税务师事务所还可以建立职业道德自我纠错机制，及时有效地控制执业者的职业行为，如安排业务项目组以外的税务师进行复核，降低执业者违反职业道德规范的风险。同时，定期（一般为5年）轮换项目负责人及签字税务师，防止项目负责人和委托人相互勾结，影响涉税鉴证业务的客观公正性。此外，跟踪客户动态，必要时采取非常规措施，有步骤地调整客户。加强由税务师担任的股东或合伙人的职业道德建设，解决股东和股东之间的道德风险和相互忠诚以及收入分配的问题。在以有限责任事务所为主体的税务师行业，提倡事务所内部股东或合伙人之间在道德上树立相互忠诚和相互信任的风气，并以事务所管理机制和内部控制机制来加以保障。可通过股份期权手段解决人才收入分配问题。管理层要身体力行，严格遵守制度，将奖励与惩戒落到实处，认真研究执行效果并采取行动加以改善，建立健全内部质量管理制度，多层次、全方位监控从业务承接到报告出具的全过程。

（四）加强职业道德教育

诚信的品格需要培养和熏陶，要把职业道德培养列为事务所从业人员继续教育的必修科目；要进一步加强诚信教育，用从业人员执业成败两方面的案例，开展警示教育。防止"劣币驱逐良币"的现象在事务所内部继续发生，自觉遵守行业收费标准，不搞恶性竞争。税务师职业道德也是国家社会道德诚信体系建设的重要组成部分，税务师行业理应做到重视人伦价值，追求精神境界，提倡修养践履，推崇诚信无欺、取财有道。社会监督是职业道德真正落到实处的重要保证，应将税务师执业活动置于纳税人的监督之下，通过舆论引导，宣传正面的事例和个人，创造良好的社会氛围和执业环境。同时，对行业中不讲职业道德、违反执业纪律的税务师进行监督，使其充分暴露在社会监督之下，促进行业自律和道德建设。

（五）提高执业人员专业素养

税务师的职业道德是评价税务师执业风险水平高低的重要因素之一，如果整个行业的执业人员具有较高的职业道德水平，该行业的执业风险也会相应降低，委托人和税务机关对税务中介机构的信任程度也会相应提升。除了《税务师职业道德规范》对税务师提出的独立、客观、公正的要求外，执业人员的专业素养也是保证鉴证业务和涉税服务质量的关键因素。税务代理作为高层次的智力劳动，需要高素质的复合型人才，尤其在目前大数据时代和经济全球化的推动下，税务师不仅要精通税法，还要熟知会计知识、审计知识、企业管理知识以及相关的法律法规等，甚至还需要相应的计算机技术的支持。因此，除了资格考试以外，还应该通过各种途径，加强对税务师的后续教育，提高税务代理人员的实践能力，提高税务代理人员素质，建立一支精通税法，熟悉财务知识、审计、管理知识的税务代理队伍。

第二节　税务师自身技能

随着税制改革的发展，涉税服务行业将由泛咨询向精准咨询转化，高端业务的发展对咨询师自身能力的要求越来越高。税务行业的竞争实质上就是人才的竞争，培养高素质、复合型人才将会提升事务所的核心竞争力。传统的五大涉税技能，即识别、计算、核算、申报与筹划，已经不足以满足行业发展的需要。对此，中国注册税务师协会及时根据市场环境要求提出发展税务师的"五项能力"，旨在培养具有实战经验的复合型咨询师。

一、税收政策解读能力

税收作为政府发挥调控职能的重要手段，其征收和管理必须紧随政策变化，时刻与政府政策保持一致。因此，在深化税改的大背景下，提升税收政策解读能力显得尤为重要。首先，要把握我国现行税收政策体系的特点与原则。其次，要通过合理的数据和模型对税收政策进行分析，进而为政策的制定提供合理的依据。

二、咨询报告撰写能力

在涉税工作中，涉税报告的撰写是必不可少的，报告撰写能力也逐渐被视为税务师的一项基本素养。在涉税工作中，税务执业人员会遇到多方面、多层次的沟通工作，如税企沟通、政企沟通、客户涉外沟通、税务行政复议、税务顾问工作总结等，都需要具有文书撰写的深厚功底才能达到有效沟通。

三、企业账目税务审核能力

企业账目税务审核在涉税服务中是最核心、最重要的内容，提升企业账目税务审核能力就抓住了税务师自身技能提升的主要矛盾。税务审核主要包含企业所得税汇算清缴、土地增值税清算、房地产企业所得税审核、其他审核四个方面。企业所得税汇算清缴的鉴证与审核能力可以从风险控制层面和技术层面两个层面进行提升，比如新客户风险把控、不同意见税务调整、会计能力训练等。掌握土地增值税清算的特点、审核应具备的基础、开发间接费用与期间费用的划分以及土地增值税清算审核的要点等知识是进行土地增值税清算鉴证审核的重要基础。在房地产企业所得税审核方面，要分清房地产企业预售和完工企业所得税季度和年度企业所得税的不同处理方式，完工年度计税毛利调整、成本与期间费用划分、10%预提建安费及成本发票的审核方法、多个项目资本化利息的摊销、成本在已售未售面积的分摊、前期没票后期到票纳税调整以及无产权证的地下设施处理都是技能提升的重点。其他审核内容包括长年税务咨询顾问、成本核算管理、企业税务尽职调查、稽查结果论证以及稽查及评估前的自查五个方面。

四、税收策划提案能力

商业模式的可变性和税收政策的可选择性是税收筹划的两大特征。

实现利润最大化的目的，是市场经济发展到一定阶段的必然产物。企业在重视生产销售的同时，也在逐步关注成本费用的合理节约。税收筹划管理不仅可以节约企业支出及成本费用，还能提升企业管理水平。纳税筹划是指纳税人在税法所允许的范围内，通过利用税收优惠、改变商业模式、利用特定政策、改变企业组织架构、准确把握和合理运用税收征管法规等方式，达到减轻税收负担和实现税收零风险的目的。税收策划的难点与突破也是个人技能需要提升的方面在于商业模式的有效设计与重构、税收政策理论的精准理解、风险把控的关键因素以及思维模式的转变。

五、咨询现场沟通能力

现场沟通能力是涉税服务中重要的环节之一，更是展现自身价值、征服客户的重要武器。不同场景、不同层级人员之间沟通均有差异，在谈判或是客户服务沟通中要特别注重沟通技巧的运用。沟通时要论点明确、论据充分，读懂客户背后的真实需求，准备充分。

第三节 税务师行业培训

税务教育培训，是提高涉税服务人员思想政治素质、文化素质、专业素质的重要保障①。而税务专业知识是涉税服务工作正常开展的基础。在知识日新月异、政策不断变化发展的新时代，及时更新先进的税务专业知识是顺利开展涉税服务、提高服务质量的重要前提。涉税服务人员直接影响着税务工作的正常进行，因此采用有效的税务培训模式非常重要。

一、税务培训工作的现状分析

（一）培训规模大，对培训需求和培训质效分析不够

目前，为适应税收工作的需要，我国的税务干部总数在80万人左右，占到全国公务员人数的10%左右，仍有不断增长的趋势。同时，近些年税务师事务所的发展势头强劲，从事税务师事务的业务骨干以及企业财务、税务人员的数量也在迅速增加。新时代下政策信息瞬息万变，对政策的解读、理解以及实际操作能力显得尤为重要。因此，全国各地的税务培训机构在21世纪也得到了急剧的发展，培训量比以前增长了十多倍②。然而，与之相应的税务培训规模却没有得到根本性的突破，主要原因是培训教师人数缺乏以及培训模式的变化与税务师行业的发展步伐远远不匹配，导致培训的质量和效率不高。目前的税务教育培训，自上而下以短期集中面授培训为主，短训时间最长不过一个月，少则一天半日，使得一些参训人员抱着满腔热情参加培训，但由于时间过于紧张，可能刚刚知晓些门道，培训即已结束，从而使培训效果大打折扣③。而且由于缺少跟踪、统计和研究，未能深度了解、掌握和总结培训质效。

---

① 李金胜，王建成，赵永春.顺应形势发展 结合行业特点 创建与时俱进的税务教育培训体系［J］.税收与企业，2002（增刊1）：13-14.
② 苗苗.经济新常态下提高税务培训质效的研究［J］.现代商业，2016（17）：66-67.
③ 李金胜，王建成，赵永春.顺应形势发展 结合行业特点 创建与时俱进的税务教育培训体系［J］.税收与企业，2002（增刊1）：13-14.

（二）培训方式的灵活运用和有机融合明显不足

对比初期，目前的税务培训在教学模式上的进步明显，在原有的课程基础上发展了情景互动、微课程和实训平台。从这类培训的发展上来看，培训的实效性确实通过理论和实践的加强融合得到了很大程度的提升。但是，由于近些年参训人员数量不断攀升，目前以面授为主、理实结合的教学模式中大量的资源都消耗在课前准备、课堂教授以及课后评估三大块上，平均到每个学员身上时，资源利用的效果往往并不十分理想。除此之外，教学效果还受迟滞、单一的教学方式的影响。在培训方法上，大都拘泥于课堂面授方式，即沿袭"教师上面讲，学生被动听"的传统教学模式，缺乏生动性和灵活性。在网络智能化、信息碎片化、交流屏幕化发展的当今时代，以面授为主的培训方式不足以满足人们快节奏的生活需求。没有形成多渠道、多模式的教育培训，更缺乏有意识的模拟、轮流任职、角色扮演和讨论会等多种融合方法，造成参训人员学习兴趣不高，教师讲得累、学生听得乏，培训效果差的尴尬局面。

（三）高水平的培训师资队伍建设急需加强

近几年来，培训机构发展过快、人才流动速度过快以及高水平人才结构断层，以至于来不及构建完整的教学团队，这正是培训师资力量不足的重要原因。高水平的师资队伍建设不足，导致当前税务教育培训效果不佳。参训人员希望从培训中获取新政策、新变化的解读，提升理论运用到实际的能力，然而能高水平精确解读政策的权威人士、能将理论与实际融合得炉火纯青并能够授之以人的专业师资较少。培训教师缺乏竞争机制，导致教师的积极性没有得到激发，在教学过程中教师自身能力的提升也不明显。

（四）没有形成有效的质量评价和持续改进机制

培训质效的提升是一项系统工程。良好的教学实施、事后有效的质量评价以及改进都是培训能够进行良性循环的重要保障。因此，构建并完善质量评估体系是提高质效的重要手段。近几年来，培训机构的数量在不断地增长，培训规模在不断扩大，大多数培训机构针对参训人员的需求，在课程设计和项目实施等方面进行了更多的投入，但是缺乏对培训后问题的研究，忽略了跟进环节。跟进环节的缺乏或其形式性的存在都难以真正发挥评估环节对质量的改进作用，难以对存在的问题采取有效的解决措施，对培训质量的提高和持续发展产生了很大影响。

二、新常态下创建与时俱进的税务教育培训体系

税务教育培训与税务执业人员素质提升、税收事业发展紧密相连。李林军副会长在中国注册税务师协会第五届理事会工作报告中指出，要创新继续教育培训方式，提高培训质量。制定并落实《中国注册税务师行业教育培训发展规划（2014年—2017年）》，进一步强化中国注册税务师协会、各省注册税务师协会、事务所三级培训体系；加强"互联网+税务培训"平台建设；构建领军人才、高端人才、业务骨干、后备人才的梯次人才培养体系。

积极推动产教融合，推动实用型人才培养。认真贯彻落实党中央、国务院关于产教融合的文件精神，制定印发《税务师行业产教融合工作规划（2018—2022）》和《2019年税务师行业产教融合实施方案》，全行业与100多所院校签了人才培养战略合作协议，初步建立了协会、税务师事务所与院校协同育人机制；探索建立税务师行业大学生实习基地联盟与网络平台，全方位服务大学生实习与实训，培养实用型涉税服务人才；开展"双师型"师资队伍建设。

（一）切实分析经济新常态，提高培训质效

经济新常态的税收工作对我国经济发展具有重要的调节作用。税收制度改革在法治思维的引领下不断完善深化，税收的组织结构和操作运行也产生了新的变化。我国通过全面推进改革的深化、促进税收工作理念的转变、完善税务体制的改革来应对经济新常态所带来的影响。然而，职能的调整与改革需要专业职能加以助推，诸如征管服务、法律从业思维以及信息技术应用等，加之金税三期工程的全面应用，大数据综合治税战略的不断推进，对税收遵从合规的要求也不断提高，亟须提升税务管理的规范性，同时也为涉税专业服务人员提供了前所未有的业务发展新契机。作为税务行业的教育培训机构，应当积极分析时事转变带来的工作要求，全力提升培训的质效和适用性，运用全新的教学思路和模式，满足不同能力层次下税务人员的求学目标，使培训后的学员达到学用结合、知行一致。

（二）创新方式，增强培训的灵活性

创新是行业发展的源泉，也是教育培训质效提升的基础。任何事物要想发展必须不断地推陈出新，否则就会落伍乃至被淘汰，税务培训也不例

外。要想提升税务执业人员的综合素质，必须创建与时俱进的培训模式。

第一，培训方式应多样化。培训教学应当体现其应有的价值，充分强调理实结合的重要性，综合各教学模式在实践教学中的应用，运用师生互动、生生互动等多种互动方式激发学员的学习热情。同时，教学内容应根据所涉及的内容进行规划，采用体验式、研究式、讨论式、实训式等行之有效的教学方式，通过短培训、常培训，使税务干部更新知识常态化，逐步转变传统的集中面授制的培训模式，开展贴近实际的人员培训，切实增强培训效果。

第二，培训时间应灵活化。信息化技术作为新时代的推动性力量，具有相当大的引领作用，不仅可以对碎片式时间加以运用，还能够提供不受地域限制的网络进修平台。税务执业人员完全可以根据自己的时间、地点、需求和自身的专业领域自由地完成个性化的学习目标。充分运用"互联网+"、大数据等理念，积极探索"互联网+税务培训"的全新教学模式，完善网络培训制度，建立兼容、开放、共享、规范的网络培训体系，充分利用税务培训基地，将互联网的先进性和税务培训的实践性进行融合，为税务教育培训工作注入新的活力，从而实现学员课上自主学习、课后互动交流，达到稳固知识体系以及提升培训质效的目标。

第三，培训渠道应多元化。在师资队伍建设方面，选聘劳动模范、道德楷模等作为兼职教师，丰富培训师资结构，构建"内外结合"师资团队。一方面强化内部的师资培训，另一方面组织教师积极参与到交流性学习和岗位实践中。不断强化培训机构自身教师队伍的能力和水平提升，鼓励教师进行教学交流，激励教师不断完善自身的教学体系，紧跟时代发展的步伐。

(三) 建立健全质量评价和持续改进的机制

分析和评估是发现问题和实现改进的重要途径，有效的质量评估体系对提高培训质效具有重要的参考价值。因此，质量评估手段成为关系到整个培训工作持续发展和改进的重要机制。除此之外，质量评估作为对投入产出的合理检验，对成本费用的节约具有重要的现实意义。因此，需要构建完整的评估制度。明确评估工作的目标是首要的。其次，通过合适的工具和系统对选取收集的具体数据进行有效的数据处理和评估。最后，将整理所得的意见进行反馈和落实，调整和完善培训项目，将质量评估和持续改进的理念贯穿于培训过程的始终。

(四）跟踪问效，检验培训的实效性

质效提升是一道完整而系统的工序，是需要循序渐进、逐步强化的管理工作，在此过程中应构建完善的融合约束、考核与激励等特性的机制。首先，需要对培训效果从目的与原则、对象及分工、主要内容、方法与程序、结果的反馈与应用等方面进行分析和规范，确保参训人员的教育培训效果评估工作可以朝着法定化、规范化和制度化的方向发展。其次，进行事毕之前的评估。也就是说，在教育培训结束之前，需要以问卷形式对参训人员进行信息归集，将参训人员对培训内容、课程安排、时间利用以及教学模式等方面的意见进行归集和整理。最后，进行事后监督。这一部分是指在培训期结束之后，组织一项以参训人员为主的职业能力考核与综合素质测评工作，对培训和进修的实效进行检测。可以通过与相应的涉税服务机构进行交涉，将考核结果融入个人绩效和年底评先的体系之中，提高参训人员对考核成绩的重视程度。可以在各类学习培训、学历教育、资格考试、知识竞赛等不同学习教育培训项目中设置分值，以个人取得的总积分为奖惩依据，按年度考核奖惩。个人年度积分未达到规定分值的，按规定惩罚；对积分处在前列并成绩突出的参训人员，给予重奖并将评估结果作为岗位考评、调整与提拔的重要依据。

第五章 涉税服务市场面临的新机遇、新挑战、新要求

第一节 新时代涉税服务市场面临的新机遇

一、新形势带给涉税服务市场的新机遇

随着我国税制改革的加速推进,税收领域"放管服"改革和优化税收营商环境持续深化,我国税务师行业发展迎来了重大历史发展机遇期。

(一)全面深化改革

习近平总书记在党的十九大报告中简练精辟地表述了全面深化改革的总目标,即"完善和发展中国特色社会主义制度、推进国家治理体系和治理能力现代化"。

全面深化改革,为中国经济社会发展注入了新的活力,也为税务师行业创造了新的发展机遇。目前我国正在实施的税制改革和征管改革、税源专业化管理,以及综合与分类相结合的个人所得税制度改革等,势必为涉税专业服务机构带来深刻的影响,催生一大批新的涉税服务领域,为税务师行业带来巨大的发展机遇。

全面深化改革是习近平新时代中国特色社会主义思想的重要内容之一,要实现"完善和发展中国特色社会主义制度,推进国家治理体系和治理能力现代化"这个改革的总体目标,离不开社会组织的参与和积极作用的发挥。税务师行业要抓住这些新机遇,乘势攀登新台阶。要充分利用税制改革和征管改革的契机,积极探索和创新服务模式,彰显税务师行业的专业性,提振涉税专业服务的地位。在新一轮深化改革开放中,税务师行业应当站在新的历史方位,放眼国家治理体系的大格局,以新的视角、新的姿态参与到社会治理现代化之中,进行深入思考和科学谋划,使税务师行业在优化社会治理和推进税收共治中发挥作用。

（二）政府购买服务

《深化财税体制改革总体方案》规定，通过合同、委托等方式向社会购买政府所需的事务性管理服务。《国地税征管改革方案》规定，探索政府购买税收服务。税务师作为纳税人与税务机关的桥梁，主要客户是广大纳税人，但是随着政府改革向纵深发展，税务机关逐渐会内生出很多服务需求。《注册税务师行业"十二五"时期发展指导意见》（国税发〔2012〕39号）指出，可探索通过政府购买服务方式委托税务师事务所对涉及纳税服务、税源管理、纳税信用等的事项提供涉税服务的可行性。这些涉税服务包括纳税情况鉴证、培训咨询、税务管理、协助税务检查和稽查、专业意见判断等，之后可以进行"12366"咨询服务外包、行政服务外包等更深入的探索，税务师的专业服务名声一旦打响，甚至可以参与其他政府购买服务的竞争，比如进行社保核查、担任政府项目投资税务顾问、承接立法部门的研究项目等[①]。

（三）税收法定

"法"字是2018年涉税服务领域的三个高频字之一。"法"字就是税收法定。税收法定原则，又称税收法律主义，是指由立法者决定税收问题的税法基本原则，即如果没有相应法律作依据，政府不能征税，公民也没有纳税的义务。征税主体必须依且仅依法律的规定征税，纳税主体必须依且仅依法律的规定纳税。它是依法治国理念在税收领域的具体表现。

税收法定原则是党的十八届三中全会提出来的。党的十八届四中全会通过的《中共中央关于全面推进依法治国若干重大问题的决定》，又将制定和完善"财政税收"法律作为"加强重点领域立法"的一项任务。全国人大十二届三次会议通过的《立法法》明确，税种的设立、税率的确定和税收征管的基本制度必须由法律规定。《立法法》第九条、第十条规定，全国人大授权国务院，可以对没有制定法律的部分制定相关的法规，而且第十条规定这个授权不能超过五年。落实税收法定原则已经成为全社会普遍关心的问题，税务律师和税务师要发挥自身的专业优势，做好税法宣传、解释、服务工作。

---

① 王明强. 新一轮财税改革给税务师行业带来的机遇与挑战［J］. 中国总会计师，2017（9）：84-86.

（四）提高国际税收服务水平

党的十九大报告提出"推动形成全面开放新格局"。中央经济工作会议指出，要在开放的范围和层次上进一步拓展，更要在开放的思想观念、结构布局、体制机制上进一步拓展。

为适应我国进一步改革开放的要求，税务机关已用全球化视野加强对国际税收事项的管理，并着力补齐国际税收监管方面的短板，全面深入参与 BEPS（税基侵蚀和利润转移）计划，构建反避税国际协作体系。税务机关反避税力度之大前所未有，正建立健全跨境交易信息共享机制和跨境税源风险监管机制，未来将通过多渠道、多手段获得跨国企业国际税收信息[①]。

作为我国对外开放的重大战略举措，"一带一路"建设在推动形成全面开放新格局的过程中发挥着重要作用。2019 年 4 月 18 日，首届"一带一路"税收征管合作论坛在浙江乌镇举行，34 个国家和地区税务部门共同签署《"一带一路"税收征管合作机制谅解备忘录》，正式建立起"一带一路"税收征管合作机制。这一机制对于加强"一带一路"建设参与国和地区之间税收领域协调与合作、促进优化营商环境、推动贸易自由化和投资便利化具有重要意义。税收作为国家治理的基础和重要支柱，是全球经济治理的重要组成部分，也是协调国与国之间经济贸易的重要杠杆，在促进"一带一路"沿线国家和地区经济协调发展中发挥着重要作用。"一带一路"沿线国家和地区经济贸易发展需要以税收作为协调手段，通过利润分配影响"一带一路"沿线国家和地区。税收征管合作成为中国与"一带一路"沿线国家和地区高效协同合作的"高架桥"，带动沿线国家和地区共同踏上"深化国际税收合作、促进世界经济增长"的新征程[②]。

"一带一路"沿线国家和地区的交流与合作，涉及基础设施互联互通、产业投资、资源开发、经贸合作、金融合作、人文交流、生态保护、海上合作等众多领域和项目。沿线国家和地区之间税法差异、税收协定、税收优惠大量存在，无疑给税务筹划业务提供了广阔的施展空间。在进行税收筹划方案设计时，税务人员必须保持税收风险意识，全面应用税收法规和协定，合理设计方案，统筹规划，保证税收筹划方案成功实施。从跨境交

---

① 王明强. 新一轮财税改革给税务师行业带来的机遇与挑战 [J]. 中国总会计师, 2017 (9): 84-86.

② 佟钧. "一带一路"涉税服务论坛暨跨境涉税服务联盟启动仪式在京举行 [J]. 注册税务师, 2019 (5): 10-11.

易的角度来看，要特别关注所得来源、居民身份、境外税收抵免、常设机构、股权转让征税、反避税规避等的设计，一方面保证委托单位获取最大的税收利益，另一方面保护国家的税收主权。我国的税务服务一直以服务国内企业为主，面对"一带一路"建设带来的新业务、新挑战，要求税务人员对"一带一路"沿线国家和地区的税法进行深入的研究，成为某一国家或地区的税法专家，以提供更专业的税务服务。

（五）持续优化税收营商环境

2019年普华永道与世界银行联合发布的《2020年世界纳税报告》显示，中国的税收营商环境持续改善，成绩稳步提升，显示了近几年来中国税务机关在减税降费方面持续发力，创造了更加宽松的税收营商环境，促进了经济社会高质量发展。2018年，中国对装备制造等先进制造业、研发等现代服务业等18类行业符合条件的企业，以及电网企业实行增值税留抵退税。在2018年试行的基础上，自2019年4月1日起，留抵退税对全行业企业全面放开。其中，针对部分先进制造业纳税人进一步放宽了留抵退税条件，并加大留抵退税力度。留抵退税制度的落地可以有效节约企业资金成本，对于部分创业企业、科技企业等都将产生重要影响。此外，2019年10月，国务院发文调整完善了增值税留抵退税的中央和地方分担机制，从制度层面进一步保障了留抵退税的可操作性和持续性。

2019年，中国出台了《优化营商环境条例》，税务机关也开启了优化税收营商环境的新征程。伴随着中国采取更大规模的减税降费措施，如降低企业社保缴费负担、实施小微企业普惠性税收减免、继续深化增值税改革、推行城镇土地使用税和房产税合并申报，以及智能化电子税务局建设等（运用大数据技术实现政府部门间数据共享、"互联网+税务"、发票管理电子化等），有效将中国的纳税时间从十几年前的832小时提升至近年的138小时，而纳税次数也由37次降至7次[①]。

国税地税征管体制改革是转变政府职能、优化营商环境，以推动经济发展的国家战略部署，这里转变政府职能和优化营商环境是一个重要的信息，必将重塑今后税收管理的新格局。在这个新的征管体制面前，税务师行业如何找准位置，值得每一个税务师行业从业人员深思。

---

① 齐力．中国的税收营商环境持续改善［J］．中国对外贸易，2020（1）：26-27．

二、新技术带给涉税服务市场的新机遇

(一) 互联网+税务

在"互联网+税务"时代,已逐步建成以国家税务总局网站为龙头,省级税务机关网站为主体,辐射地市级税务机关,分级负责、上下联动,发挥整体效用的税务网站群。在全国70多家省级税务网站的集中平台上运行着的各地市900多个子网站,再加上微博、微信、中国税法查询系统以及"12366"纳税服务网等网络平台的运用,使税收的相关法规、政策、制度信息能够高效率地传达到各级税务机关及纳税人。

信息化改变生活,"办税一网通""互联网电子税务局"等平台的普遍上线,使纳税人能够快捷办税,降低了纳税成本,为纳税人遵从税法、依法纳税创造了便利条件,实现了办税渠道的多途径化;金税三期工程的不断完善,增值税发票系统的不断升级,内控机制信息化建设的不断完善,为纳税人全力营造公平、公开、方便、高效的纳税环境,积极引导纳税遵从;随着纳税信用评级体系的不断完善,纳税遵从度会越来越高。同时,数据的不断分析积累必将提高税收风险管理的智能化水平,为相关管理部门提供实时、精确的统计分析数据,提供坚实的数据决策支持①。

税源专业化管理模式与现代信息技术深度结合,突破了传统税务征管监督手段和方式的局限性,使税收征管体系监督智能化。随着组织结构和业务规程的调整,能够实时更新信息采集处理规则和预警指标,实现了信息动态化管理。这也就意味着,在未来,税务师行业发展的巨大需求就在于信息化服务。税务师可以依托互联网技术搭建行业服务平台,对日常的税务服务制定和实施标准化的流程,并与税务局、企业进行平台联结,从而为广大纳税人提供优质而快捷的涉税服务。

(二) 区块链+税务

2017年6月,国家税务总局征管和科技发展司成立区块链研究团队,标志着政府在税务服务方面从国家层面对区块链技术的关注与重视。区块链技术是互联网技术未来发展的趋势,各个领域都在积极探索区块链技术的应用场景,税务管理也不例外。区块链通过块链式数据结构建立分布式账本系统,记录入该账本的数据区块采用分布式技术在全网参与节点中存

---

① 袁显朋,赵联果. 万般税事E网收的企业应对策略 [J]. 财会月刊,2015 (26):72-75.

储数据、在节点与节点之间直接传输并通过共识机制和数学算法加密保证，防止篡改和杜绝伪造，实现实时共享数据。根据其设计理念，区块链技术具有去中心化、数据信息不可篡改、信息全网可见并可追溯其来龙去脉的、数据可信等特点，极大地缓解了征纳双方涉税信息不对称的局面，为高效率、高效益地防止税收管理风险提供具有比较优势的途径①。就"区块链+税务"的理想状况而言，自然是依靠区块链底层技术，搭建政务信息共享公有链平台，在层级之间、部门之间、地域之间、业务之间均能够打破信息壁垒，充分实现所有政务信息数据共享。然而，在目前区块链技术运用还不够成熟、各政务部门之间信息共享机制仍然不够畅通的情形下，可以先在地域间或者部门间搭建联盟链平台，如分省份的"政务联盟链"或者划分业务的"税务链""交通链""医疗链"等，逐步推动数据融合，渐进式地推进政务区块链共识机制的建立。区块链技术为推进税收治理体系和治理能力现代化建设提供了契机，在税源风险管控、发票风险管理以及建立有效的纳税信用体系等方面都具有很大的应用价值。

（三）人工智能+税务

人工智能是一门利用计算机模拟人类智能行为的科学的统称，它涵盖了训练计算机并使其能够完成自主学习、判断、决策等人类行为的范畴，是知识社会中重要的技术手段与方法②，它对经济社会运行格局造成的影响正在逐步深入，也将越来越多地与税收治理的各个层面深度融合，并将推动税收治理从"专业分工"加速向"系统集成"转变，让更加精准的信用测度成为可能。

人工智能在税收中的应用主要体现在税收征管方面。将人工智能应用于税收征管，不仅有助于纳税人在纳税申报、企业日常涉税事务决策中的高效处理以及纳税风险监测预警，也有助于税务部门有效监管、规范征税行为，提高工作效率，降低征税成本③。

同时，人工智能将助力税收治理走向信用监管，这不但能有效地降低税收征管成本，还会使税收治理结构更加扁平化，并由此影响税收结构的

---

① 贾宜正，章荩今. 区块链技术在税收治理中的机遇与挑战［J］. 会计之友，2018（4）：142-145.
② 中国人工智能学会，罗兰贝格管理咨询公司. 中国人工智能创新应用白皮书：人工智能的商业红利窗口期已经来临？［EB/OL］. ［2020-05-08］. https：//www.docin.com/touch_new/preview_new.do?id=2052441658.
③ 王爱清."互联网+纳税服务"的智能化创新发展研究［J］. 税收经济研究，2019，24（6）：75-78，86.

设置,让税收治理模式由标准化向个性化转变。人工智能通过引入自然语言处理、神经网络、深度学习、分布式计算等方法,自主学习、分析判断税收数据中的运行规律,完成自主决策,不但能让税收决策更加理性化、标准化,还可以有效降低人的专业能力对分析结果的主观影响。

税收人工智能不仅能够促进法规、业务、技术的三方融合,其行为的高效性还可以与税收征管事务的庞杂度相契合。人工智能一旦成为税收治理的重要手段,就需要更多有深度思考能力的创意型人才。同时,也要注重培养精通人工智能的技能型人才,在思想和创意的引领下,让理念具体化为可操作的制度。

(四) 供应链+税务

供应链是以客户需求为导向,以提高质量和效率为目标,以整合资源为手段,实现产品设计、采购、生产、销售、服务等全过程高效协同的组织形态。国家为鼓励相关企业向供应链上游拓展协同研发、众包设计、提供解决方案等专业服务,向供应链下游延伸远程诊断、维护检修、仓储物流、技术培训、融资租赁、消费信贷等增值服务,推动制造供应链向产业服务供应链转型,建设一批服务型制造公共服务平台,发展基于供应链的生产性服务业。

在提供税务专业服务的过程中,往往会发现客户存在税务问题,并不是其自身的原因,其根源在于供应链的问题。所以,需要贯通供应链设计税务解决方案,将整体供应链纳入税务服务范围,提供供应链整体的税收规划方案。在从事税务服务时,审核取证的范围应不局限于客户本身的纳税申报资料和账务数据,以及董事会决议、营销方案、市场策略、规章制度、经济合同、营业数据等业务证据,还应包括客户上下游企业的交易数据、合同证据,证据之间需要相互印证,不被表面数据所误导,在提高审核效率的同时,获取真实、准确的审核证据,以支持审核意见类型。在提供税务咨询、筹划等服务时,更需要从供应链角度考虑整条业务线的设计与操作,这对税务服务的深度与高度提出了更高的要求。

第二节 新时代涉税服务行业的新挑战

税收在国家治理中的作用更加凸显,税收共治的基础越发坚实,给新税务带来前所未有的机遇。同时,新税务还面临前所未有的挑战,税制改革任务越来越重,征管服务方式优化迫在眉睫,信息化深度融合,带好队伍的责任越来越大。

一、专业要求更高

税制改革的重点是逐步提高直接税的比重。《国地税征管改革方案》对纳税人实施了分类分级管理,提出建立自然人税收管理体系,尤其是对高净值纳税人进行税收风险分析,加大企业税收征管的层级和力度,抓大放小,对重点大企业采取近距离贴身监管。因此,高收入自然人以及大企业将是涉税服务市场服务的重点对象。对于绝对的优质客户,税务师提供的服务内容需要更加专业,服务流程需要更加贴心,以开发出附加值更高的专属服务,比如结合最新税收征管法规重新设计税收内控管理制度,建立税收风险控制模型,代表客户与税务机关沟通和协调等。由于税务机关在服务过程中仍有以管理者身份参与的观念,未能意识到自身充当的更应是服务者的角色,从而造成了在"互联网+纳税服务"之中主动服务精神的缺乏。只有拥有更加专业、高水平的服务才能保持税务师行业的核心竞争力,才能在未来的竞争中脱颖而出。一些靠低价竞争赢得客户青睐的中小事务所,若不及时转变发展观念,不重视人才培养,无法形成自己的执业特色,将会在未来竞争中被彻底淘汰。

二、市场竞争更大

13号公告的施行,标志着税务机关将全面开放涉税专业服务市场,更加着重建立健全监管制度,优化服务措施,提高监管水平。13号公告规定专业税务顾问、税收策划、涉税鉴证和纳税情况审查四项业务,应当由具有税务师事务所、会计师事务所、律师事务所资质的涉税专业服务机构从事。其中最核心的涉税鉴证业务,13号公告出台前一直是税务师行业的专属,是税务师行业最主要的业务。13号公告出台后,这一业务将由税务师行业、注册会计师行业、律师行业重新分配,市场将重构,税务师行业的标志性、独特性的属性会淡化,竞争将更加激烈,对涉税鉴证业务的市场将会产生深刻影响,需要税务师行业适应新时代、新格局的发展趋势,及时发掘自身优势、加快转型的步伐,避免在市场竞争中被边缘化。

三、执业风险更强

2018年4月2日,我国各级税务稽查部门将持续开展打击骗取出口退税和虚开增值税发票专项行动,做到"保持打骗打虚高压不减、重拳治恶力度不减"。同时，推进国税、地税联合稽查，全面推广"双随机、一公开"监管，税务检查结果与纳税信用等级评价相关联，深入实施"黑名单"制度和联合惩戒。金税三期税收管理系统上线，依托大数据与云计算技术，实现全税种、工作环节、税务局和相关部门联网的三覆盖。"放管服"改革在简政放权上做"减法"，在后续管理上做"加法"，加快了税收征管方式的转变。一系列转变使得企业面临更大的税收风险。税收管理重心后移，由主要依靠事前审批向加强事中、事后管理转变，办事门槛变低，但纳税人守法意识薄弱并且专业能力不够，致使事前管理出现空白，纳税人违反税法的风险逐渐增加；推行发票电子底账后，原来虚开发票的企业将无处遁形。以上税收风险也会加大税务师的执业风险，需要税务师在服务中提高自身水平，在提供鉴证类服务和代理记账服务时更加谨慎。

第三节 新时代对税务师行业的新要求

新时代不仅给税务师行业的转型升级提供了巨大空间和重要机遇，也对税务师行业提出了新要求。这些要求主要体现在发展理念的转变、专业能力的提升等方面。

一、转变发展理念，创新服务内容

我国税务师行业要转变发展理念，不断创新服务内容，提升服务质量。为此，我国税务师行业需要将服务重点逐渐转向纳税人的合规性业务、高端业务和新兴业务。同时，大力拓展基于税务机关的涉税专业服务。唯有如此，我国的税务师行业才能适应新的时代，走出一条全新的、高质量和多元化的发展道路。

二、提升专业能力，开拓专业视野

税务师行业要实现转型升级，一个至关重要的条件就是提升税务师队伍的专业能力。税务师行业无论是从传统业务、基础型业务向合规性业务、高端业务转型，还是开拓征纳双方的涉税专业服务，都需要强有力的专业支撑。新时代背景下税务师行业对专业知识和专业能力的要求比以往任何时候都更高、更强烈，为此，需要精心打造一支专业基础扎实、专业经验丰富的税务师人才队伍。同时，由于涉税专业服务人才不仅需要具有税收专业的知识和能力，也需要具有较强的会计、管理、法律等方面的专业知识和能力，因此，在对税务师进行税收专业培训时，还需要开拓他们的专业视野，从而培养兼具多学科知识和能力、具有较高综合素质的复合型人才[①]。

---

① 曹静韬，巩笑缘. 新时代背景下我国税务师行业转型升级的现实路径[J]. 注册税务师，2018（1）：21-23.

第六章 新环境下税务师行业的未来发展趋势以及措施

第一节 涉税专业服务进入新时代

当前和未来一个时期，我国税收法定和税制改革加速推进，税收领域"放管服"改革和税收营商环境优化持续深化，科学技术与税收不断深度融合，我国税务师行业发展迎来了重大历史发展机遇，进入了发展新时代。大数据和互联网技术在税收领域的运用，必然会实现未来业务数据化、数据资产化、资产价值化，趋向业务真实性、闭环性和透明性。在数据信息可追、可溯、可控的链条之下，整个国家的税收体系也将趋于完善，无论个人还是企业纳税人都将无法逃税。

按照全国税务工作会议精神，2020年是"十三五"收官之年，是全面建成小康社会、实现第一个百年奋斗目标的决胜期，也是不断深化税制改革的关键之年。2020年，全国税收工作将重点抓好四个方面。一是依法征收，不断增强财力保障。坚持依法依规组织收入，健全收入预测机制，强化税收动态管理，统筹安排免抵调库，优化税种收入结构，提高税收收入质量，使收入保持持续平稳增长。二是精准施策，服务经济高质量发展。及时兑现减税降费优惠政策，巩固扩大减税降费成果，充分释放改革红利。三是提升服务质量，优化税收营商环境。四是依法治税，推进征管法治建设。进一步优化调整岗位责任体系和征管业务流程，推进税收征管工作制度化、规范化、标准化建设。有针对性地开展高风险行业或企业的摸排，有效防范涉税风险。

2020年税务师行业将会更加突出确保党中央、国务院减税降费政策措施落地生根这个主题，聚焦服务国家税收改革这一主要任务，推动税务师行业发展质量变革、效率变革、动力变革，瞄准国际标准不断提高水平，开启税务师行业高质量发展新征程，建设高素质涉税专业服务人才队伍，更好地发挥税务师行业在优化税收营商环境中的专业作用，进一步统筹实施好市场化、法治化、专业化、数字化、国际化、信用化发展战略，不断增强税务师行业的创新力和竞争力，为促进高质量推进新时代税收现代化做出新的更大的贡献。

因此，在互联网快速发展、产业链迅速升级的背景下，政府以及税务机关如何更新迭代税收政策以及税收管理政策，推动引领行业发展，行业协会如何引导涉税服务机构成为数据大脑，抓住数据能量的核心，注册税务师个人如何提升自身技能应对新形势、新格局，都是值得讨论的问题。

第二节　新时代税务机关要有新举措

在新形势下应充分发挥税务师的作用，进一步做好涉税服务工作，坚持以人民为中心，秉承税收共治理念。当前至少可以在以下三个方面加大工作力度：

第一，加大税收立法、执法、守法、司法和税法宣传的联动，构成一个整体，形成合力，不断扩大税收领域科学立法、严格执法、公正司法、自觉守法的综合效应，营造良好的税收执法环境。一是提升税收立法层级，完善税收法律体系。加快增值税立法进程，简化税率，覆盖链条，便于征管；改革企业所得税和个人所得税，应对新一轮全球税收改革。二是加强财税体制改革，界定中央和地方依据事权划分的财政收入比例，加强地方税收法律体系建设。三是进一步强化立法、执法和司法之间的边界、联系和独立性，在相互作用中促进法治化建设。四是加大执法与守法的宣传力度，不断提升纳税人的税法遵从度。

第二，通过立法等程序实现税务部门、政府各部门以及具有社会资源的部门或机构有关税收信息的共享。落实《深化国税、地税征管体制改革方案》，提升国税、地税信息整合共享的程度，提高征管效率，减轻纳税人负担。要推进立法，提升税收征收管理和纳税服务运用第三方信息的能力和水平。要运用"互联网＋"、大数据和人工智能等技术，创新征管方式，实现生态化管理。

第三，探索涉税专业服务机构参与税收共治的有效途径。在进一步界定权利与义务，理顺工作边界的基础上，落实13号公告的要求，促进涉税专业服务机构参与有关税收服务，采取政府购买服务等措施，积极发挥其在税收共治中特有的专业优势。通过实名制管理、设置黑名单等制度，建立健全信用体系，加强监督管理，进一步形成良性机制，促进涉税专业服务机构依法执业，公平竞争，健康发展。使纳税人随着税收共治的全面推进，享受到更加快捷和优质的涉税专业服务。通过税收共治的不断深化，使税收现代化造福于人民；通过税收现代化使税收工作始终把人民的利益摆在至高无上的地位，从人民群众关心的事情做起，从让人民群众满意的事情做起，促进人民群众不断创造美好生活。纳税申报代理、税务鉴证和其他税务事项代理三项业务扩大到八项，增加了一般税务咨询、专业税务顾问、税收策划、纳税情况审查和其他涉税服务五项，并且纳税申报代理、一般税务咨询、其他税务事项代理和其他涉税服务不限定执业范围，即放开市场准入。明确行业监管主体和监管思路，即税务机关对涉税专业服务机构及其从事涉税服务人员进行实名制管理。税务机关依托"金税三期"应用系统，建立涉税专业服务管理信息库。

第三节 新时代涉税专业服务机构要有新作为

凝聚共识，汇聚力量，新时代涉税专业服务机构要有新作为。税务师行业作为涉税专业服务市场的主力军，肩负着历史使命和责任担当，要为建设国际先进、中国领先的涉税专业服务行业做出贡献。

一、开创涉税专业服务发展新阶段

中国特色社会主义进入新时代，"放管服"改革、税制改革和征管改革的深化，呼唤建立一个规范、健康的涉税专业服务市场，涉税专业服务进入了一个新的发展阶段。税务师行业在深入贯彻党的十九大和全国"两会"精神的实践中，在深化改革的大格局中，要找准定位、认清地位、提高站位，坚持党建统领、改革引领、人才率领，坚持观念带动、创新驱动、科技推动，坚持依法执业、诚信立业、专业兴业，为开创涉税专业服务发展新阶段而奋斗。

二、构建涉税专业服务机构合作新体系

面对上亿的市场主体、数亿的个人所得税纳税人，涉税专业服务行业已成为税务机关不可或缺的助手、广大纳税人的帮手、税收共治的抓手。作为主力军的税务师行业一定要以改革开放的思维、海纳百川的胸怀、合作共赢的策略、智能互联的方式，凝聚各方共识，联合各类机构，广纳各路人才，构建涉税专业服务合作的新目标、新体系；要按照取长补短、优

势互补的原则,引导税务师事务所与会计师事务所、律师事务所、代理记账机构、科技公司、咨询公司等涉税服务机构加强合作,融合发展;要积极与国内外相关协会、企业开展多种形式的合作,创造更加开放、包容的发展机会;要抓住经济全球化、"一带一路"建设的战略机遇,探索成立跨境企业税收服务联盟,举办"一带一路"税收服务等论坛,拓宽国际视野,开展国际合作。

三、打造涉税专业服务行业治理新模式

深圳市以税务师行业党委为主体成立涉税专业服务行业联合党委,为加强行业党建和完善治理体系创造了新经验;13号公告和国家税务总局2018年发布的第4号公告,要求税务师行业成立税务代理人分会,允许有条件的税务师事务所、科技公司、咨询公司担任税务师事务所的合伙人或者股东,为涉税专业服务行业自律管理和税务师事务所组织、模式创新提供了有利的政策环境;许多科技公司建设"互联网+财税"服务平台、开发财税服务软件,为行业转型升级提供了科技手段;税务师行业要抓住机遇,迎接挑战。要推进党组织政治统领、税务机关行政监管、行业协会自律管理的行业综合治理新模式;要探索"T+IT+资本"的组织和业务形式,探索构建"互联网+涉税"专业服务联盟,推动事务所互联互通;要推动移动互联网、云计算、大数据、人工智能、区块链等新技术与行业业务发展的融合,在完善中国注册税务师协会信息服务平台的基础上,逐步建立行业大数据中心;要引导事务所学习、运用最新科技知识、技术,提高业务拓展、专业服务、内部治理等核心竞争力,推动行业转型升级、高质量发展。

四、营造涉税专业服务市场新环境

一个法治、诚信、公平的涉税专业服务市场环境,对纳税人、税务机关和服务机构都有利,需要大家共同营造。税务师行业要自觉地把法治精神、诚信理念、职业道德贯彻到各项服务和工作中;要举全行业之力精心拟制涉税专业服务规范(准则、规则),构建完备的行业业务标准体系;要按照13号公告等系列监管新规,完善行业各项规章制度,推行行业诚信记录体系,强化自律管理;要在不断完善规范行业制度、行为的基础上,继续推动税务师行业立法;要采取多种形式加强税法宣传,办好全国办税技能竞赛等活动;要推进三方沟通机制和税收共治格局的完善与实施,构建落实税收政策问题收集、报送和反馈制度与平台;要探索成立税收法制

研究院（税收智库），加强对税收立法和税收政策等课题的研究，积极提出行业意见与建议；要努力为推动涉税专业服务市场法治化、优化税收营商环境做出新的贡献。

第四节 新时代税务师事务所要有新气象

党的十九大指出："中国特色社会主义进入新时代。"在新时代，税务师事务所一定要有新气象、新作为。"不忘初心，牢记使命"，税务师的初心，是为纳税人服务；税务师的使命，是促进税法遵从。税务师事务所应创新服务产品，创新服务领域，想纳税人之所需，谋深化税收制度改革之所需，不断增强税务师事务所的创新力和竞争力。

一、创新模式，加强合并重组，实现合作共赢

新时代要有新举措，涉税专业服务平台做大才能留住人才，事务所做大才能赢得客户，业务做强才能赢得征纳信赖，进一步赢得市场，赢得社会认可。将各有专长、志同道合的税务师事务所合并起来，扬长补短、资源共享、业务互通、做大做强，是新时代提出的高要求。

二、创新业务，运用"互联网+财税"，拓展服务新领域

进入新时代，社会需求在升级，税收征管在转型，企业纳税理念在转变，为社会和纳税人提供服务的专业机构也必须跟着转型升级。面对新形势、新挑战，税务师事务所必须运用"互联网+财税"新模式，用新理念、新思维来细分市场，找准定位，运用大数据分析客户的需求，提供纳税人喜欢的定制服务和专项服务。充分发挥税务师事务所在涉税领域深耕细作的专长，以工匠精神和专业能力，挖掘新市场，拓展新客户。同时，转型升级还需要在两个方面着力。一是业务端前移。随着大数据和云计算技术的运用，纳税人非常需要税务师事务所提供前期的纳税风险识别和排查服务，需要针对性地提供前期的纳税风险诊断意见以及解决方案。税务师事务所必须运用信息化手段帮助企业减少纳税风险，因此，税务风险排查、企业健康诊断业务应运而生；同时，诊断纳税人存在的涉税风险、帮助纳税人规避风险、进行税收筹划等新业务也自然而然地得到了拓展。这些业务必须是在企业财务总监、总经理和董事长这个层面来交流协商办理的，高端服务的含金量高，客户黏性大，赢得客户的充分信赖后，很容易

拓展其他相关财税业务。二是积极拓展代理申报服务业务。税务师事务所提供纳税咨询、纳税审核、申报代理三大类业务，现在纳税审核业务受到政策性限制，逐渐萎缩，所以必须大力拓展纳税咨询和申报代理业务。在逐步开展技术含量较高的纳税咨询的同时，要加强申报代理类业务的人才储备，提高技术水平，积累经验。涉税服务将会是一个巨大的市场，当下是完成服务转型的最佳时期。

三、创新保障，坚持人才培养和党建引领双管齐下，注重培养团队精神

税务师事务所的核心竞争力是人才。税务师事务所要加强适应新时代行业发展的人才特别是高端人才的培养，这是提高涉税服务的科技化水平和事务所核心竞争力的唯一手段。人才的培养，不仅要注重灌输专业知识，更要注重人才的思想道德培养。要加强税务师事务所的党建和统战工作，使党建与业务运营相互促进、和谐发展，逐步建立起"把优秀人才培养成党员、把党员培养成业务骨干"的"双培养"机制，发挥党员的先锋模范带头作用，树立主人翁意识，让更多的人才有展现才能的机会，用事业上升激励人，用高薪待遇留住人，打造一支专业精神和团队精神合二为一的优秀队伍，使其在涉税专业服务市场脱颖而出，发挥主力军的作用。

四、创新形象，注重事务所信用建设，赢得社会口碑

13号公告明确规定，采用信用管理模式对涉税专业服务机构实施监督管理，并在税务局门户网站上公示。税务师事务所要想赢得纳税人、税务机关的信赖，必须诚实守信地开展业务，用诚信赢得市场。在信用等级评定中获得较高等级，无疑会增大纳税人对事务所的信任，增加业务拓展的机会。反之，在信用被价值化的社会，若被税务机关评定为较差，甚至被列入黑名单，等待事务所的只有被淘汰这一种可能性了。所以，每一个税务师事务所都需要按照税收法律和行业协会制定的规则执业，严格落实质量体系，依法、依规、诚信执业。这是事务所健康稳步发展的保证。

第五节 新时代税务师自身要有新成就

新时代赋予我国税务师行业全新的发展机遇，为我国税务师行业的转型升级提供了全新的空间。税务师行业已经成为依法治税、提升国家治理

能力现代化水平不可缺少的重要组成部分。税务师行业要以习近平新时代中国特色社会主义思想为指引,认真学习贯彻党的十九届四中全会精神,把制度建设和治理能力建设摆在更加突出的位置,在推动行业各方面制度更加成熟、更加定型上下更大功夫①。

一、找准自身定位

在新时代和新形势下,税务师实现新作为的前提是找准自身定位,遵守道德规范,维护国家税收利益和纳税人的合法权益,维护市场秩序有序运行和监督税法正确实施。

(一)税收法律的严格遵从者

税务师姓"税",在执业过程中必须严格遵守国家的税收法律,认真执行各项税收政策。遵守税法是税务师存在和发展的基础。

(二)客户利益的忠实维护者

税务师接受客户的委托,为客户提供专业服务,在遵守税法的前提下,要充分维护和保障客户的合法利益,做客户合法利益的保障者。在税务代理过程中,要坚持自愿、平等、诚信、有偿服务、为纳税人保守商业秘密的原则,以纳税人自愿委托和自愿选择为前提,实施双向选择。严格签订委托代理协议,明确各自的权利、义务以及法律责任。

(三)征纳关系的公正第三者

在局部方面,由于认知的不同,在国家利益和局部利益、个人利益之间还存在一些矛盾和冲突。税务师在征纳关系中处于中间人的位置,必须具有独立性,要用专业知识做出职业判断,要保持客观公正、不偏不倚。

二、充分提升自身技能,发挥专业优势

税务师是具有税收专业知识和税收专业技能的人才。新形势、新环境下税收行业越来越趋向市场化、法治化、专业化、数字化、国际化、信用化,为了应对未来的挑战,税务师不仅需要提高自身道德规范,更需要在工作实践中努力挖掘专业优势,充分发挥专业作用,提升自身的核心竞争力,做出令人信服的业绩,以得到社会各界的认可。提升专业技能可以从

---

① 本刊特约评论员. 贯彻十九届四中全会精神 推进税务师行业治理体系和治理能力现代化[J]. 注册税务师,2019(12):1.

以下五个方面入手。

（一）提供税收策划的可行性

在一定程度上，税收策划是否可行是关系投资是否成功的重要因素，是市场投资者最为关心的问题之一。税务师要根据国家鼓励、禁止和限制类产业发展目录，运用专业知识，在选择企业组织形式、确定行业及地点、运用会计方法、确定投融资方式及利润分配等方面为纳税人做出合理筹划，提出可行性建议，帮助他们降低税收成本，促进投资项目顺利起步和发展。

（二）保证涉税服务的专业性

中共中央办公厅、国务院办公厅发布的《深化国税、地税征管体制改革方案》明确要求："规范和发挥涉税专业服务社会组织在优化纳税服务、提高征管效能等方面的积极作用。"数量众多、内容复杂的税收政策和程序规定，要全部掌握和熟练运用，并非易事。税务师要为纳税人提供专业的涉税服务，规范办理计账、算税、报税等涉税业务，用活、用足税收优惠规定，保证纳税人充分享受到税收优惠政策。

（三）强化涉税鉴证的权威性

13号公告明确了税务师"涉税鉴证"业务，即税务师要按照法律法规以及依据法律法规制定的相关规定要求，对涉税事项真实性和合法性出具鉴定和证明。这些"鉴定和证明"必须具有权威性，只有具有权威性才有生命力。税务师具备良好的职业道德，遵守职业纪律，运用专业知识作出鉴定和证明，并为其承担法律责任。这些"鉴定和证明"，一要经得起时间的检验，二要经得起税务稽查，三要经得起司法审查。

（四）严格税收风险的可控性

国家税务总局按照国务院的要求，取消了税务行政审批事项中非行政许可审批事项。这意味着减免事项的涉税风险完全需要纳税人自身来承担，风险程度大大增加。这些都为税务师行业扩大服务需求和业务范围提供了机会。纳税人为了降低自身的风险，需要向第三方购买专业税收服务，以自查的方式降低税收风险。税务师可以充分利用自身经验准确预判发生税收风险的可能性，以及税收风险可能产生的范围，有针对性地规避、防范风险的发生，同时在风险发生时，税务师也能够凭借丰富的阅历来合理地控制风险,实现对风险的有效控制。

(五) 增强承接服务的主动性

税务师事务所要积极主动地参与政府购买社会服务活动,当政府购买主体按照政府采购法的有关规定,发布公开招标、邀请招标、竞争性谈判等消息时,税务师事务所要积极参与投标、竞标。税务师事务所成为政府购买服务的承接主体后,要按合同要求履行服务义务,认真组织实施服务项目,按时完成服务项目任务,保证服务数量、质量和效果,主动接受有关部门、服务对象及社会监督。通过广泛接受政府购买服务,用业绩扩大社会影响[1]。

---

[1] 向方德. 对新时代做好税务师工作的几点思考 [J]. 注册税务师, 2018 (1): 25-26.

参考文献

[1] 唐洪祥. 坚持问题导向 优化税收营商环境 [J]. 经济, 2020 (7): 92-94.

[2] 崔红霞. 税收共治模式下我国税收营商环境优化 [J]. 湖南税务高等专科学校学报, 2020, 33 (3): 10-13.

[3] 陈心悦, 王路. 深化税收"放管服" 优化营商环境的路径研究: 基于2019年世界银行《营商环境报告》[J]. 中外企业家, 2020 (15): 18-19.

[4] 齐力. 中国的税收营商环境持续改善 [J]. 中国对外贸易, 2020 (1): 26-27.

[5] 王爱清. "互联网+纳税服务"的智能化创新发展研究 [J]. 税收经济研究, 2019, 24 (6): 75-78, 86.

[6] 中国营商环境全球排名再度提升 [J]. 共产党员 (河北), 2019 (23): 55.

[7] 陈甲取. 构建税收征管合作机制 助推"一带一路"建设行稳致远 [J]. 注册税务师, 2019 (12): 58-59.

[8] 崔远, 吕爱华, 田青, 等. 2019年度全国税务师职业资格考试圆满结束 [J]. 注册税务师, 2019 (12): 2, 73.

[9] 顾建敏. 《纳税申报代理业务指引 (试行)》《其他税务事项代理业务指引 (试行)》解读 [J]. 注册税务师, 2019 (11): 14-17.

[10] 曲军. 税务师行业服务规范制订背景及基本指引解读 [J]. 注册税务师, 2019 (11): 8-9.

[11] 李晶, 王珊珊. 《税务师行业职业道德指引 (试行)》解读 [J]. 注册税务师, 2019 (11): 10-11.

[12] 李晶, 王珊珊. 《税务师行业涉税专业服务程序指引 (试行)》解读 [J]. 注册税务师, 2019 (11): 12-13.

[13] 郭洪荣. 《涉税鉴证业务指引 (试行)》解读 [J]. 注册税务师, 2019 (11): 23-26.

[14] 上海注册税务师协会课题组. 对税务师事务所转型发展的几点思考 [J]. 注册税务师, 2019 (11): 68-69.

[15] 安光胜. 《专业税务顾问业务指引 (试行)》解读 [J]. 注册税务师, 2019 (11): 18-19.

[16] 推动涉税专业服务标准化 [J]. 注册税务师, 2019 (11): 4.

[17] 冯海坚. 《税收策划业务指引 (试行)》解读 [J]. 注册税务师, 2019 (11): 20-22.

[18] 林培霞. 《纳税情况审查业务指引 (试行)》解读 [J]. 注册税务师, 2019 (11): 27-28.

[19] 李顿. 税务师行业涉税专业服务规范体系解读 [J]. 注册税务师, 2019

(11): 5-7.

[20] 马龙. 浅析建立"一带一路"跨境涉税争议协调解决机制 [J]. 注册税务师, 2019 (10): 68-71.

[21] 宋兰. 贯彻新发展理念开创税务师行业新局面 [J]. 注册税务师, 2019 (10): 5-9.

[22] 李宝. 2019 年第 39 号公告疑难问题解析 [J]. 注册税务师, 2019 (6): 28-30.

[23] 吴晓丹. 涉税专业服务行业继续教育的国际经验和启示 [J]. 注册税务师, 2019 (4): 66-69.

[24] 税务师行业积极服务减税降费活动掠影 [J]. 注册税务师, 2019 (3): 2.

[25] 陈柏良. 北京市税务代理行业存在问题及发展对策研究 [D]. 石家庄: 河北经贸大学, 2020.

[26] 文艺. 注册会计师事务所税务代理存在的问题及对策 [J]. 纳税, 2020, 14 (9): 16-17.

[27] 白朗东. 税务师事务所在税收管理中的作用分析 [J]. 行政事业资产与财务, 2020 (5): 64-65.

[28] 宋煜霞. 浅析税务师事务所发展中存在的问题及发展战略 [J]. 全国流通经济, 2019 (29): 48-49.

[29] 王进. 走稳健发展之路 步履铿锵 [J]. 注册税务师, 2019 (10): 18-20.

[30] 张洪文. 以产教融合破解税务师人才瓶颈 [J]. 注册税务师, 2019 (10): 64-66.

[31] 梁红星. 税务师事务所如何服务好"走出去"企业 [J]. 注册税务师, 2019 (9): 67-69.

[32] 李林军. 中税协第五届理事会工作报告 [J]. 注册税务师, 2019 (9): 10-15.

[33] 王京梁, 李雪. 如何推进小型税务师事务所人才建设 [J]. 注册税务师, 2019 (8): 58-61.

[34] 百强所谈发展之路 [J]. 注册税务师, 2019 (8): 6.

[35] 金宁. 2018 年度税务师事务所"百强"显示行业专业价值不断提高, 稳步发展 [J]. 注册税务师, 2019 (8): 7-8.

[36] 杨艳春. 2019 年度税务师行业经营收入前百家税务师事务所情况分析 [J]. 注册税务师, 2020 (11): 7-10.

[37] 阿布都热西提. 中国税务代理市场存在的主要问题与对策建议 [J]. 企业改革与管理, 2019 (15): 198, 206.

[38] 加强新时代税务师行业党的建设 引领行业高质量发展 [J]. 注册税务师, 2019 (7): 17-20.

[39] 李建成. 强化党建引领 推动行业创新发展 [J]. 注册税务师, 2019 (7): 21-23.

［40］本刊特约评论员．强化政治引领　激发党建活力［J］．注册税务师，2019（7）：1.

［41］李金蔓．"互联网+"背景下税务师事务所涉税服务转型升级思考［J］．纳税，2019，13（20）：23-24.

［42］助力减税降费：税务师在行动［J］．注册税务师，2019（6）：2.

［43］本刊特约评论员．服务减税降费政策落地　助力企业享受改革红利［J］．注册税务师，2019（6）：1.

［44］崔远．"中国税务师行业人才发展论坛暨2019年税务师职业资格考试报名启动仪式"在京举行［J］．注册税务师，2019（6）：4-5.

［45］张和芸．发挥专业优势助力减税降费政策落地［J］．注册税务师，2019（6）：18-19.

［46］王洪江．税务师事务所如何做好企业顾问工作探析［J］．纳税，2019，13（16）：13，16.

［47］姜军．基于税务风险防控视角的会计事务所信息系统优化［J］．营销界，2019（20）：188，190.

［48］史川．税务师在"一带一路"倡议中发挥专业优势［J］．注册税务师，2019（5）：17-18.

［49］张殷红．助力减税降费政策落地：税务师在行动［J］．注册税务师，2019（5）：5-7.

［50］崔远．中税协召开减税降费宣传活动暨加强人才队伍建设新闻发布会［J］．注册税务师，2019（5）：8-9.

［51］马超．跨境企业的涉税风险与应对［J］．注册税务师，2019（5）：19-21.

［52］百强所谈创新发展［J］．注册税务师，2020（11）：4.

［53］金宁．百强十年创新发展［J］．注册税务师，2020（11）：5-6.

［54］程辉．对增强中小型税务师事务所业务连续性管理能力的思考［J］．注册税务师，2020（11）：66-69.

［55］推动涉税专业服务标准化［J］．注册税务师，2020（10）：4.

［56］李顿．业务规范指引为税务师行业创新发展注入新动能［J］．注册税务师，2020（10）：5-7.

北京哲学社会科学国家税收法律研究基地
"疫情期间财税政策研究与税收法治化"论坛
暨中国税收筹划研究会第十四届年会

论文集

● 税收筹划

新能源汽车纳税筹划研究
——以某汽车公司为例

吴 宇[*]

【摘要】 随着社会经济发展，科学技术的提高，人类一方面享受着其带来的各种成果，另一方面也受到"恶果"——能源紧缺、污染严重、气候变暖等的影响。在这种环境下，新能源汽车近年来备受热捧。不少汽车企业开始进军新能源汽车市场。为了鼓励新能源汽车的发展，降低新能源汽车的生产成本，我国出台了一系列财税政策。在此背景下，税收筹划就变得十分重要。本文以某汽车公司为案例，以增值税和企业所得税为研究重点，分析新能源汽车的应税策略。

【关键词】 新能源汽车；税收筹划；增值税；企业所得税

近年来，中国将新能源汽车产业列为七大战略性产业之一。习近平总书记更是指出，发展新能源汽车是我国从汽车大国迈向汽车强国的必由之路。同时，国家也出台不少鼓励新能源汽车发展的政策。

目前，我国新能源汽车的规模在全球处于领先地位，近几年我国新能源汽车产量与销量均居全球第一位。据统计，2018年，新能源汽车销量为124.73万辆，同比增速为62.46%。其中，新能源乘用车销量强势增长，尤其是插电混动车型广受欢迎。2019年第二季度，新能源汽车销量为27.42万辆，同比增长95%；其中新能源乘用车销量已达25.23万辆，同比增长97.9%。虽然补贴下降超过此前预期，但是新能源乘用车因为限购

---

[*] 作者简介：吴宇，湖北经济学院财政与公共管理学院学生。指导老师：李新，湖北经济学院财政与公共管理学院教授。

限牌、产品力提升、双积分政策增加供给等原因仍有望保持较快增长。

虽然大势向好，但是新能源汽车企业的发展却并非一帆风顺。2019年9月24日，蔚来发布了其2019年第二季度的财报。根据数据显示，蔚来2019年第二季度经营收入为15.08亿元，净亏损为32.85亿元，环比增长25.2%，经营收入较第一季度的16.31亿元减少了7.52%。虽然国家大力扶持新能源汽车产业，但这并不代表新能源汽车企业就必定能只赚不亏。新能源汽车企业要想在市场立足且盈利，除了提高自身生产技术水平以外，降低成本以提升利润也是很重要的一个方面。其中，如何根据国家优惠政策合理筹划纳税，降低风险，是本文讨论的主要内容。

一、案例背景：A股份有限公司概况

A股份有限公司（以下简称"A公司"），创立于1995年，2002年7月31日在香港主板发行上市，公司总部位于中国广东省深圳市，是一家拥有IT、汽车及新能源三大产业群的高新技术民营企业。A公司在广东、北京、陕西、上海、天津等地共建有九大生产基地，总面积将近700万平方米，并在美国、欧洲、日本、韩国、印度等国，以及中国台湾地区、中国香港地区设有分公司或办事处，现员工总数将近20万人。2008年，A公司收购了半导体制造企业宁波中纬，整合了电动汽车上游产业链，加速了A公司电动车的商业化步伐。从此，A公司拥有了电动汽车的研发能力和生产能力，开始领跑电动车领域。

2012年上半年，A公司的三大业务营业收入分别为："二次充电电池及新能源产品"23.824 440亿元，占比10.55%，营业利润2.819 110亿元，毛利率11.83%；"手机部件及组装等产品"86.087 580亿元，占比38.12%，营业利润10.896 630亿元，毛利率12.66%；"汽车产品"115.908 100亿元，占比51.33%，营业利润21.638 700亿元，毛利率18.67%。

2012年，A公司销售了1 700辆电动轿车和700辆电动巴士，即总销量为2 400辆。2013年该数字大幅增至8 000辆，其中销售了电动轿车6 000辆，电动巴士2 000辆。

2015年上半年，A公司实现经营收入315亿元，同比增长18%；实现净利润4.66亿元，同比增长29%。从公司各个业务来看，A公司的汽车及相关产品业务的收入约为177亿元，同比上升40%，其中新能源汽车业务收入约为59亿元，同比增长约1.2倍。此外，A公司的汽车总销量同比增长13%，在传统燃油汽车领域，A公司的汽车销量同比上升6%。

近日，A 公司对外公布了 2016 年度业绩快报。主要财务数据和指标显示，2016 年，A 公司的总营业收入达到 1 039.75 亿元，同比增长 29.95%；净利润达 50.44 亿元，同比增幅达 78.63%。

二、中国新能源汽车税收优惠政策

中国成为目前新能源汽车生产大国，背后少不了针对新能源汽车推行的税收优惠政策的功劳。

（一）增值税政策

增值税是中国最大的税种。目前增值税的适用税率有 16%、13%、6% 以及简易计税法的 3%。增值税主要针对新能源汽车厂商的销售行为以及劳务行为进行征税。自 2018 年起，销售汽车的增值税由 17% 降为 16%，而新能源汽车在缴纳增值税时，同样也是采用这个标准。新能源汽车厂商购入原材料以及生产设备，按照 16% 的税率抵扣进项税额，研发技术服务则按照 6% 的税率抵扣进项税额。新能源汽车增值税税收优惠政策如表 1 所示。

表 1　新能源汽车增值税税收优惠政策

类别	税收优惠政策
新能源汽车	纳入中央财政补贴范围的新能源汽车车型应是符合要求的纯电动汽车、插电式混合动力汽车和燃料电池汽车。重点加大政府机关、公共机构、公共交通等领域新能源汽车推广力度。 纳税人取得的中央财政补贴，不属于增值税应税收入，不征收增值税。 2011 年至 2020 年，企业销售新能源汽车及其关键零部件的增值税税率调整为 13%，经过增值税税率改革，最新税率为 9%
新能源汽车燃料	自 2005 年起，对国家批准的定点企业生产销售的变性燃料乙醇，实行增值税先征后退。 自 2008 年起，对销售自产的综合利用生物柴油，实行增值税先征后退

资料来源：国家税务总局和发改委。

（二）企业所得税政策

新能源汽车生产企业的经营所得征税税率为 25%，具体政策如表 2 所示。

表 2　新能源汽车企业所得税税收优惠政策

序号	税收优惠政策
1	《国家重点支持的高新技术领域目录》中涉及新能源汽车相关技术，新能源汽车企业可以申请高新技术产业，享受15%的税率优惠
2	从事符合条件的环境保护、节能节水项目的企业所得，从项目取得第一笔生产经营收入所属纳税年度起，实行"三免三减半"的优惠政策
3	研发费用加计扣除，未形成无形资产的，按照研发费用的50%加计扣除；形成无形资产的，按照无形资产成本的150%摊销
4	2014年1月1日后购进并专门用于研发活动的仪器、设备，单位价值不超过100万元的可以一次性在计算应纳税所得额时扣除，单位价值超过100万元的加速折旧；2018年至2020年，购进单位价值不超过500万元的仪器、设备，可以在税前一次性扣除
5	居民企业在一个纳税年度内，技术转让所得不超过500万元的部分，免征企业所得税；超过500万元的部分，减半征收企业所得税

资料来源：国家税务总局。

（三）车辆购置税政策

车辆购置税是在购置车辆时对购置单位或个人征收的税，一般是根据车的价格乘以一定比例得出的。新能源汽车车辆购置税优惠政策如表3所示。

表 3　新能源汽车车辆购置税优惠政策

序号	主要内容	文件
1	自2018年1月1日至2020年12月31日，对购置的新能源汽车免征车辆购置税	国家税务总局、工业和信息化部、科技部关于免征新能源汽车车辆购置税的公告（财政部公告2017年第172号）
2	自2014年9月1日至2017年12月31日，对购置的新能源汽车免征车辆购置税	国家税务总局、工业和信息化部关于免征新能源汽车车辆购置税的公告（国家税务总局、工业和信息化部2014年第53号）

资料来源：国家税务总局。

三、A 公司税收筹划案例分析

（一）根据国家优惠政策合理减税

1. 增值税

假设一款新能源汽车价格为 13 万元，混合动力型，政府补贴 3 万元，消费者还需支付 10 万元，根据国家税务总局 2013 年第 3 号公告，生产商取得的 3 万元补贴，不属于增值税项目，不需要缴纳增值税。如此一来，每辆车出售后，可以减轻增值税税负 0.57 万元 [3×16%÷（1-16%）]。

2. 企业所得税

A 公司旗下的 B 新能源汽车公司（以下简称"B 公司"）是高新技术企业，未形成无形资产的费用为 500 万元，则此时可以减少税负 25 万元 [500×50%×（25%-15%）]。

3. 车辆购置税

2018 年 1 月至 2020 年底，对新能源汽车免征车辆购置税。这一措施的实施，一定程度上提高了 B 公司新能源汽车的销量。据全国乘联会发布的销量数据，2017 年 B 公司共销售新能源汽车 113 669 辆。据中国证券网讯 B 公司公告，B 公司 2019 年 12 月新能源汽车销量为 13 099 辆，2019 年累计销量为 229 506 辆。可见，免除新能源汽车车辆购置税后，2019 年比 2017 年销量增长了一倍多。一定程度上说明，免除新能源汽车车辆购置税有利于新能源汽车的销量提高，使新能源汽车企业的利润提升。

（二）成立子公司

2020 年初，A 公司宣布成立 C 公司，创立 C 品牌，目的是进一步加快新能源汽车核心零部件的对外销售。此次宣布成立的 C 公司共有 5 家，分别是 C 电池有限公司、C 视觉有限公司、C 科技有限公司、C 动力有限公司和 C 模具有限公司。每家都代表着 A 公司在零部件细分市场的竞争力与公司对未来的发展规划。

该五家公司主要为 B 公司的汽车销售以及零配件销售提供协调与帮助。设立子公司，可以为母公司分担生产压力。子公司在分担市场订单的同时，无形之中也为母公司分担了一部分税负，同时可以享受小微企业以及免税期的一系列税收优惠政策。子公司可以以新公司名义申报自主知识产权，而且可以使得其数量和质量满足高新要求。子公司不仅可以借此提高研发水平，还能利用对高新技术的税收优惠减少税负。

（三）合理选择购买渠道

应交增值税是销项税减去进项税，一般避税的手法是加强进项税的抵扣。

1. 合理选择元件、生产器械等的供应商，尽量取得增值税专用发票

在生产新能源汽车的过程中，会购买很多的零部件以及生产器械，这个过程会收取大量的发票。要选择具有一般纳税人资格的供应商开具增值税专用发票，因为进项可以抵扣，以降低增值税税负，而小规模纳税人只能开具普通发票，不能抵扣进项。

2. 重视采购进项发票的回票认证时间

税法规定，进项发票自开票起规定时限内可以认证抵扣，但在此期间若进项发票认证抵扣延迟，就使得增值税缴纳时间提前，短时间内增加税负。因此，必须控制发票报销时限，尽早抵扣进项税，避免因进项抵扣不足出现前期交税后期留抵的情况，以获得资金的时间价值。

四、筹划方案的保障

（一）加强会计、税务专员的培训

国家对于新能源汽车的优惠政策会经常更新，每更新一次，新能源汽车企业的纳税筹划就要有一定的调整，以规避风险。因此，税务、会计专员必须时刻关注国家对于新能源汽车的优惠政策变化。在需要信息变更或纳税申报或抵扣时，合理规划时间，避免给企业带来资金压力。

除了做好对内的财务工作以外，也要与税务部门进行充分的沟通，对新政策全面解读，了解新能源汽车优惠的实时动态。此种培训也不局限于财务人员，中高层管理者也应参加，以提高决策水平。

（二）严格规范企业内部会计流程

对于缴纳增值税的专用发票的使用，在签订合同以及会计录入等环节需要进一步规范与严格。会计凭证和税务凭票要保持完整性和真实性，定时检查，避免凭证的流失给企业带来不必要的损失。同时，对于A公司和旗下子公司的账要合理规划，不得随意出账和入账。

五、总结

面对全球环境危机，环保的理念越来越深入人心，经济模式的转型成

为各国追求的目标。由此，新能源汽车的发展得到了越来越多人的认可。本文研究 B 公司的纳税筹划，主要根据目前的经济环境、形式与政策，以及今后的发展趋势，对 B 公司的新能源汽车提出纳税筹划建议。

首先，根据政府对于新能源汽车的优惠政策，对不同的税种进行分析，主要有企业所得税、增值税和车辆购置税。在当前的优惠政策下，只要按照程序及时申报，都能一定程度地减轻税负。

其次，B 公司在新能源汽车领域业务繁多，且实力雄厚，每年产量与销量都位居世界前列。在此情形下，在其旗下成立各家子公司可以方便不同的业务来往，且能对母公司提供支持，在纳税上还能得到优惠。

再次，合理选择购买渠道。增值税的进项税抵扣，可以抵扣一部分增值税。但前提也是要保留专票等凭据，以及合理选择购买渠道，且与供应商形成良好、稳定的合作关系，促进公司的流动资产周转，合理利用资金。

最后，公司人员的培训，以及公司内部会计流程的规范，在减轻企业税负的实施中起到十分重要的作用。目前，新能源汽车的发展前景仍然不是特别明朗，这种情形下，政策的变化是随时的，需要规避的风险也随处可见。因此，加强对相关人员的培训，不断完善会计流程势在必行。

本文以 B 公司为例，指出当前新能源汽车可以作为参考的一些税收筹划的思路，对于其他企业也有一定的借鉴意义。当税负减轻，成本降低后，新能源汽车公司有机会实现利益最大化，如此一来，新能源汽车产业将稳步发展，对于经济转型也具有重大意义。

参考文献

胡志娟. 新能源汽车的税收筹划研究［J］. 经济研究，2020（8）：4-13.

减税降费背景下建筑企业纳税筹划研究
——以某建筑公司为例

刘志远 李 新[*]

【摘要】"营改增"后时代，税制改革加速推进，减税降费政策一项项落地，增值税税率持续下调，2016年以后，从全面实施"营改增"到国务委员会常务会议提出税制改革措施，国家减轻市场主体税负的步伐从未停止。作为中间产业，建筑业与上下游产业息息相关。因此，需要关注建筑业"营改增"之后企业的减税降费情况。建筑企业必须不断更新其对税收政策相关知识的了解，提高其在税收管理方面的专业能力，并从战略规划的角度来计划纳税额。这样，在税制改革的背景下，建筑企业可以更好地实现降低运营成本和增强基本竞争力的目标。

【关键词】减税降费；税收筹划；建筑企业

随着全球化进程的不断推进，企业之间的竞争日趋激烈。行业税制的变化，使建筑行业的各个方面都受到了影响。在将营业税转换为增值税之前，我国实施的税收政策下营业活动需要重复征税，导致企业税费上升，税务成本较高。为了改善这一状况，我国顺应潮流，大力推进实施"营改增"税收政策，将以前缴纳营业税的应税项目改成缴纳增值税，减少了企业重复纳税。税制统一后，可以从根本上解决重复征税的问题，最大限度地发挥增值税的作用。建筑业"营改增"税收政策的实施，改善了建筑业增值税抵扣各个环节，大大减少了建筑业重复征税的问题。

近几年国家财政政策最重要的措施之一就是加大减税降费力度，优化营商环境，以防企业经营困难。2020年8月6日，财政部发布的《2020年上半年中国财政政策执行情况报告》显示，上半年国家通过推进落实大量税收优惠政策，给企业实际减税降费超过1.5万亿元。减税降费的国家税收政策有效地覆盖了年初疫情暴发的影响，在减轻企业压力、支持恢复生产和工作以及经济平稳运行方面发挥了重要作用。

---

* 作者简介：刘志远，湖北经济学院 MPACC 硕士研究生；李新，湖北经济学院财政与公共管理学院教授。

A建筑公司（以下简称"A公司"）规模较大，经营范围广泛，公司治理结构较为完善，无论公司架构、经营状况还是经营规模，与众多建筑企业相比均具有一定的代表性，因此，本文选取了其作为案例企业，研究在减税降费背景下A公司的实施纳税筹划决策。

一、A公司案例背景

（一）A公司概况

A公司已经成立60多年了，发展到今天已经是一家特大型的建筑企业，拥有非常完整的工程承包建设资质，由国有资产监督管理委员会管理。该企业是中国乃至世界上最强大、最重要的综合建筑集团之一。

（二）财务状况简介

如图1所示，2015年至2019年，A公司的营业收入有所增加，这表明企业的总体发展仍处于相对稳定的增长状态。但是，仔细分析2015年至2019年的增长率（见图2）就会发现，企业营业收入的增长率不稳定，尤其是2017年至2018年一年内的营业收入增长率急剧下降，表明该企业的增长率已经放缓。这可能会受到"收入增加"的影响，而且该企业在抵扣增值税方面仍然存在问题。

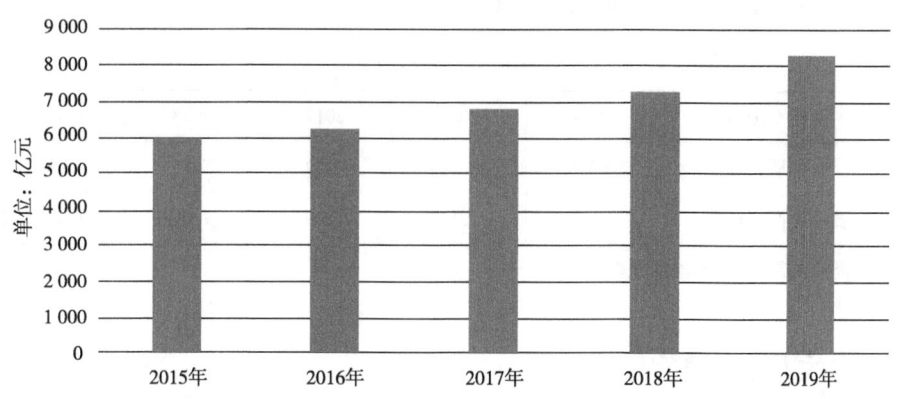

图1 A公司的营业收入

资料来源：A公司财务报表。

如表1所示，2015年到2019年，A公司的存货周转率整体呈上升趋

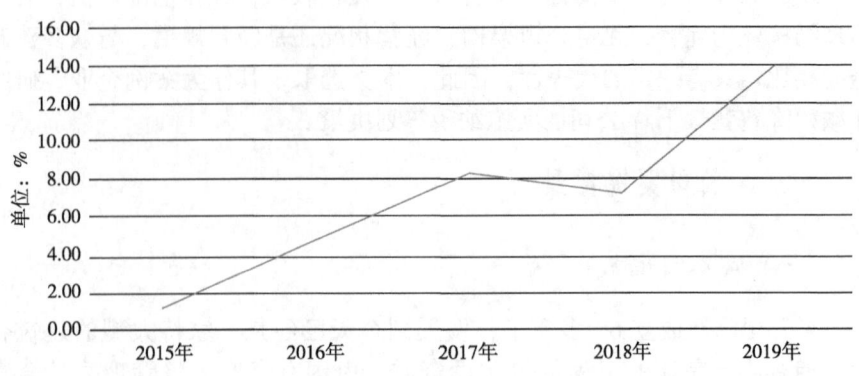

图 2　A 公司的营业收入增长率

资料来源：A 公司财务报表。

势，这表明该公司的存货周转正在加速，销售能力非常高。同时，2015 年到 2019 年，A 公司流动资产周转率均大于 1，这表明该公司流动资产周转快且使用率高。如果流动资产能以更快的周转速度运作，那么 A 公司资产运营将变得更加有效率，这等同于流动资产投资变相增加，在某种程度上提高了企业的盈利能力。但是，过去 5 年中，流动资产周转率呈下降趋势，这表明流动资产周转速度开始放缓，需要增加额外的流动资金来刺激周转率，从而降低了企业利润率。这要求 A 公司进行更合理的税收筹划，提高企业的运营能力，促进企业良性运转。

表 1　流动性指标

年　份	2015	2016	2017	2018	2019
存货周转率	2.25	2.23	2.32	3.09	4.23
流动资产周转率	1.18	1.12	1.08	1.06	1.10

资料来源：A 公司财务报表。

（三）涉税情况简介

如表 2 所示，继 2016 年"营改增"税制改革之后，增值税和营业税改变了以往同一方向的变化趋势。与 2016 年和 2017 年的数据相比，2018 年营业税的下降趋势非常明显，而增值税则显示出反向增长的趋势。这体现了"营改增"对企业税负的影响。继 2016 年税制改革后，营业税余额逐渐减少。2017 年是一个转折点，由于营业税降低，企业整体税收负担减轻，税费减免初见成效。

表 2 主要税种缴税情况　　　　　　　　　单位：亿元

年　份	2015	2016	2017	2018	2019
增值税	4.14	21.61	16.38	29.62	22.64
营业税	48.39	49.55	5.14	0.63	0
企业所得税	24.19	23.57	21.47	25.13	23.52

资料来源：A 公司财务报表。

作为大型建筑企业，A 公司有很多复杂的税收问题，但在对涉税问题进行处理时并不是太及时。该企业在"营改增"后就没有营业税。但在企业年报中发现"应交税费——应交营业税"科目仍有余额。可以看出，企业对"营改增"以前营业税业务的处理不够清楚，旧账金额明细含糊，财务人员尚未处理该账户金额，因此可能存在税收风险。增值税是中国第一大税种。深化增值税改革既是减税降费政策的主要内容，也是完善增值税制度的重大举措。本文重点关注"营改增"后税制改革减税降费背景下 A 公司如何对增值税纳税进行筹划。

二、A 公司税收现行筹划措施分析

（一）加大企业整体纳税筹划战略规划力度

新形势下的税制改革使税收立法的基本制度和税务机关的控制机制都发生了根本性的变化。税收征管越来越严格，如果对税收政策的理解和应用不适当，只图一时筹划得利就偏离了企业的战略规划，潜在的税收风险将是巨大的。因此，企业需要严格规范当前的业务经营模式，在战略层面上完善总体规划，并建立全方位的税收管理和控制系统，以最大限度地降低企业的税收风险。

2019 年 9 月 24 日，A 公司召开减税降费环境下企业税务管理座谈会，A 公司党委常委、总会计师王秀明从企业基本税收管理制度的建立、税收筹划和减税降费措施的明显效果以及有效预防税收风险、海外税务重视程度不断加强、税务信息化建设同步推进 5 个方面总结了近年来全系统税务管理工作取得的成效，并从国际、国内、行业、企业 4 个层面分析了企业税务管理面临的内外部形势及存在的问题和不足。王秀明要求，各子公司需把准定位，分层、分板块地抓好各级税务管理工作；要精研政策，努力减轻企业税务负担；要加强国外税收管理，夯实企业财务税收基础，不断提高企业税收管理能力。要实现"防风险、降税负、强筹划、促提升"的目标，切实将税务管理工作提升到新高度。

A公司于2020年第一季度末在总部召开总结会议，会上党委副书记着重强调了要做好税务筹划、三项费用管控等财务工作。A公司在疫情蔓延的严峻形势下，2020年一季度新签合同额、产值、收款等主要经济指标仍然实现同比增长。A公司深刻认识到了新税制改革背景下对税负的影响，抓住降低企业税负的有利契机，根据自身存在的突出问题，进一步加大对"营改增"政策以及税收筹划的研究力度。

（二）充分利用税收优惠政策筹划企业税收

税收优惠政策是指税收法规对某些税收行业和对象给予优惠待遇，或者为促进地方经济发展，某些地方政府对本地区企业给予某些优惠条件的特殊规定。针对建筑行业的特点，税法还对建筑企业给予特殊的优惠政策，因此税收优惠政策的运用是建筑企业常见的规划方法之一。企业要想从税收优惠政策中受益，必须了解企业适用的税收优惠政策，因此企业在平时应该更多地关注此类新闻。在使用税收优惠政策时，如果企业由于某些条件不符合政策要求而无法从税收优惠中受益，那么企业应尽最大的努力进行改变，更加遵守优惠政策的条件，努力做到完全符合优惠政策的要求。

A公司的一些子公司因符合设在西部地区的要求，并以国家规定的鼓励性工业项目为主要经营业务，符合国家西部大开发税收优惠政策，可以享受按15%的优惠税率征收企业所得税。企业努力加强与税务部门的沟通与合作，主动与税务部门联系，赢得国家税务部门的支持和帮助，使企业的税收筹划行为始终紧贴最新的国家税收优惠政策，为企业科学开展税收筹划创造良好的外部环境。A公司向各省科学技术厅、税务厅申请，及时组织变更子公司的公司性质，大部分子公司都被认定为高新技术企业。在过去的几年时间里，这些子公司企业所得税按15%的优惠税率缴纳。

A公司的某棚改项目成功完成了免征增值税附加税费备案。A公司积极研究和学习了有关棚户区改造的国家税收优惠政策，与地方税务机关深入沟通，在充分了解相关税收优惠文件的基础上制订可行的计划，并有条不紊地实施该计划。A公司采取了一系列合理的税收筹划安排为企业减税降费政策定下基调，有利于企业做好费用管控工作，为企业顺利实现年度经营目标提供了极大助力。

（三）加强人员培训，提升财务人员的综合素质

在建筑企业中人才队伍的培养不能只侧重于专业技术，要做好对员工的税收培训，做好税收筹划工作，改善税务管理在企业中的战略地位。在减税降费的背景下，A公司需要对企业的税收管理进行重大调整。为了确保企业取得合理的税收收入，为企业获得尽可能多的税收优惠并避免税收风险，企业必须为财务人员提供更加专业、完善的培训。由于财务部门不仅负责项目的日常管理核算，还负责企业涉税问题，因此一般员工很难有足够精力解决太多的专业问题。该政策发布后，A公司积极地对企业员工进行了相关的教育和培训，培训对象包括企业负责人、中层管理人员、项目经理和相关人员。在新税制改革的背景下，A公司还主动根据有关税收政策积极修订企业相关管理规章制度，严格保证涉税工作的规范化，降低了税收风险。

2019年1月9日，A公司在18号线和22号线总承包部报告厅举行了责任成本管理与税务筹划培训会。在会上，A公司经济管理部成本管理办公室主任程云以"建设公司增值税后工程项目成本管理全过程"和"工程项目增值税的规划"作为主题，提出了关于建筑施工企业环境分析、成本管理、目标成本汇编、项目评估、成本管理、税收筹划、传统成本管理案例以及建筑公司增值税分析、重要合同的计划和分包、材料和设备的筹划等方面的要求。企业非常重视税收筹划员工培训工作，通过建立学习项目和研究项目以及多渠道提高税收筹划的紧迫性等途径来提高员工税收筹划的能力。

三、税收筹划方案实施的保障

（一）完善分包管理制度，做好进项税抵扣工作

建筑企业承担的建设项目范围很广泛，项目的施工物资、建筑材料的供应和使用必须以当地条件为依据，尤其是辅助建筑材料，如沙子和砖块的供应和使用，要考虑当地供应商的垄断影响。A公司没有价格优势，无法及时获得要扣减的增值税发票。针对这种情况，A公司需要与当地供应商协商讨论建筑材料的采购价格，不要在使用阶段直接签订所有合同，而应分阶段签约，甚至可以分阶段付款，以确保企业所签合同没有漏洞，确保发票、资金和货物的一致性。

（二）加强合同管理，做好增值税专用发票管理

由于 A 公司的建筑施工资质极其完备，因此与其他建筑企业相比，签订合同要容易得多，但是由于种种原因，实际施工方并不全是 A 公司本身，企业可以再将总工程分包出去。在过去，A 公司可以通过与总公司签订总合同，然后再分包给其他建筑单位来完成合同。但在"增值税"实施后，这样做不仅会导致购销税额严重失衡，而且还会增加企业营业成本。分阶段签订合同时，为确保企业增值税发票的开具完全符合国家税务总局的增值税征收管理要求，企业最好采用统一的协商、签字、付款方式，由母公司的中央采购中心进行统一谈判。尽管集中管理的水平很高，但是由于法人实体不同，母公司必须向子公司开具另一张增值税准用发票，以保持增值税链完整。这些不同的条件增加了其采购成本，从而降低了物资采购的管理水平。供应商可以提供可抵扣的增值税发票吗？发票扣减率是 13% 还是 3%？这些条件已成为企业选择供应商的重要依据，也是影响物料成本的重要因素。

（三）缩减销项税额，扩大进项税额筹划

自"营改增"以来，A 公司需加强对发票购置的控制，要求外部合作伙伴提供增值税专用发票，并要求员工根据税务局规定的凭证报销条件进行报销，需特别强调对外采购的报销，并且严格规定任何特殊的增值税发票均不得拒绝退款。获得可抵扣的增值税进项发票是减轻增值税税负的关键因素，在建设项目的施工过程中，考虑到运输和便利的成本，A 公司一般从当地市场选择最接近的材料。建筑行业流转环节众多，实行营业税改征增值税后，大部分建筑公司很难获得增值税专用发票，而且上游税额的抵扣力度不够，从而增加了税负，增加了营业成本，企业利润自然下降。为了能尽量多地取得可抵扣进项税额，A 公司应该尽量选择能够提供增值税专用发票的供应商，即一般纳税人作为供应商。这些措施不仅可以减轻 A 公司本身的税收负担，而且还可以使供应商进一步规范纳税。

（四）有效利用不同计税方式、不同征收税率带来的筹划空间

A 公司采用简单的税额计算方法来减轻增值税负担。在决定是选择小规模纳税人还是一般纳税人作为上游企业时，A 公司在分项目上采用了不同的方法。小规模纳税人只能提供 3% 的增值税专用发票，而普通纳税人可根据不同情况分别灵活采用 13%、9%、6%、5%、3% 的不同税率提供

增值税专用发票，这一点小规模纳税人显然不占优势。如果该项目为简单应税项目，选择小规模纳税人作为上游企业。如果该项目是一般计征项目，则将根据供应商的价格决定来选择。正是采取这种不同的选择方法，A 公司的税负已降低到一个较低的水平，企业成本也相对降低了许多。

四、总结

受 2020 年初新冠肺炎疫情的影响，2020 年经济形势较差，建筑市场状况复杂。为刺激本国经济恢复增长，许多国家启动了建筑和基础设施发展计划，国际建筑市场呈现温和增长的向好态势。根据对内部市场的分析，国家将相继启动一些重大基础项目，加大对主要城市群的规划和建设，建设大城市的城际铁路、城市（郊区）铁路和高质量的高速公路，并增加了大型水利工程、旧城区居民区和配套基础设施的建设。

当前，建筑业内部市场已进入新旧动能转化的关键时期，供应方面的结构改革不断深化，发展和商业模式的内涵正在发生深刻变化，有利于建筑业的转型和现代化升级。基础设施建设领域将迎来持续发展的战略机遇期。

本文选择具有相对完善的经营规模和治理结构的 A 公司作为案例企业，在分析其运营和财务状况后，得出的结论是，在减税降费的背景下，企业应将增值税作为纳税筹划的重心。一方面，A 公司具有很高的知名度和规模，在行业中具有很大的竞争优势，并且在材料采购和其他经营活动方面处于领先地位；另一方面，A 公司拥有较成熟的财税管理规章制度，具有很强的减税降费意识，在税收筹划方面具有明显优势。

随着税收改革进一步深化，我国减税步伐也在逐步加快。作为正在进行税收改革的企业之一，建筑企业应根据自身的实际情况，及时适应税收环境的变化，从战略的角度与政策协调配合，做好自身工作，随时对企业税收控制不当的地方进行调整，并制订相应的计划。这样，企业方能在瞬息万变的改革浪潮中站稳脚跟。

参考文献

[1] 肖月秋. 税制改革背景下建筑业纳税筹划研究 [D]. 昆明：云南财经大学，2020.

[2] 祁碧琳. "营改增"对建筑业的税负影响及税收筹划研究 [D]. 长春：吉林大学，2020.

[3] 李小刚. 新税率调整下建筑企业税负困局及筹划 [J]. 山西农经，2020

(16): 148, 156.

［4］李泽众. 减税降费政策效果研究［J］. 经济师, 2020 (9): 115-117.

［5］梁超. 建筑施工企业税收筹划存在的问题及对策［J］. 纳税, 2020, 14 (22): 45-46.

［6］吴问才. "营改增"背景下建筑业的税务筹划研究分析［J］. 纳税, 2019, 13 (35): 47, 49.

［7］鲁国升. 全面"营改增"背景下建筑企业增值税税务筹划研究［D］. 昆明: 云南财经大学, 2019.

个人所得税的纳税筹划分析

李 新 程锐坤*

【摘要】 2019年1月1日起,我国开始推行新的个税政策。随着新版个税法的落地,税务筹划问题也逐渐成为值得研究的问题。本文在遵从国家法律的前提下,分别从全年一次性奖金、经营所得、劳务报酬、专项附加的扣除、个人独资企业等五个方面,积极探寻可能的税务筹划点,引入一定的筹划案例,寻求最佳的个税筹划方案,为员工谋求税收改革的福利。

【关键词】 个人所得税筹划点分析;纳税筹划

2018年8月31日,全国人民代表大会常务委员会审议通过了新版的《中华人民共和国个人所得税法》,并于2019年开始全面实施。此次颁布的新个税法,在税制、起征点、扣除制度等方面与原税法完全不同。2020年1—6月,也是我国首次在境内推行个税申报制度。随着新版个税法的落地,税务筹划问题逐渐成为人们所关注的焦点问题。

近年来,随着我国经济水平和居民收入的提高,人们对个税筹划也青睐有加,我国学者对个税筹划的观点,主要分为以下几种:李勇(2011)根据个人收入的差别,提出了个税的科学筹划区间[1]。陈辉、叶超(2012)指出年终一次性奖金存在的六个敏感区间,并依据这些敏感区间,推导出了年终一次性奖金的临界点模型[2]。杜建华、程笑和蔡乐(2012)提出了削减名义工资的理论,其具体做法就是将支出增加最大化[3]。张蕾、陈江涛(2014)积极探索筹划方法的实现途径,同时对不同的筹划方法进行了辨析[4]。张丽丽、黄国俊(2015)通过对比与分析七种不同工资和年终奖的发放方法,得出了最终结论:最为节税的方法就是将绩效工资与一次性奖金合并发放[5]。郑玉刚(2016)探索全年一次性奖金的改良方式,最终得出全年收入算法的统筹公式[6]。乔亮国(2018)探索了一些划分与降低适用的税率的方法:增加个人所得费用的扣除比与次数的划分,

---

* 作者简介:李新,湖北经济学院财政与公共管理学院教授;程锐坤,湖北经济学院财政与公共管理学院硕士研究生。

从而降低适用的税率[7]。牛军、刘雅茹（2019）深入分析了临界点在全年一次性奖金和个人综合所得方面的应用问题，进而探索个税的筹划的余地[8]。黄慧洁（2020）探讨了新个税法下工资薪金的纳税筹划空间，进一步优化工资结构，从而对全年一次性奖金的发放做出了合理规划[9]。孙作林（2020）通过数学建模的方式，对年终奖和专项扣除的问题进行了深入的研究[10]。

通过对以上研究结论的研读可以发现，目前对新个人所得税如何进行筹划，还有待深入研究。因此，结合最新税改变化，笔者将对现行税制存在的纳税筹划点进行分析，并结合相应的案例，选择出最佳的个税筹划方案。

一、个税纳税筹划的政策背景分析

（一）新政策的主要变化

新税法于 2019 年 1 月 1 日开始全面实施，通过对新旧税法进行对比可以发现，个税新政策的主要变化如下：

工资薪金所得实行累计预扣制，对于个人综合所得总额（包括工资薪金）进行预扣预缴，年底进行汇算清缴后，多退少补。

相比旧税率表，新的税率表进一步调整了个税的部分税率级距，三档较高的税率 30%、35% 和 45% 的级率和级距保持不变，但对于低税率的级距 3%、10% 和 20% 则进行了扩大，缩小了 25% 税率的级距。

税法新加入了税前扣除的 6 项专项附加扣除，分别为子女教育、继续教育、大病医疗、住房贷款利息、住房租金及赡养老人。

（二）新个税法政策解析

1. 新个税法的几个主要亮点

这次改革经过了科学的统计测算。首先，将起征点金额从 3 500 元提高到 5 000 元。其次，对于四项所得，即工资薪金所得、劳务报酬所得、稿酬所得和特许权使用费所得进行了合并，合并后统称为个人综合所得。最后，增加了六项专项附加扣除，即子女教育、赡养老人、住房贷款、住房租赁、继续教育和大病医疗支出，并明确了扣除条件、范围和标准。

2. 累计扣除法的引入

以往个税的计量标准是以一个月为一个核算期间计算缴纳个税，对于月收入变化幅度不大的情况，不会采取递延纳税的措施。但新个税法改用累计扣除法，也就是说将其收入累计至当前月份，计算累计税款再换算为当月税款，这么做是为了使税款的计算更加合理，保障税款入库的及时性。当然，这种方式也有可取之处：一是对于大部分个税纳税人而言，他们通常只有一处工资薪金所得，年度应纳税款和年度终了时预扣预缴的税款基本相同，所以他们无须办理自行纳税申报、汇算清缴；二是对于那些有补税和退税需求的纳税人而言，他们的预扣预缴税款与年度应纳税款的差额不大，因此会降低对纳税人的资金占用比例。

3. 按月份预扣预缴与年终汇算清缴相结合

以工薪阶层的个税纳税人为例，他们计算应纳税所得额的方法是将其个人的月收入扣除专项扣除、专项附加扣除、其他扣除及减除费用（5 000元），选择适用税率与速算扣除数进行计算。但在累计扣除法下，收入、支出、费用一般应确认为累计额，在计算累计所得和应纳税额时，要减除累计已缴税额并换算为当月预扣预缴额。在年度终了时再进行汇算清缴。对于取得多处收入者，将前述四项所得进行合并，得出综合所得，再按照新的综合所得税率表计算出年度应纳税额，最后扣除已缴税额换算为应补（退）税额。

二、新政策下个税筹划的可能性分析

（一）全年一次性奖金的筹划点分析

根据财税〔2018〕164号文件的精神，保留了原有的一次性奖金优惠的政策，有三年的过渡期（2021年12月31日前），用一次性奖金的数额除以12，根据得出的数值按适用税率计税，三年后则将奖金全额计入综合所得。因此，可以将其分为两种计量方式：一类是按月发放的工资，按月份分别进行累计预扣预缴；另一类则是把全年一次性奖金的数额除以12，根据得出的数值来按适用税率进行一次性计税。具体税率见表1。

表1　工资及奖金适用税率对比表　　　　单位：元

综合所得税率（工资适用税率）			按月计算综合所得税的税率（一次性奖金适用税率）		
全年应纳税所得额	税率（%）	速算扣除数	全年应纳税所得额	税率（%）	速算扣除数
不超过36 000	3	0	不超过3 000	3	0
36 000至144 000的部分	10	2 520	3 000至12 000的部分	10	210

续表

综合所得税率（工资适用税率）			按月计算综合所得税的税率（一次性奖金适用税率）		
全年应纳税所得额	税率（%）	速算扣除数	全年应纳税所得额	税率（%）	速算扣除数
144 000 至 300 000 的部分	20	16 920	12 000 至 25 000 的部分	20	1 410
300 000 至 420 000 的部分	25	31 920	25 000 至 35 000 的部分	25	2 660
420 000 至 660 000 的部分	30	52 920	35 000 至 55 000 的部分	30	4 410
660 000 至 960 000 的部分	35	85 920	55 000 至 80 000 的部分	35	7 160
超过960 000 的部分	45	181 920	超过80 000 的部分	45	15 160

资料来源：根据个人所得税法整理。

在月工资和全年一次性奖金相同的情况下，选择不同的个税计算方法，应纳个税的额度会相差很多，我们应该从中选择最有利的方案。

因此，中高收入的纳税人应该选择全年一次性奖金收入单独计税的方法（见表2）。在新政策的背景下，应该先对计算方法的不足之处进行综合考虑，再进行全年一次性奖金计算方法的选择。如何使企业在付出同样成本的情况下发放工资和全年一次性奖金，进而达到职工个人能拿到最高的税后工资的目的？这需要企业内的多个部门协同合作，事先进行筹划。

表2　全年一次性奖金单独计税时的最佳收入额　　　单位：元

全年税前工资	最佳全年一次性奖金
0~96 000	0
96 001~263 100	36 000
263 101~732 000	144 000
732 001~1 337 500	300 000
1 337 501~1 512 500	420 000
1 512 501~1 980 000	660 000

资料来源：吕金霞. 新个人所得税法下全年一次性奖金的纳税筹划［J］. 纳税, 2019, 13(17).

（二）经营所得的筹划点分析

经营所得是指：个体工商户和个人独资企业的经营所得；个人依法从事其他有偿服务活动取得的所得；个人对企业事业单位的承包及转租所得；个人从事其他生产、经营活动取得的所得。

通常来说，在同等的收入水平下，公司制企业的个税负担相对较重，因为它们不仅需要缴纳企业所得税，还需要对个人承包、承租的业务活动缴纳个人所得税。对此，为了节约企业的运营成本，应将公司制企业改为个体工商户，此举对降低企业税负具有立竿见影的效果。

（三）劳务报酬的筹划点分析

当向居民个人支付劳务报酬所得时，个税的纳税人应当按照以下方法，选择按次或者按月的方式，预扣预缴税款：

劳务报酬所得的收入额：收入减去费用的余额。

减除费用：在预扣预缴税款时，劳务报酬所得每次收入不超过 4 000 元的，减除费用为 800 元；每次收入在 4 000 元以上的，减除费用按收入的 20% 计算。此处的劳务报酬所得是指个人独立从事各种非雇用的劳务所得。

1. 劳务报酬取得时间的筹划点

因为不同劳务项目有其独特的自身特点，所以对于劳务报酬取得时间的划分方法也各有不同：对于同一项目连续在一个月内所取得的收入，应以一个月内的收入总额为一次收入；若该笔所得可归属于多个不同的月份，那么降低税负的最好方式就是将其分月核算。

2. 劳务报酬取得人员的筹划点

如果一项劳务是由多位劳动者合作完成的，一般而言，劳务的需求方应根据单项劳务的工作总量来支付劳务报酬，而劳务的承担方却可以依据劳动者人数或工作量来分配劳务所得。所以对于同一项劳动而言，承担劳务者会依据人数的多少而产生差异。而该差异正是我们进行税务筹划的可利用之处。

（四）个人所得税专项附加扣除的筹划点分析

专项扣除指的是当年的综合所得扣除"三险一金"。足额缴纳"三险一金"的支出，是对应纳税所得额的抵减。此处列举两种最常见的情况对其进行说明。

1. 科学地选择住房贷款利息扣除方式

个人房贷的利息支出在其实际发生时的扣除标准为 1 000 元/月。但对于有住房，且又在非自有住房的所在地租房进行居住的纳税人而言，需要在两种扣除标准中选择一种。如果纳税人租房地所在的城市符合第一、二档扣除标准，应选择房租来扣除；但若其租房地在执行第三档扣除标准的城市，应选择房贷利息进行扣除。

2. 选择不同的扣除人（配偶、子女、父母）进行扣除

目前，尽管我国的个税申报是以个人为单位的，但如果涉及以家庭为单位的个税申报，也是可以选择以家庭为最小申报单位的。对于在同一个家庭里的夫妻而言，其子女参加的全日制教育发生的支出，既可以选择夫妻双方共同分摊，也可只由一方进行承担与扣除。通常来说，夫妻双方的月薪是不同的，多少会有一些数额上的差距。对于这种现象，选择不同的方式进行扣税，会得到不同的结果。同样的方法也广泛地存在于父母与子女之间（关于符合规定扣除条件的继续教育），以及在共同承担赡养义务的兄弟姐妹之间。

（五）个人所得项目划分的筹划点分析

新税法规定，对于个人独资企业应使用"生产经营所得"来征收个人所得税，而不再征收企业所得税。通常来说，个人财产和企业财产应有所区别，如果严格区分这个界限，就可以将其分开进行计算。如果按照企业财产出租、转让来计算的话，则要并入企业生产与经营所得之中，一同征收个人所得税。因此，这就对纳税筹划提供了一定的可能性。

三、个税筹划的实际案例与筹划建议

（一）全年一次性奖金的筹划案例与建议

【案例 1】A 公司是一家生产玩具的公司，小王是 A 公司的一名员工，2019 年他的个人收入情况为：每个月的月薪为 16 000 元（不考虑任何税前扣除项目）；因 2018 年小王为 A 公司带来一笔 30 万元的玩具订单，2019 年 1 月，公司决定向他发放上年全年一次性奖金 30 000 元。

方案一：单独计税，每月奖金 2 500 元（30 000/12），在税率表中所对应的适用税率为 3%，速算扣除数为 0，应缴个税 900 元（30 000×3%）。

全年综合所得为 192 000 元（16 000×12），减除 60 000 元基本扣除后的费用为 132 000 元，适用 10% 的税率，速算扣除数为 2 520，应缴个税

10 680 元。合计共缴税 11 580 元（900+10 680）。

方案二：纳入综合所得计税，全年综合所得为 222 000 元（16 000×12+30 000），减除 60 000 元基本扣除后的费用为 162 000 元，适用 20% 的税率，速算扣除数为 16 920。全年应缴纳个税 15 480 元。

综上所述：小王选择方案一单独计税少缴税 3 900 元。

（二）经营所得的筹划案例与建议

【案例2】A 企业是一家生产玩具的企业，由于玩具的设计款式落后，造成了大量的玩具积压，企业在近几个纳税年度内产生亏损。为了避免企业破产，管理层决定将企业对外租赁。通过招标竞标，小王得到了 A 企业的经营权。合同规定，小王平时没有工资，只用从企业的净利润中缴纳承包费 300 000 元，剩余部分均为小王所有。预计 2019 年 A 企业的年度生产经营所得为 650 000 元。在此种情况下，小王如何进行有效的纳税筹划？

筹划前：按照我国的税法规定，如果小王不改变企业性质，依旧使用原企业的经营执照，这就需要先缴纳企业所得税，再根据其所得额按照承包、承租经营所得缴纳个人所得税。所以小王的应纳税额为：

A 企业应缴纳的企业所得税 = 650 000×25% = 162 500（元）

小王承包 A 企业经营所得 = 650 000-162 500-300 000 = 187 500（元）

小王应纳个人所得税 =（187 500-5 000×12）×20%-10 500 = 15 000（元）

小王税后所得 = 187 500-15 000 = 172 500（元）

筹划后：若小王主动改变企业性质，将原 A 企业的工商登记改为个体工商户，那么他就只用对其承包经营所得的部分缴纳个税。

小王应纳个人所得税 =（650 000-300 000-5 000×12）×20%-10 500 = 47 500（元）

小王税后所得 = 650 000-300 000-47 500 = 302 500（元）

相比筹划前，筹划后小王的税后所得可多获利 130 000 元（302 500-172 500）。

（三）劳务报酬的筹划案例与建议

1. 劳务报酬取得时间的筹划方案

【案例3】小王在 A 玩具公司工作近 10 年，他对玩具设计颇有研究。2019 年 12 月，小王受到 B 玩具厂的委托，为其设计了一套新款玩具图纸，设计时间为 12 月 10 日至 12 月 20 日，他每天取得的不含税收入为 5 000元，收入总额为 55 000 元。

预缴个人所得税 = 55 000×（1-20%）×40%-7 000 = 10 600（元）

筹划方案：如果小王将设计时间改为 11 月 26 日至 12 月 6 日，这样更

改之后,这就属于2个月内取得的连续收入,应该分两次进行税务筹划。则筹划后小王应纳的个人所得税为:

11月份应预缴个人所得税=25 000×(1-20%)×30%-2 000=4 000(元)

12月份应预缴个人所得税=30 000×(1-20%)×30%-2 000=5 200(元)

11月、12月合计预缴个人所得税9 200元,比筹划前少扣缴个人所得税1 400元(10 600-9 200)。

由此可见,增加劳务报酬所得的收入次数可以降税。此外,次年的劳务报酬还要并入综合汇算进行清缴,因此,这种税收筹划方案对个税筹划的纳税效果,只是递延纳税。

2. 劳务报酬取得人员的筹划方案

【案例4】小王在A玩具公司上班,他有着不错的俄语翻译功底,C玩具厂最近要出口到俄罗斯25种玩具,每种均需要配备俄语说明书,小王和小夏一起完成了说明书的翻译工作,取得了36 000元的收入。

如果只计算小王一人的收入,该笔收入预缴个人所得税6 640元[36 000×(1-20%)×30%-2 000]。

如果算两个人各取得18 000元的报酬,则两人共预缴个人所得税5 760元[18 000×(1-20%)×20%×2]。

两个人一共预缴个人所得税5 760元,比只有一个人负担少预缴个人所得税880元(6 640-5 760)。所以应选择由两个人负担的纳税方案。

(四)个人所得税专项附加扣除的筹划案例与建议

【案例5】小王月薪36 000元,他的妻子小程月薪16 000元(不考虑专项扣除和其他扣除),两个人育有一孩子上小学,每月还需还房贷支出,小王和哥哥一起赡养老人,小程为独生子女。两个人可根据表3进行专项附加扣除。

表3 专项附加扣除案例计算表 单位:元

计算过程	方法一:小王扣除		方法二:小程扣除	
	小王	小程	小王	小程
1. 月薪	36 000	16 000	36 000	16 000
2. 子女教育	1 000	0	0	1 000
3. 房屋贷款	1 000	0	0	1 000
4. 赡养老人	1 000	2 000	1 000	2 000

续表

计算过程	方法一：小王扣除		方法二：小程扣除	
	小王	小程	小王	小程
5. 月应税所得	28 000	9 000	30 000	7 000
6. 年综合所得	336 000	108 000	360 000	84 000
7. 适用税率，速算扣除数	25%，31 920	10%，2 520	25%，31 920	10%，2 520
8. 年应纳税额	52 080	8 280	58 080	5 880

资料来源：笔者计算所得。

通过计算比较，方法一合计纳税 60 360 元，方法二合计纳税 63 960 元，方法一共节税 3 600 元。可见，选择高收入多扣除可以节税。

（五）个人所得项目划分的筹划案例与建议

【案例6】 小王创办了一家个人独资企业，2019 年该企业的生产经营所得为 100 000 元，出租固定资产每月租金为 5 000 元，全年租金为 60 000 元（不含税），相关税费为每月 275 元。

方案一：将出租的固定资产并入企业财产之中，租金并入生产经营所得。

应纳税所得额 = 60 000 − 275 × 12 = 56 700（元）

2018 年个人独资企业投资者应纳个人所得税 = （100 000 + 56 700）× 20% − 10 500 = 20 840（元）

方案二：将出租的固定资产视为投资者个人的其他财产，其租赁收益按"财产租赁所得"单独纳税。

财产租赁所得应纳个人所得税 = [（5 000 − 275）×（1 − 20%）] × 20% × 12 = 9 072（元）

生产经营所得应纳税额 = 100 000 × 5% = 5 000（元）

应纳税总额 = 9 072 + 5 000 = 14 072（元）

可以看出，方案二比方案一节约税款 6 768 元。

新个人所得税法的实施，既有效地减轻了纳税人的负担，又是我国经济发展的"助推器"。在符合法律规定的框架之内，纳税人可以进行一些必要的税务筹划。在新税法推行的大背景之下，纳税人如果想要进行个税筹划，除了对新税法政策有着深入透彻的了解之外，还需要有全局观和整体观，进而对税收政策进行分析和利用，有效地降低个人税务负担。

参考文献

[1] 李勇. 工资、薪金个人所得税纳税筹划模型 [J]. 会计之友, 2011 (16).

[2] 陈辉, 叶超, 于洛. 年终一次奖金个人所得税敏感区间及纳税筹划: 以高校为例 [J]. 会计之友, 2012 (11).

[3] 杜建华, 程笑, 蔡乐. 个人所得税纳税筹划的必要性与可行性 [J]. 企业经济, 2012 (4).

[4] 张蕾, 陈江涛. 高校个人所得税税务筹划途径辨析 [J]. 财会通讯, 2014 (5).

[5] 张丽丽, 黄国俊. 季度绩效工资薪金所得个人所得税的纳税筹划 [J]. 财会月刊, 2015 (8).

[6] 郑玉刚. 全年一次性奖金的个税计算方法比较 [J]. 财会月刊, 2016 (4).

[7] 乔亮国. 劳务报酬所得个人所得税之纳税筹划 [J]. 财会月刊, 2018 (5).

[8] 牛军, 刘雅茹, 李天. 我国居民个人所得税纳税筹划研究 [J]. 会计之友, 2019 (11).

[9] 黄慧洁. 新个税下的工资薪金纳税筹划探讨 [J]. 财会学习, 2020 (12).

[10] 孙作林. 新个税法下的综合所得纳税筹划 [J]. 财会月刊, 2020 (9).

后疫情时代中小企业增值税纳税筹划探析

夏若馨 林 颖*

【摘要】 受 2020 年新冠肺炎疫情影响,许多企业发生了持续 2~3 个月的停业停工,导致众多中小企业资金链濒临断裂,不少企业更是面临破产危机。为加快中小企业疫后复苏,国家出台了一系列税收优惠政策。中小企业为充分享受税收优惠政策,非常有必要做好纳税筹划工作。本文以增值税为突破口,首先梳理了中小企业增值税的纳税筹划空间,其次分析了中小企业纳税筹划现状及存在的问题,最后从纳税人身份确定、购货渠道选择等方面提出了加强中小企业增值税纳税筹划的对策建议。

【关键词】 疫后复苏;中小企业增值税纳税筹划

一、引言

在我国,资本市场上有许多市场主体。而在这几大主体中,中小企业占据很大的比例。根据 2018 年第四次全国经济普查报告,我国目前共有中小微企业 1 807 万家,占全部企业的 99.8%。除了规模庞大以外,中小企业不仅可以缓解现代社会的就业压力,同时也成为国家税收的重要提供者。由此看出,中小企业已经成为推动经济良性发展的中坚力量。但是,2020 年暴发的疫情,使许多中小企业中断了几个月的经营,其收入来源被切断,同时中小企业本身的成本费用比较高,从而导致许多中小企业破产退市。国家为了稳固中小企业的发展,出台了许多有关中小企业的税收优惠政策,如调整纳税时间以及减免一些特定物资等,以此达到减轻中小企业税务负担的目的。为了促进中小企业充分享受国家的税收优惠政策,非常有必要加强中小企业税收筹划的能力。

二、中小企业增值税纳税筹划的空间

增值税是我国征收的最重要的税种之一,也是我国主要的税收来源之

---

* 作者简介:夏若馨,湖北经济学院会计专业硕士研究生;林颖,湖北经济学院财政与公共管理学院教授、硕士研究生导师。

一。增值税作为一项流转税，是一种针对商品在生产、流通等环节中产生增值部分征收的税，因此，中小企业作为一类市场主体，在资本市场上买卖商品和服务，从购买原材料到产品的生产、销售的一整套流程中必定会产生商品和服务的增值，因而国家对这种商品和服务的征税必不可少。而增值税是一种主体税，其纳税人分为两种，不同的纳税人对应的计算税额的方式自然不同，对应的税率也不同，因此，中小企业开展增值税纳税筹划是十分必要的。

（一）税率差异派生的筹划空间

增值税作为一大税种，一般纳税人的税率分为13%、6%、9%和0%四档，小规模纳税人的税率为3%。不同的税率所计算出来的应纳税额有一定的差异。例如，若一家运输企业仅仅只是租赁运输工具给对接单位，这一行为属于动产租赁，按照动产租赁13%的税率缴纳税款；但若这家企业在出租运输工具的同时再配备人员，则应按照交通运输业9%的税率缴纳税款。由此可见，选择不同的税率，企业承担的税负就不同。

（二）优惠政策派生的筹划空间

由于我国每一年的经济形势和市场行情都不相同，因此国家总会根据时事变化出台相应的税收优惠政策来减轻各类企业的税收负担。在2020年新冠肺炎疫情期间，许多中小企业都蒙受巨大的损失，为此国家出台了多项阶段性税收优惠政策来减轻中小企业的税务负担，降低中小企业的破产风险。中小企业只有紧跟时事、了解相关的优惠政策，才能更好地进行税收筹划工作，降低企业的运营成本，尽快起到扭亏为盈的作用。

增值税作为一项主体税涉及的税收优惠政策就有20类，范围涵盖之广是其他税种难以超越的，可筹划的空间自然是很大的，因此更加有利于中小企业进行纳税筹划。在疫情期间，国家又根据实际情况调整并出台了许多有关增值税的减免政策，如阶段性减免小规模纳税人的应纳增值税额。例如，从2020年3月1日起至2020年末，湖北省内适用3%征收率的小规模纳税人享受免税，而湖北省以外适用3%征收率的小规模纳税人减按1%缴纳增值税。

（三）纳税人身份差异派生的筹划空间

增值税的纳税人总体分为两类，一类是一般纳税人，另一类则是小规模纳税人。纳税人不一样，适用的税率不一样，像一般纳税人使用的税率最高可达13%，最低可低至零税率，税率差异大；而小规模纳税人只有一档征收率——3%。因此，选择正确的纳税人，可以起到降低应纳增值税额的作用。不同的纳税人，除了税率不同以外，其能否进行进项抵扣也存在差异。如一般纳税人可以凭增值税专用发票从其销项税额中进行进项抵扣，而小规模纳税人则一律不得抵扣，能否进行抵扣的这一差异又会导致应纳税额不同。因此，纳税人的身份不同，也会影响其进项税额扣除。由此，中小企业可以通过选择不同的纳税人身份，来进行企业的增值税纳税筹划，从而减轻企业税负。

（四）纳税义务发生时间差异派生的筹划空间

由于货币是有时间价值的，因此纳税义务发生时间的早晚也会影响应纳税额的多少。如果适当推迟纳税义务发生时间，就可以延长交税时间，从而可以获取更多的货币时间价值。假如一家企业采取直销的方式销售商品，则其纳税义务确定时间为其取得收入或收入凭证的时候；这家企业如果采取的是赊销和分期付款的方式销售商品，则可以按照其合同约定日确定其纳税义务时间，而合同约定日是由双方企业共同商定的，若是双方商定的时间晚，其纳税义务的确定时间也就晚，中小企业可以从中尽可能多地获得货币时间价值。因此，中小企业在纳税义务时间的确定上也可以进行纳税筹划。

（五）混合销售和兼营处理差异派生的筹划空间

混合销售和兼营是企业的两种不同的销售模式。企业在实际开展业务时存在兼营和混合销售行为，其中兼营和混合销售之间因经营模式不同，存在着明显的税率差别。在现行税率规定下，当认定为混合销售时，依照主业选择增值税税率；当认定为兼营时，则将两项服务分别按照不同的税率进行核算，若未分开，则从高适用税率。显然，这种税率差异给企业带来了税收筹划的空间。

（六）进项税额抵扣政策差异派生的筹划空间

进项税额是纳税人在购买商品或服务时所支付的税额，其最大的特点就是在销售商品的时候可以从销项税额中进行抵扣。但是购买方式的不同以及购买对象身份的不同则会影响进项税额的抵扣。若购买方是小规模纳税人，就会存在无法获得增值税专用发票的问题，从而导致进项税额日后不得进行抵扣；但若购买方是一般纳税人，则其进项税额可以在后期销售时进行抵扣,从而起到减税的目的。由此可见,进项税额抵扣政策的差异也为中小企业纳税筹划提供了一定的空间。

三、中小企业增值税纳税筹划存在的主要问题

(一)纳税人身份选择不当

许多中小企业为了能够取得增值税专用发票,方便日后在销售时进行部分税额抵扣,通常会选择一般纳税人的身份。但实际上有时以小规模纳税人身份进行税额计算,会比作为一般纳税人更容易节税。因此,不当的纳税人身份的选择不但不能达到降低税务负担的目的,相反还会增加中小企业的税务负担。

(二)税收新政把握不准

近几年,由于整个宏观市场环境不断地变化,因此国家出台的各项税收政策也不断地发生变化,如税率的变化、减免税方面优惠政策的变化等,但是由于中小企业过度关注自身的运营状况以及业绩情况,往往忽视对税收这一方面的关注。例如,为了减轻2020年疫情对整个市场环境的影响,政府减税降费政策有效期全部延长到2020年底;同时为了缓解中小企业融资难的问题,国家规定对为小微企业及个体工商户借款提供融资担保的纳税人取得的担保收入免征增值税,这一方案的实施虽然并不是直接针对中小企业的,但是却鼓励其他有担保能力的个人或者企业为中小企业借款提供担保服务,这为中小企业取得借款增加了可能性,间接地缓解了中小企业的融资难问题。如果相关中小企业不能随时关注最新税收规定,就会忽视国家出台的最新有关中小企业税收减免政策,错失为企业减轻税负的良机。

(三)购进方选择不恰当

我国税法明确规定,中小企业可以依据增值税专用发票在销售环节中扣除一部分购进时向购买方缴纳的进项税额,若中小企业为了降低采购成本,选择只能开具增值税普通发票的小规模纳税人和个体工商户作为其采购对象,就会在销售商品时,无法抵扣购进时缴纳的进项税额。例如,一些施工企业为了降低购买原料的成本,会忽略对供应商的资质、经营规模、纳税人身份等做出规定和要求,选择从个体经营者手中购买所需要的原料,从而导致进项抵扣不足,加重了企业的税负。

（四）纳税筹划专门人才相对缺乏

中小企业的财务部门工作人员大多数从事的是会计、审计工作，专门研究税收的税务人才十分缺失，对中小企业的税收进行筹划的人员也屈指可数。即使许多企业会在财务人员上岗之前对其进行税务知识的普及，但这种所谓的"普及"也仅仅是浅尝辄止。税收政策在不断地变化和更新，不同行业的涉税事项也不尽相同，其税务处理的复杂性和专业性也在不断提高，因此对中小企业中的财税人员的专业性提出了更高的要求，除了要求其具备相关的财税知识以外，更要求其有足够的实战经验。因此，中小企业急需相关的财税人才。

四、加强中小企业增值税纳税筹划的基本思路

（一）合理进行纳税人身份选择

增值税纳税人分为一般纳税人和小规模纳税人。一般纳税人的进项税额可以在销售时凭票进行抵扣，小规模纳税人则不能抵扣；但是一般纳税人的税率则比小规模纳税人的税率要高。因此，正确选择纳税人身份也就成为节税的关键。

谈及如何正确选择增值税纳税人身份，必定要先引入一个概念，即税负平衡点增值率。假设一般纳税人的税率是 X，则其应纳税额是 x；小规模纳税人使用的税率是 Y，则其应纳税额为 y。若纳税人的不含税销售额是 R，采购成本是 C，增值率是 T，则

$$T=\frac{R-C}{C} \quad C=\frac{R}{1+T}$$

一般纳税人的应纳税额 $x = X \times (R - C)$，小规模纳税人的应纳税额 $y = Y \times R$，令二者相等，则可以得到

$$T=\frac{Y}{X-Y}$$

这个增值率就是所谓的税负平衡增值率，即在这个点上小规模纳税人和一般纳税人缴纳的税额是一样的。因此，代入最新的增值税税率可以得出表1。

表1　税负平衡增值率　　　　　　　　单位:%

一般纳税人税率	小规模纳税人征收率	无差别平衡点增值率
13	3	23.08

续表

一般纳税人税率	小规模纳税人征收率	无差别平衡点增值率
9	3	33.33
6	3	50

由此，当实际计算出的增值率小于无差别平衡点增值率时，应当选择一般纳税人的身份；反之，应当选择小规模纳税人身份进行纳税。只有这样，才能实际上起到节税的作用。

例如，一家中小企业一直以来都是以一般纳税人的身份进行纳税申报和缴纳的，但是其应税销售额长期处于一个较低的状态，并且可以进行抵扣的进项税额也很少，而一般企业在选择成为一般纳税人之后不能改变其现有的纳税身份。针对该企业的情况，可以将它分离成两家公司，一家继续作为一般纳税人存在，另一家规模较小的公司作为小规模纳税人进行交税和申报，从而将公司整体的税负降低。

（二）准确掌握、充分利用税收优惠政策

中小企业若想减轻企业自身的税负成本，就要充分运用我国出台的相关税收优惠政策。能够充分利用相关政策的前提就是中小企业时刻关注时事，了解我国新出台的每一项优惠政策。如果中小企业不了解税收优惠政策，就会错失减轻税负的最佳时机，不但不会起到减轻税负的作用，反而会加重企业的税务负担；而措施运用不当，就会触犯税收法律。比如，以前我国企业购进固定资产时产生的进项税额需要分两年抵扣，但是现在企业购进固定资产时发生的增值税进项税额可以一次性地进行全额抵扣。如果企业不了解最新的政策，可能会出现少扣增值税的情况，从而增加企业当年的税收负担。

（三）适当推迟纳税义务发生时间

纳税义务发生时间的早晚并不会直接影响到应纳税额缴纳的多少，但是由于货币是有时间价值的，推迟纳税义务发生的时间，可以使企业获取这段时间内货币产生的时间价值，以此来缓解中小企业融资方面的压力。同时，中小企业还可以将这一部分资金用于投资，创造出更大的价值。而适当的推迟纳税义务发生时间的关键方法就是在订立合同时选择合适的收付款方式。

例如，一家建筑公司在开展销售业务时采用的是分期收款的方式，它

在签订合同时，若没有约定收款日，则将发出货物当日确定为纳税义务发生时间；但若它在签订合同时约定收款日，并在保证工程质量和工程进度不受影响的情况下适当延迟收款日，则其纳税义务发生时间将发生延迟，这家建筑公司就会获得延迟这段时间内的货币时间价值，从而降低自身税负。

（四）巧妙处理企业混合销售与兼营的关系

混合销售与兼营这两个概念最本质的区别就在于计税依据不一样，因此，应纳税额也就不同。中小企业应当认真研究相关增值税税收政策，精确地利用这两个概念之间的微小差异，选择恰当的方式进行业务处理，从而更好地为企业实现节税的目的。

若一家中小企业在同一个销售行为中既销售商品又负责安装业务，则由于这两项行为属于从属关系，所以应当按照混合销售模式交税，即按照销售货物13%的税率缴纳增值税；但若这家企业将商品销售给另一家企业后没有及时提供安装服务，即过了很长时间才提供安装服务，则这两项行为之间不存在从属关系，因此判定为按照兼营模式进行增值税的缴纳，即分开核算税额，销售行为按13%的税率进行计算，安装服务按照6%的税率计算，这样计算出的应纳增值税额一定比按照混合销售模式计算的应纳增值税额要低。但是如果在兼营模式下，这两项服务很难进行区分，则需从高计税，此时两种模式下计算的结果是相同的，采取两种模式中的任意一种都可以。

税务部门现在对于混合销售和兼营这两个概念并没有像以往那样明确划分。若一家中小企业既从事销售业务又提供运输服务，日后这家企业将销售产品和提供运输服务的金额合并填写在发票上，就按照混合销售13%的税率交税；但若这家企业要在一张发票上分别标明运输费用和产品售价，则按照各自适用的税率计算税额。

综上，巧妙地处理混合销售与兼营之间的关系，可以很好地起到节税的作用，从而降低企业的税务成本。

（五）理性选择购进方

选择不同类型的购进方，缴纳的税额就不同。所以，中小企业在挑选购买方时应当对购进方的身份进行考察，而不是只关注购进方给予优惠的多少。例如，当购进单位属于个人或个体工商户时，购进单位只能提供税务局代开发票，而这类发票不能在日后销售时进行抵扣；当购进方为一般纳税人时，需面临13%的增值税税率，但却可以取得增值税专用发票，可以在日后销售时进行税额的抵扣。因此，若日后在采购环节其供货方报出的含税价相同，为了日后销售环节可以更多地进行进项税额的抵扣，中小企业应当遵照应纳税额最小化的原则，首选身份为一般纳税人的供货方，以此来减轻企业的税负。

（六）提升财务人员的税务筹划水平

中小企业应当培养相关财务人员的节税意识。可以通过在企业中开展财务人员财税知识竞赛、邀请税务界的专家开税收筹划讲座等形式，帮助财务人员在形成税收筹划意识的同时，养成为企业节税、减负的习惯。除此之外，企业还可以通过制定一系列的奖惩制度对专门人员的税收筹划工作进行评价，对其积极的筹划行为进行奖励，以此来鼓励专门人员积极参与税收筹划工作，进而也可以提高财务人员进行税收筹划的水平。

五、结束语

新冠肺炎疫情使2020年的市场经济受到重创，许多中小企业也濒临破产。但是，国家在此期间出台了多项税收减免政策来扶持中小企业，降低中小企业的税务负担。中小企业可以利用这些税收优惠政策的延伸性，找到可以进行税收筹划的空间，以此利用合法的手段来减轻自身税负；同时中小企业除了应该对政策进行研究以外，还应当对员工结构进行调整，增加税务方面的人才，培养企业内部财务人员的节税意识和筹划意识，更好地降低中小企业的税务负担。

参考文献

［1］潘兴蔚，陈洁，邹明嘉．新冠疫情视角下企业增值税纳税筹划策略分析［J］．全国流通经济，2020（13）．

［2］商慧红．中小企业纳税筹划问题研究［J］．纳税，2020（19）．

［3］刘玉玲．营改增背景下的中小企业税收筹划分析［J］．商场现代化，2019（13）．

［4］张驰．山东鸿顺建筑公司增值税纳税筹划研究［D］．大庆：黑龙江八一农垦大学，2018.

［5］杨芳．基于增值税最新改革的中小企业纳税筹划分析［J］．现代盐化工，2019（2）．

［6］胡乔．"营改增"背景下中小企业的增值税纳税筹划［J］．税务筹划，

2019 (11).

[7] 王正干. 中小企业增值税纳税筹划的方法探究 [J]. 大众投资指南, 2019 (1).

由增值税视同销售引发的思考

张春平　奚少伟　刘翰文　郭晶晶*

【摘要】"视同销售"是一种特殊的销售行为,税收领域的"视同销售行为"主要是指在会计上不作为销售核算,但在税收上作为销售处理、确认收入并计算缴纳税金的商品、劳务或服务的移转行为。应该说,视同销售强调的不是销售,而是纳税义务的确立。制定视同销售政策的初衷在于反避税和保证国家的财政收入,但不论是在理论政策还是实务操作当中,视同销售都存在着种种问题,并可能侵害纳税人的合法权益。本文围绕增值税的视同销售范畴、特殊的视同销售行为、视同销售计税价格三个方面进行分析,深入探讨增值税视同销售存在的争议,并对存在的问题提出解决方案或建议。

【关键词】增值税;视同销售;争议;建议

一、关于增值税的视同销售范畴

确定增值税的视同销售范畴,一方面是为了避免纳税人采用无偿赠送等方法逃避纳税义务,导致税源流失;另一方面是为了完善增值税的税款抵扣制度,保证增值税链条的完整。

但是目前视同销售存在很多问题,从视同销售的范围看,《中华人民共和国增值税暂行条例实施细则》、《财政部、国家税务总局关于全面推开营业税改征增值税试点的通知》(财税〔2016〕36号,以下简称"36号文")采用列举法规定了8项视同销售行为。其中一些视同销售行为,政策文件中没有明确规定,使得纳税人对视同销售范畴的理解产生争议,比如是否应当将无偿提供加工修理修配劳务作为视同销售处理。还有一些项

---

* 作者简介:张春平,首都经济贸易大学财政税务学院副教授、硕士研究生导师,研究方向为企业财务风险控制、企业税务风险控制、会计与税收的差异处理、企业重组及拟上市企业税收策划、税务师事务所业务规范的标准化研究等;奚少伟,首都经济贸易大学财政税务学院硕士研究生;刘翰文,首都经济贸易大学财政税务学院硕士研究生;郭晶晶,首都经济贸易大学财政税务学院硕士研究生。

目不符合增值税视同销售的定义以及原理，例如"把货物从一个机构移送另一机构用于销售"本质上是一项真实的销售行为，但政策却把它放在了"视同"销售的范围内。

（一）加工修理修配劳务是否属于视同销售范畴应予以明确规定

【案例】A 加工企业为 B 企业无偿提供维修服务，发生维修成本 10 000 元，其中：材料费 7 000 元，维修人员工资 3 000 元。在实务操作当中对 A 企业的税务处理存在以下两种不同的观点：

观点一：A 企业发生的总维修成本 10 000 元，应该按照无偿提供服务视同销售缴纳增值税。其依据为 36 号文第十四条规定，下列情形视同销售服务、无形资产或者不动产：单位或者个体工商户向其他单位或者个人无偿提供服务，但用于公益事业或者以社会公众为对象的除外。

观点二：A 企业发生的维修人员工资 3 000 元，应属于加工修理修配劳务，不视同销售，即 A 企业应当仅对维修成本中发生的材料费 7 000 元，按照无偿赠送货物视同销售缴纳增值税。其依据为《中华人民共和国增值税暂行条例实施细则》第四条的规定，即单位或者个体工商户的下列行为，视同销售货物：将自产、委托加工或者购进的货物无偿赠送其他单位或者个人。

以上两种观点产生争议的原因在于，在政策没有明确规定的情况下，纳税人不清楚加工修理修配劳务到底要不要做视同销售处理。笔者认为，该项行为不应当作为视同销售处理，因为销售服务是"营改增"时新提出的概念，具体包括交通运输服务、邮政服务、电信服务、建筑服务、金融服务、现代服务和生活服务七大类，而加工修理修配劳务是在"营改增"之前就征收增值税的项目，专指加工和修理修配劳务，因此 36 号文中规定单位或者个体工商户向其他单位或者个人无偿提供服务视同销售，其中的服务特指上述七类服务。

在上述案例之外，还存在一些令纳税人无法准确分辨的应税行为。例如，对于加工修理修配劳务和建筑服务中的修缮服务，纳税人在概念上难以准确区分。根据《中华人民共和国增值税暂行条例实施细则》的规定，所称修理修配，是指受托对损伤和丧失功能的货物进行修复，使其恢复原状和功能的业务。根据 36 号文附件 1 的规定，修缮服务，是指对建筑物、构筑物进行修补、加固、养护、改善，使之恢复原来的使用价值或者延长其使用期限的工程作业。如果单从以上两个文件看，加工修理修配劳务和修缮服务在概念上存在极为相似的地方，纳税人难以自行界定。

因此，对于增值税视同销售是否包括加工修理修配劳务以及两者之间的概念区分，政策应予以明确规定，既能让企业清楚应该如何计算纳税，也能减少税务机关的征管成本。

（二）机构间跨县市移送货物用于销售不应做视同销售处理

根据《中华人民共和国增值税暂行条例实施细则》的规定，设有两个以上机构并实行统一核算的纳税人，将货物从一个机构移送其他机构用于销售［相关机构设在同一县（市）的除外］，应当视同销售。根据36号文第四十六条的规定，经财政部和国家税务总局或者其授权的财政和税务机关批准，可以由总机构汇总向总机构所在地的主管税务机关申报纳税。

要说明该项业务不应做视同销售处理，我们可以把"货物从一个机构移送其他机构用于销售"拆分为两部分进行说明，第一部分为货物移送行为，第二部分为用于销售。

对于第一部分，实行统一核算的纳税人，其分支机构之间相互移送货物，属于机构内部的货物移送，本不属于增值税的征收范围，在企业所得税和会计上也无须确认收入。对于第二部分，用于销售与视同销售本身的概念相悖，根据《中华人民共和国增值税暂行条例实施细则》的规定，用于销售，是指受货机构发生以下情形之一的经营行为：①向购货方开具发票；②向购货方收取货款。而按照目前金税三期工程以及以票控税的原理，"开票"或"收款"本身就是真实的销售行为，不应当做视同销售处理。

该项政策之所以存在，是由于增值税属于流转税，具有属地征收的特点，如果不将该项行为规定为视同销售，会使得货物移出地的财政收入减少，为了平衡地方政府的税收利益关系，政策才把此项行为规定为视同销售的行为。但是，保证财政收入原则与增值税本身的原理是相悖的。首先，从增值税原理来讲，增值税应是对增值额征收的，在机构间移送货物，商品的本身并没有经过加工，也并未发生增值。其次，从增值税从属于流转税的角度来看，只要将货物移送用于销售，即文件当中所说的向购货方开具发票或者向购货方收取货款，就会伴随着增值税销项税额的出现，增值税的链条不会中断，也不会导致税收收入流失。因此，从原理上来讲，机构间跨县市移送货物用于销售不应当视同销售缴纳增值税。根据上述分析，增值税的视同销售中不应包含此项。

二、特殊的视同销售行为——买一赠一

（一）差别政策的规定

对于视同销售该如何界定无偿赠送行为，在实践当中存在着很大的争

议。根据《增值税暂行条例实施细则》第三条第二款规定，所称有偿，包括从购买方取得货币、货物或其他经济利益。但该条款并没有对无偿做出详细的规定，导致在实务当中难以界定有偿和无偿的概念，造成涉税事项的处理存在很大争议，如虽然根据36号文附件1第十四条的规定，买一赠一需要视同销售交纳增值税，但不同地区的税务机关有不同的理解和处理方法。

观点一：认为买一赠一无须视同销售。

根据《四川省国家税务局关于买赠行为增值税处理问题的公告》（四川省国家税务局公告2011年第6号），买物赠物方式，是指在销售货物的同时赠送同类或其他货物，并且在同一项销售货物行为中完成，赠送货物的价格不高于销售货物收取的金额。对纳税人的该种销售行为，按其实际收到的货款申报缴纳增值税。这里强调"同一项销售货物行为"与"赠送货物的价格"。

根据《河北省国家税务局关于企业若干销售行为征收增值税问题的通知》（冀国税函〔2009〕247号）第二条的规定，企业在促销中，以买一赠一、购物返券、购物积分等方式组合销售货物的，对于主货物和赠品不开发票的，就其实际收到的货款征收增值税。对于主货物与赠品开在同一张发票的，或者分别开具发票的，应按发票注明的合计金额征收增值税。这里强调对赠品"是否开具发票"。

根据《江西省百货零售企业增值税管理办法》（江西省国家税务局公告2012年第7号）第十二条第四款的规定，以买一赠一、随货赠送、捆绑销售方式销售货物的，如购进货物与赠品属同一笔业务购入（以购货发票为准），以实际收取的价款确定销售额；如购进货物与赠品非同一笔业务购入，以实际收取的价款确定货物的销售额，赠品按视同销售确定销售额。这里强调购进的货物与赠品属于"同一笔业务购入"

观点二：认为买一赠一应该视同销售。

根据《内蒙古自治区商业零售企业增值税管理办法》（内蒙古自治区国税局公告2010年第1号）第八条第六款的规定，买一赠一、有奖销售和积分返礼等与直接销售货物相关的赠送行为，应该在实现商品兑换时按照《中华人民共和国增值税暂行条例实施细则》第十六条的规定确定其销售额。这里强调赠送的货物"与直接销售货物相关"。

目前仅有四川省、河北省、江西省及内蒙古国家税务局为买赠行为制定了准确的政策。但各个税务机关对于此业务的理解都不同，要求纳税人自行判断该行为是否应视同销售，就更不现实了。不仅如此，不规范的政策和不准确的定义还会产生一系列避税行为，导致税源流失。

以一个简单的情景为例,如果商家想要打折销售调制乳,决定将牛奶与其捆绑在一起进行买赠销售,但却将主货物设定为牛奶,将副货物设定为调制乳,由于牛奶适用9%的低税率,而调制乳适用13%的一般税率。如果直接按照前述三省国家税务局的政策,牛奶和调制乳的买赠销售极有可能会被认定为在销售货物的同时赠送同类或其他货物,在该项交易中,税务机关就会损失4%的增值税。由此可知,如果完全按照前述三省税务局的政策对买赠行为进行处理,那么税务机关是很可能流失税款的,这样的政策也给了企业很大的税收策划空间。

通过对上述情景的分析,再综合审视前述三省政策,我们会发现四川省的政策规定只要是开具在同一张发票上的、满足简单价格要求的买赠货物行为,就能视为有偿取得赠品,不视同销售;河北省视购物返券与开具在同一张发票上的买赠货物行为均为有偿取得赠品,都不视同销售;江西省规定只有同时满足"交易行为是一票发生的"和"货物都是开具在同一发票上"两项条件的买赠销售行为才视为有偿获得货物。但是"观点一"中的三项政策均未考虑企业将低税率主商品与高税率赠品进行包装出售试图逃避纳税义务,会损害国家税收收入的问题。因此,要适用三项政策还需要更多的限制性条件。

(二)对买赠行为是否符合"无偿"定义的理解

之所以不同地区的税务机关对该项特殊的视同销售行为执行不同的处理方法,在笔者看来是对于无偿赠送规定得不明确。笔者认为,如果税务机关认为该项买赠行为中提供赠品是一种捆绑销售,即买赠行为中的主副商品共同构成了企业的成本,或者说企业是以总体成本作为代价才取得相应收益的,那么赠送行为就不能界定为"无偿",税务机关也不应将该项交易行为定义为视同销售行为。

例如,保险公司销售保险时通常会附带赠送给客户促销品,如行车记录仪等,由于该促销品已由购买者统一支付对价,所以该赠送行为不列为视同销售范围,应按保险公司实际收取的价款,依适用税率计算缴纳增值税。其中的无偿赠送,只不过是一种营销手段,实际上赠送物品的价格已经包含在总价格当中。换句话说,赠品不是"送"的,而是消费者花钱"买"的,那么此时就不能界定为"无偿",也不应做视同销售处理。从其他税种关于无偿赠送的相关政策来看,税务机关做出该项认定也是有依据的,如根据国税函〔2008〕875号第三条规定,企业以买一赠一等方式组合销售本企业商品的,不属于捐赠,应将总的销售金额按各项商品的公允价值的比例来分摊确认各项销售收入,即该项条款认为消费者对于货物和赠品已经统一支付了对价,不做视同销售处理。再如,《财政部、国家税务总局关于企业促销展业赠送礼品有关个人所得税问题的通知》(财税〔2011〕50号)第一条规定:企业在销售商品(产品)和提供服务过程中向个人赠送礼品,属于下列情形之一的,不征收个人所得税:①企业通过价格折扣、折让方式向个人销售商品(产品)和提供服务;②企业在向个人销售商品(产品)和提供服务的同时给予赠品,如通信企业开展个人购买手机赠话费、入网费,或者购话费赠手机等促销活动;③企业对累积消费达到一定额度的个人按消费积分反馈礼品。可以看出,在上述三种不征收个税的情形中,赠送礼品是基于销售或服务的,本质上是有偿赠送,无须做视同销售处理。

(三)对政策和企业的建议

1. 对政策的建议

前述"观点一"中三省税务机关对于视同销售行为政策的明确规定,有助于纳税人更顺利地进行生产经营,帮助纳税人降低合规成本。但是为了减少由理论和实务的分离引起的税企争议,也为了确保税务机关税源不流失,需要对该政策做进一步的合理性调整。

首先,税务机关应对"无偿"进行定义,分离真正的无偿赠予与表面无偿实质有偿的买赠销售。对无偿赠送进行明确定义,类比《中华人民共和国个人所得税法》第二条第十一款,企业向个人支付不竞争款,按照偶然所得计征税款,即无偿赠送的应是无须任何附加条件即可获得的商品。

其次,针对实质有偿的买赠行为,税务机关应规定纳税人必须将买赠的主副货物记载在同一张发票上。为了避免企业为了将真正的无偿赠送包装成买赠销售规避纳税责任,还应该规定主副商品存在联系,并列举会被认定为关联货物的类型。

再次,企业也应对主副货物的公允价格比例以及各自的税率做出规定,规定副货物价格低于主货物价格的比例,并强制要求副货物的税率不得高于主货物的税率,避免纳税人利用法规漏洞实施策划行为。

最后,税务机关可以要求经常发生买一赠一行为的单位和个人,按期向税务机关报备所售货物种类与数量,明确接受调查企业应准备的材料,如企业内部开展买赠活动的协议、企业进行买赠销售时将买赠商品开具在同一张发票上的证明账簿等。

2. 对企业的建议

首先,企业应对买赠行为进行事先规划,因为虽然目前其他地区没有出台相关政策，但是如果企业想要迁移采用前述三省政策，应该按照政策所述条款完善自身的销售行为。确保捆绑赠送的货物与主货物有关联关系，确保赠送货物的价格不高于销售货物收取的金额，并保留企业策划进行买赠的折扣销售计划书。

其次，在进行买赠行为时，应确保买赠的主副货物开具在同一张购货发票上。同时企业应单独留存买赠行为的发票账簿，以备纳税机关检查。

最后，为了防止税务机关在事后对买赠行为做视同销售处理，将赠出商品认定为无偿赠予。企业应该在预计年度买赠额较大或年度预计将开展比以前年度更多次的买赠优惠时，提前与税务机关沟通。

三、视同销售计税价格

根据《增值税暂行条例实施细则》第十六条规定，纳税人有视同销售货物行为而无销售额者，按下列顺序确定销售额：①按纳税人最近时期销售同类货物的平均销售价格确定；②按其他纳税人最近时期销售同类货物的平均销售价格确定；③按组成计税价格确定。

目前政策并未明确规定该如何判定"同期同类"，"平均价格"确切的计算方法更是一片空白，针对这两项问题，我们进行了以下分析，并给出了相应的政策建议。

（一）同期同类的判定

以服饰为例，对于款式类似但材料不同的服饰该如何核定价格，对材料相同但款式过时的服饰进行低价销售是否合理，都需要税务机关进行裁定。在市场经济的环境下，商品纷繁复杂，对何谓"同类"、何谓"类似"都没有确切的定义，让税务机关为所有存在争论的交易都进行判定也是不现实的，核定征收规定给予了税务机关过大的自由裁量权。

（二）案例分析

根据谷建华、秦玲玲《按最近时期同类货物的平均销售价格确定销售额的误区》一文中列举的案例，中水公司有两笔销售中水的交易，其中一项交易的单价为1.2元/立方米，另一项交易的单价为0.8元/立方米，税务机关认为交易价格0.8元/立方米明显偏低且无正当理由。此时存在着两个问题：一是税务机关认为该交易价格明显偏低的依据是什么？如果这个问题不予以明确，即使纳税人有正当理由，其权益仍然可能会受到损害。二是在同期同类货物平均价格的计算上，应采用何种方法？针对第二个问题，作者在文章中列举了多种计算同期同类平均价格的方法，包括算数平均数方法、全年销售价格法以及其他企业平均销售价格法，不同的计算方法得出的应交增值税以及应纳企业所得税额都不同。

由于税务机关对上述两个问题没有做出明确的规定，而且税务机关只要对同期同类或平均价格的判定标准稍做调整，企业所需缴纳的两项税款额就会发生明显的变动，这明显是不合理的，根据税收法定原则，任何纳税主体必须依据且仅依据法律的规定纳税，税务机关不应有过大的自由裁量权，以免损害纳税人的合法权益。

（三）政策建议

1. 对税务机关的建议

目前，政策没有任何关于何谓"同期同类"的规定，一切裁定都需要税务机关进行。不仅没有针对"同期同类"的规定，甚至对于"平均价格"的计算方法都不明确。这样的政策不仅对企业是不公平的，如果企业与税务机关经常性地发生纠纷，还会导致税务机关的征税成本上升。

首先，对于"同期"，笔者认为可以结合增值税的纳税期限与会计填制记账凭证、登记账簿的时期来规定"同期"的概念。根据《中华人民共和国增值税法》和《中华人民共和国消费税暂行条例实施条例》的规定，增值税和消费税的纳税期限均为1日、3日、5日、15日、一个月或者一个季度。同时，增值税和消费税都属于流转税，因此，我们可以借助消费税的政策来帮助完善增值税有关"同期"的规定。根据《中华人民共和国消费税暂行条例实施条例》第十五条的规定，如果当月同类消费品各期销售价格高低不同，应按销售数量加权平均计算，即消费税在计算"同期"加权平均价时选取的"同期"概念为"一个月"。因此在增值税中，也将"一个月"规定为"同期"较为合理，因为在一个月内，企业产生多笔类似销售行为的可能性较高，以月数据进行加权平均更可能体现业务的真实交易价格。同时将"同期"设置为"一个月"不至于过长，能在某种程度上降低市场环境变化等偶然因素对销售价格的影响。

其次，对于"同类"，在市场上存在着许多类似商品，但都或多或少经过加工、改变外观和零件等形式，导致完全同类同质商品基本不存在，难以界定。即使是同类商品，也可能由于品牌效应的原因导致价格相差甚远，此时税务机关需要对同类规定一个相对合理的价格区间，如类似商品价格上下变化不超过10%，另外也可以参考海关征收进口环节关税的方法，将货物做出一个准确的分类。

最后，在证明材料上，政策文件没有明确规定，税务机关至少应明确纳税人要提供什么样的材料才能证明纳税人开具的发票价格在合理的价格区间内，或明确纳税人在自行核定"同期同类"计税价格时应选取什么样的材料，才能使得自身核定的价格能符合规定，以降低纳税人的合规成本，给予纳税人一定的自主认定空间，帮助纳税人更顺利地进行价格调整以及经营决策。

2. 对企业的建议

由于目前政策尚不明晰，企业在面临可能会发生被核定的情况时也应该做好充足的准备。以案例中的企业为例，企业可以提前准备好发生该业务当期，企业自身认定的"同期同类商品"的价格资料，包括增值税发票以及相关的会计凭证等，以便应对税务机关对价格的核定。

四、总结及展望

视同销售本身是为了堵住税法漏洞，反避税而产生的，但增值税视同销售目前依旧存在着许多问题。视同销售范围的规定方面，不能为了保证财政收入而对潜在的避税行为制定违背增值税原理的规定。《中华人民共和国增值税法（征求意见稿）》中也对视同销售的范围进行了缩减，在降低企业视同销售风险的同时，税务机关的税收监管力度也要加强。而面对实务当中的税企争议，税务机关应当做到依法治税，深刻落实税收法定原则，做到有法可依，细化相应政策条款，明确视同销售行为的具体实施办法，降低税务机关的征管成本和纳税人的奉行成本，在保证国家财政收入的同时，维护纳税人的合法权益。

参考文献

[1] 谷建华，秦玲玲. 按最近时期同类货物的平均销售价格确定销售额的误区 [J]. 注册税务师，2016（5）：56-57.

[2] 朱长胜. 由一起税企争议引发对视同销售规则的思考 [J]. 财务与会计，2018（2）：48-50.

[3] 翟继光. 论"计税依据明显偏低又无正当理由"的判断标准 [J]. 税务研究，2016（8）：56-59.

[4] 潘修中. 论"计税依据明显偏低"的税收核定：一种流行谬误引起的思考 [J]. 税收经济研究，2021，26（2）：76-83.

[5] 黄怀书. 对我国现行税制下视同销售规定的政策评述及完善建议 [J]. 财会研究，2018（2）：45-47.

●税收制度与征管问题研究

有关中小企业税收优惠问题研究
——基于企业所得税的视角

马晓雅*

【摘要】 在我国实体经济发展的大潮中，数量多、分布范围广的中小企业已然成长为主力军，这些企业也发展成为国民经济中十分重要的一股力量，在带动就业的同时，更推动我国经济不断向前发展。但是由于其本身存在局限性，所以面临的挑战更加严峻。基于此，本文首先从企业所得税的视角，分析了优惠政策在实施过程中存在的问题，之后通过与其他国家的比较得到启示，然后提出对策建议，以期让我国中小企业享受到更多国家的福利，减轻税负压力，推动国家经济稳步发展。

【关键词】 中小企业企业所得税；税收优惠

一、研究背景

就近年来公布的数据来看，每年国内生产总值中半数以上是由中小企业创造的，税收总额中有半数左右是由中小企业缴纳的，它们不仅推动经济发展，保持市场活力，更有力地推动社会创新，促进社会公平，其发挥的作用是大中型企业无法取代的。但是，中小企业固有的特点使其在发展上还存在着一定的局限性，大多数中小企业面临规模小、资金供应不足、融资能力差、抗风险能力弱等问题，又须面对高税费的征收问题，在发展的过程中，面临着严峻的挑战。

---

* 作者简介：马晓雅，首都经济贸易大学财政税务学院硕士研究生。

近年来，国家逐渐增大了税收的减免力度，从多个方面减轻了小微企业的税负。在李克强总理2015年提出"大众创业，万众创新"后，我国政府对中小企业税收优惠相关方面的重视程度愈加强烈。截至2017年7月，相继出台超过80项针对创业、就业的税收优惠措施，对于中小企业的税收优惠政策更是列入其中，如对小微企业减免企业所得税的相关政策。由此可见，研究中小企业的税收优惠问题，对我国创建良好的税收营商环境，促进中小企业发展有着重大的意义。

二、中小企业的重要性

由于工业企业在中小企业中占比较大，营业收入数额较为典型，因此本文统计其所缴纳税额的情况，具体数据如表1所示。

表1　2008—2014年大中小型工业企业缴纳税额情况

年份	企业所得税税额（亿元）	大型工业企业应交所得税（亿元）	大型工业企业税收占比（%）	中小型工业企业应交所得税（亿元）	中小型工业企业税收占比（%）
2008	11 175.63	1 649.75	14.76	2 979.80	26.66
2009	11 536.84	1 755.51	15.22	3 106.52	26.93
2010	12 843.54	2 568.54	20.00	4 423.88	34.44
2011	16 769.64	3 908.69	23.31	4 539.77	27.07
2012	19 654.53	3 936.25	20.03	4 736.61	24.10
2013	22 427.20	4 123.10	18.38	5 353.32	23.87
2014	24 642.19	4 333.45	17.59	5 556.30	22.55

资料来源：国家统计局数据网。

由于数据资料查询具有有限性，只能对2014年以前的数据进行统计，但根据表1及图1，我们仍可以看到中小型工业企业的税收占比高于大型工业企业，说明中小企业的发展关乎我国经济的发展，其发挥的经济效应和社会效应不容忽视，而完善和规范中小企业的税收优惠政策也显得尤为关键。

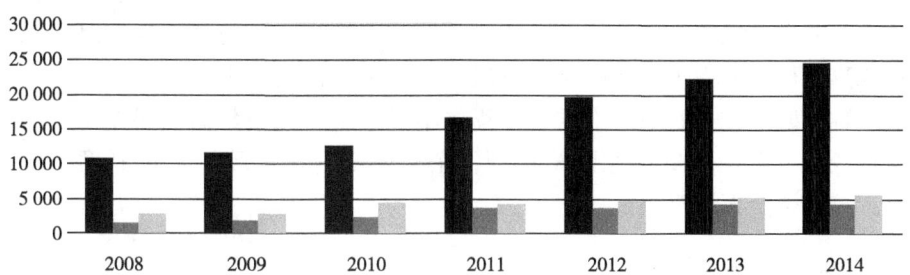

图1 我国企业所得税及工业企业应交所得税

资料来源：国家统计局数据网。

三、中小企业税收优惠执行问题

（一）税收优惠政策范围较窄

当前对中小企业实施的优惠政策所涉及的范围仍有限。就企业所得税来说，个体工商户是无法涵盖在优惠政策范围中的，而现实中我国多数中小企业恰是个体工商户，致使其无法享受到该项优惠。为鼓励高新技术企业的发展，我国对该类企业给予了15%的所得税优惠，但大多数中小企业并不满足高新技术企业的门槛要求，即使有企业享受到了政策，但是对该企业的支持和帮助也并不明显。另外，优惠政策尚未完全考虑企业的类型或者行业间的区别，使得税收优惠的公平性不能完全显现。

（二）税收优惠政策效果"打折"

中小企业缺乏相对完备的财务体制以及专业的会计人员，而配备专业的人力物力将耗费一定的成本，其为节省成本而对国家优惠政策的理解不及时、不到位，无法理解部分复杂的税务算法，无法做到进行专业合理的税收筹划，企业内部执行税收优惠政策能力较弱。另外，由于一些优惠政策申报过程复杂，退税时间漫长，而中小企业人力、资金匮乏，在享受政策的同时也要付出不小成本，使得税收优惠政策的效果出现"打折"现象。

（三）税收征收管理不完善

税收优惠政策的落地实施，要保证宣传力度，而在互联网高速发展的时代,很多中小企业却依旧缺乏对优惠政策的了解。一是在部分政策出台后,企业税务相关人员未能及时认真学习相关知识,致使企业未能迅速抓住优惠时机,从而不能保障企业发展。二是税务部门和企业之间存在信息不对称的问题,二者对对方的政策程序不够了解,致使数据的误差出现的概率变大。三是缺少预算监督管理,企业内部的审计政策管理制度不完善,造成资金无谓损失。

(四)立法层次低

现有的中小企业税收优惠政策缺乏法律条文的明文保障,现有的更多的是暂行条例或部门规章制度,导致中小企业在享受优惠时无法得到法律的切实保护。此外,现有的优惠政策存在地区差异,部分地方为发展本地经济,有越权出台优惠政策的情况,不规范、零散性使这些政策进行全国推广的难度较大。

四、国际比较

(一)各国企业所得税对比

根据表2,整体来看各国企业所得税税率范围基本在15%~30%。但仍有细微差别,不同于法国对征税对象仅采取属地原则,中国与美国、日本等大多数国家在征税对象确认环节采取的原则相同,即均采取属人和属地双重原则。在税率设置上,与法国、日本的多档税率相比,中国企业所得税税率设置相对单一,依据企业税收收入、盈利收入等合理设置不同阶次的企业所得税税率,与单一税率相比,对公平性更有保障。

表2 部分国家企业所得税基本情况

国家	征税对象	基本税率
中国	居民企业、非居民企业在华机构的生产经营所得和其他所得	一般企业税率为25%,国家重点扶持的高新技术企业税率为15%,小型微利企业税率为20%
美国	美国公司的国内外所得和外国公司来源于美国境内的所得	联邦企业所得税税率为20%,"过渡法人企业"的税率降至23%
法国	法国的居民和非居民公司,非居民公司只有在法国经营业务时才需缴纳企业所得税	2020年把所有企业的所得税税率从33.33%降至28%

续表

国家	征税对象	基本税率
日本	日本国内法人就其境内外的全部所得缴纳法人税，外国法人只就其来源于日本境内的所得缴纳法人税	资本额小于1亿日元，年应纳税所得额在800万日元以下的税率为22%，超过800万日元的为30%；资本额大于1亿日元的税率为30%

（二）启示

通过研究各个国家企业所得税税制发现，许多发达国家会将企业所得税税率分档，以企业收入水平、盈利能力等为依据，保障企业税负的公平性，中小企业也享受到了更多的优惠。中国企业所得税作为我国的大税种，税制设置相对简单，对中小企业划分手段略显粗糙，税率也略高于其他国家，对中小企业的优惠并不明显。

通过比较，我们可以获得的启示有：一是可以采取有效的分档税率，它对保障企业税负公平相对有效。法国、日本等国家的分档税率，对不同发展程度的企业征收差异的税率，有效减轻了中小企业税收负担，成为保障企业税负公平的有效途径。二是可以设置多元化的税收优惠政策，这是有效降低企业税负的重要手段。例如：美国出台《减税与就业法案》后，大幅降低了联邦企业所得税税率；法国为鼓励制造业企业回流本土、吸引外资，提出中短期减税方案，主要通过降低税率，减免企业海外所得和对外投资税收等方面发挥作用。

五、中小企业税收优惠政策执行建议

（一）拓宽税收优惠政策的范围

在制定企业所得税的优惠政策时，认定中小企业的方法相对简单，部分企业有可能因某一项指标超过标准而不能享受到税收优惠，即受惠主体过窄，减少了某些行业的中小企业享受优惠的机会。因此，要拓宽优惠政策的范围，进一步完善我国税收优惠政策。所以，在制定税收优惠政策时，可以根据中小企业的行业特点、成长性、吸纳就业的能力等因素，对中小企业进行分类，制定不同的税收优惠政策。

（二）加大重点发展产业税收优惠的力度

同发达国家相比，我国产业界定仍存在漏洞，要使我国中小企业在享受税收优惠过程中拥有获得感，需要推出更有力度的减税降费举措。一方面，加大绝对税收优惠力度，即可直接通过延长税收减免或免税期的方式，使政策能够直接快速地产生效应。另一方面，侧面加大重点产业税收优惠力度，降低享受优惠的门槛，减少企业税收遵从成本，使企业可以用最便捷的方式获得减税优惠。

（三）适当降低税率

中国当前企业所得税基本税率为25%，符合条件的高新技术企业税率为15%，中小企业实行20%的税率，与国外一些国家相比，存在一定的下调空间。目前，国内企业所得税税基优惠标准有差异，需要进行统一，使税率和税基形成新的组合，推动税制更加规范、合理、透明；或者设置分档税率，使得中小企业的税负压力降低。

（四）规范税收征管，加强立法保障

税收征管要求将税法税制内容落实到每个企业中，因此，加大税收的宣传力度就显得尤为必要。应全面加强税收宣传：一是制作专业的宣传册，召开专门的培训会，向中小企业普及；二是利用当前信息化、媒体化发展的时代机遇，采取多种政策和措施大力开展税收宣传活动，使得税收常识普及化，加快建立中小企业状况电子数据库。同时，要加强立法保障，明确保障中小企业获得的优惠，征管过程尽量采取规范透明、科学合理的方法与程序，加强监督，防止徇私舞弊。

六、总结

我国市场经济发展较晚，中小企业发展时间较短，经济实力较脆弱，需要政府制定更完善的财税政策，以促进中小企业健康发展，进而推动我国经济整体向前发展。中小企业虽然规模小，但作用不小，尤其是在提高就业率方面作用重大。我国相关部门应将税收政策与其他政策相结合，合理使用税收工具，落实好税收优惠政策，加强各部门联动。一方面，切实推出力度强、操作可行的具体措施，减轻中小企业税负；另一方面，推动帮扶机制，加强大中型企业社会责任感，鼓励大中型企业帮带中小企业，尤其加强技术帮扶，推动中小企业进行技术创新，从而增强中小企业的市场竞争力。

参考文献

［1］丁慎毅．"普惠性税收减免"助推中小企业发展［N］．中国商报，2019-

01-23（P02）.

　　［2］张晨，孔天洋，董懿蔚. 中小企业税收优惠政策执行实施中存在的问题及建议［J］. 全国流通经济，2018（32）：129-130.

　　［3］秦海林，张淑翠，李佳璐. 优化我国制造业税收制度的政策建议：中外增值税、企业所得税比较与启示［J］. 开放导报，2018（5）：67-71.

　　［4］蒋艳萍. 促进中小企业发展的财税政策研究［J］. 中国商论，2018（15）：148-149.

　　［5］白景明，许文，何平. 建言中小企业税收政策［J］. 中国经济报告，2017（2）：67-69.

　　［6］李维刚，胡汀汀. 企业所得税税收优惠的国际比较及作用分析［J］. 商场现代化，2015（9）：206-207.

上市公司财务造假引发的税务风险及其防范

林 颖 袁 媛[*]

【摘要】 随着社会主义经济的不断发展，上市公司为了扩张规模，给投资者传递虚假信息，因此通过财务造假方式来虚增公司市值的现象也屡见不鲜。由此引发的税务风险极其复杂多样。本文通过分析上市公司财务造假背景下企业的涉税风险，重点研究上市公司财务造假给企业带来的税务风险及其防范措施，并由此提出建议。笔者认为应该明确规范上市公司财务造假所涉及的相关税收征管政策，加强企业对财务造假所涉及税务风险的重视程度。

【关键词】 上市公司财务造假；税务风险防范

近年来，资本市场发展十分迅速，这也导致上市公司财务造假案件频频发生，从我们熟知的国外的安然事件，到国内的獐子岛事件、康得新事件以及瑞幸咖啡财务造假事件，涉事上市公司一般都规模较大、业务范围较为复杂多样，同时组织体系也较为庞杂，正是这些原因导致企业的财务造假方式多样且隐蔽，隐藏着不小的内控风险和税务风险。其中，税务风险控制是上市公司在经营过程中风险管理控制至关重要的任务之一，上市公司应该提高对税收风险的认识，正确认识财务造假可能给企业带来的负面风险，从而积极有效地规避相关税收风险。

一、企业税务风险及防范概述

上市公司财务造假引发的税务风险主要指上市公司利用财务造假手段模糊企业实际经营状况，在企业进行涉税业务时没能按照相关税收征管部门的要求，合理合规地依法申报纳税。上市公司作为中国经济发展的中坚力量，不仅是建立现代贸易体系的典范，而且是国民经济运行中最具影响力和成长性的群体，为世界第二大经济体的形成发挥着不可替代的作用。

---

[*] 作者简介：林颖，湖北经济学院财政与公共管理学院教授、硕士研究生导师；袁媛，湖北经济学院财政与公共管理学院博士研究生。

正是由于这个原因,一旦上市公司利用财务造假方式为企业非法牟利,不仅会带来相关的会计风险,还会带来不小的税务风险。因此,上市公司要正确认识到财务造假给企业带来的相关税务风险。这也使得加强上市公司的税务风险管控有着重要的意义。

二、上市公司财务造假手段引发的税务风险

(一)虚假出资与抽逃注册资本引发的税务风险

很多公司在注册后不久就会出现股本不实或者资金转移、返还的情况,在财务上形成一笔或多笔长期债权,而"负债",特别是长期结余且金额较大的项目是重点稽查的项目。审计时会从这些账目中提取重要金额,确定是否有计入销售收入、应付账款或营业外收入的金额。如果本公司与其他市场主体发生经济纠纷或出现扰乱社会资本的重大事件,那么可能会追究股东的刑事责任。

(二)虚增收入引发的税务风险

从表面上看,多数情况下收入虚增并不违反会计制度和适用的会计准则,但是企业采用财务造假方式虚增利润是上市公司较为常见和常规的手段。企业的销售收入应按照相应税目缴纳增值税,同样,虚增的收入也应该缴纳增值税。在虚增的当期,应当按照虚增收入实际缴税。通过夸大业绩、虚增税款、粉饰报表、误导投资者和有关部门,进行财务造假的上市公司在短期内为公司获得的舞弊收入远远大于缴纳过多的税款。此外,我国实行"凭票抵税"管理制度,即国家建立了发票管理制度。这些制度使得不符合国家法律文书的发票不入账,也不能扣税。在实际操作中,企业有时很难取得正式的合规发票,就通过空白的收据入账,按照规定,这种情况下要进行纳税调整。但是,有些企业没有按照规定进行纳税调整,这就存在税收风险。

为了避免被监管部门发现,上市公司必须为其虚构的交易开具发票,并缴纳相应的税款,以取得"化虚为实"的效果。即使上市公司主动缴纳虚构部分的增值税,也可能虚开增值税专用发票或虚开普通发票,从而给公司带来严重的税务风险。同时,用真金白银换取纸质财务报表的"好看"也额外增加了公司的税收负担,造假的经济成本也不可忽视。那么,待各方调查核实后,虚假交易形成销售额已缴纳的增值税是否可以退税?从理论上讲,虚增收入多缴的税款应该予以退税,但是甚少有企业接受税

务机关调查核实后，还可以如实申请退还虚增收入多缴纳的税款。另外，对纳税人、扣缴义务人编造虚假计税依据的，按照税收征管法规还应处以相应罚款。

（三）隐蔽收入引发的税务风险

隐蔽收入的常见做法是记账外账或内外账。矛盾的是，由于收入不入账或入账太少，企业总是处于亏损或微利的边缘。随着企业生产经营量的增加以及企业规模的扩大，账面资金的缺失就会导致股东不断地有个人借款，这种偷税、漏税的行为就会表现为股东之间的外账在往来账中出现较多、较频繁。企业不会如实入账边角料销售收入等奢侈或零星收入，而会私设小金库，将收入隐藏在企业之外，以达到偷税、漏税的目的。这种利用隐蔽收入手段偷税、漏税的行为在税务稽查中是相关部门最不易发现的，相关项目也是税务稽查重点关注的项目。

（四）虚增成本费用引发的税务风险

通过分析上市公司财务造假的方式以及从企业披露的相关财务报表信息可以看出，通常在上市公司虚增收入期间，企业的其他某些项目成本和费用也因虚假交易而大幅增加，包括虚增固定资产、虚增广告费用、虚增管理费用等。而且更多时候成本费用和股东的个人消费混杂在一起，划分不清楚，而根据税务总局相关规定，这种行为视同股东从企业分得股利，应代扣代缴个人所得税，同时相关费用不得扣除。虚增的成本少不了涉及虚开发票问题。虚开发票既涉及受票方，又涉及开票方，双方要接受虚开发票的行政处罚，甚至承担刑事责任。由于虚开的增值税专用发票不得作为增值税合法有效的扣除凭证用于抵扣进项税额，也不能用于企业所得税税前扣除，因此上市公司还需要对以前年度的税款进行调整。同时，虚增的固定资产如果涉及房产，还会造成额外多缴纳房产税，若关联方提供办公场地、生产场地给企业使用，未按规定申报房产税，则在税务稽查时会带来补税、罚款及加收滞纳金的风险。

（五）经营行为引发的税务风险

有的上市公司的经营行为会涉及税务风险。在互联网平台如此盛行的今天，许多企业的经营业务都在线上进行，在线上渠道采用多种价格营销以及用户分享裂变模式迅速实现用户覆盖。线上下单，线上支付，所开具的增值税发票是否合理合规也涉及相关税务风险。

许多上市公司有着多家子公司，子公司作为独立主体，自主纳税，独立承担责任、义务及风险。因此，即使上市公司提出退税申请，也应由各子公司主管税务机关核实情况，同时上市公司可能存在质押股权等欺骗投资者的行为，故退税申请执行难度大。国内对财务造假的处罚力度有限，但许多企业是在美国纳斯达克上市的，美国对编制违法财务报告有严重的处罚。另外，即使上市公司申请退回因虚增利润而多交的税款，也可能由于子公司分散经营使得核算困难而难以实现。

三、上市公司财务造假引发税务风险深层原因分析

（一）主观上逃避税负责任

上市公司的经营都是以营利为目的的，在利益的驱使下，很多上市公司的股东想少缴税款，这就使得企业不得不采用其他手段，在公司的财报信息上做文章，企图达到偷税、漏税的目的。另外，从外部来看，我国上市公司的税负普遍偏高，加上各种社会保险金以及职工薪酬，大大加重了企业的支出负担，因此股东可能也会要求企业的财务人员少缴甚至不缴相应税款。

（二）相关税务处理不规范

由于信息不对称和业务处理等原因，上市公司通过虚开增值税发票等方式在一定程度上逃避了税款，追求实际上少纳税，而不是符合管理层主观要求来制定合适的税收优惠政策使得以较低税率纳税。另外，企业没有运用合适的税率合理缴税，也没有进行适当的会计合并以确保财务指标的规范。这就要求上市公司的财务人员有一定的专业胜任能力，对税务风险知识有一定的敏感性，确保财务指标符合上市公司的条件，并且做好基于税法的账面调整。一旦上市公司爆出财务造假丑闻，无论是财务还是税务出现问题，都会在一定程度上引起股价的不良变动。

（三）税收控制体系不健全

众所周知，上市公司税收控制系统是指企业为了提高对会计税法的遵守程度，以及防止、发现和纠正用于实现业务发展目标的欺诈而建立的一套系统的标准。目前，从很多上市公司财务造假案件可以看出，企业还没有相关税收风险预防和管理的概念，也没有意识到这一风险，因此缺乏系

统建设和部门组织。企业财务部门在职责和分工方面区别并不突出，财务部门似乎承担两项职责：会计和税务。同时，哪怕企业内部已经建立了部门和机构，但是在某些任务的框架内，它们仅履行某些税收义务，没有构建完整的税收风险管理体系，没有实施良好的税收计划，不具有某些税收概念。

（四）税务风险意识薄弱

上市公司财务造假事件被曝光也从另一个侧面体现出了企业内部对税务风险的薄弱意识。企业财务造假一旦被查处，不仅会使企业成为税务机关的重点监控对象，而且会让其无法享受税收优惠，这在一定程度上会大幅增加企业的成本。税务风险将影响企业日常决策和其他业务管理行为，并将对投资决策、财务决策和组织形式产生一定的负面影响。税务风险也会使得上市公司信誉受损，使股价大跌，而上市公司的股价和市值成正比，这也会直接导致上市公司的内在价值持续走低。较为严重的情况下，会导致企业的资金链条出现很大的问题，外界对于这家企业会出现担忧情绪，从而降低这家企业的外部评价。由此看来，上市公司忽略税务风险，到最后可能得不偿失。

四、上市公司财务造假引发的税务风险防范对策

（一）加强税务风险防控意识

上市公司出于利润最大化目的主观上财务造假，达到偷税、漏税目的，根本原因在于上市公司的股东以及财务人员税务风险防范意识差，社会责任感薄弱。合理合规缴纳税款是企业应尽的责任和义务，企业不应该以偷税、漏税为目的进行财务造假，盲目追求美观的报表信息，忽视可能带来的税务风险。

（二）加强财务人员税务工作胜任能力

税收行为不是一成不变的，是始终跟紧时代的发展而进行变革的，财务人员应当充分了解税务的变化政策，为企业进行恰当的税务筹划，实现企业利益的最大化，不应为追求纳税金额少而采用财务造假的方式。财务人员应当严格遵守职业操守，不以偷税、漏税为目的，真正理解相关的税务政策和规定，与相关税务部门良好沟通，在可行范围内进行科学、合理的纳税，实现企业经济利益最大化。

(三）完善税务控制体制

上市公司忽视财务造假带来的税务风险成本，也与相关税务部门容错度大、监管不严、惩罚力度小等有着很大关系。我国现有的税负水平与经济发展状况并不相适应，没有一套完整的税务控制机制来对上市公司税务方面进行约束和监管，现行税收征管制度的程序安排并不合理，程序设计缺乏科学性。税收征管制度再设计或者完善需要运用现代科技手段，应该重点基于纳税信任，减少纳税税务机关管理层工作流程，进行合理再造优化。另外，为了提高税收征管水平，也应着手改善征管资源配置。税务征管部门应简化各环节征税流程，设计出一套高效率、规范化的征税流程，对偷税、漏税行为进行严厉打击，并监督完善上市公司做好申报纳税工作。

（四）加强对税收风险的内部控制

上市公司在预防和控制税收风险的过程中，应识别和评估税收风险。识别和评估企业的主要税收风险，可以防止企业遭受重大损失。同时，有必要完善企业内部报告机制，进行税务内部审计，并对涉税会计从业人员进行培训。同时，应重视税收风险管理。应该关注财务造假涉及的主要税种，充分重视在上市公司财务造假过程中可能引发的税收风险，并进行税收调整。

五、结束语

近年来，越来越多的上市公司通过财务造假方式为企业谋取不正当利益，以期获得资本市场的认可，但是，上市公司财务造假行为，不仅动摇了投资者对股票市场的信任，损害了投资者的利益，而且破坏了社会主义市场经济特别是资本市场的健康发展，损害了上市公司的声誉。上市公司财务造假暴露出来的一系列问题，说明其外部监督和内部监督同时存在一定程度的缺失，不仅会给企业带来一定的财务风险，更会给企业带来不可避免的税务风险。建议上市公司规范内部控制，提高财务报告的税务风险控制能力，在财务报告编制和披露流程中，强调内部税务管理岗对报告数据进行复核的作用。本文以上市公司财务造假所带来的税务风险分析为主要视角，分析了财务造假可能带来的税务风险，并对相应的税务风险控制给出一定的建议与意见。随着税收征管体系的不断完善，上市公司必须以事实经营为依据，以遵守法律为前提，依法并且合理合规地为企业进行纳税筹划。建议上市公司严格管控企业的日常经营业务，正确认识财务造假可能会引发的税务风险。

参考文献

[1] 郑丽萍，赵杨.上市公司财务舞弊的成因与治理研究：以瑞幸咖啡公司为例[J].管理现代化，2020（4）.

[2] 龚启霞.上市公司税务风险防控研究[J].纳税，2019（13）.

[3] 宋航，曾嶒，陈婉怡.企业避税、税务风险与企业价值[J].财经论丛（浙江财经大学学报），2019（6）.

[4] 余从巧.上市公司存在的税务风险及对策研究[J].中小企业管理与科技（中旬刊），2018（3）.

[5] 黄小平，陈璐璐.企业税务风险的识别与防范研究[J].纳税，2018（12）.

[6] 封云.当前形势下企业存在的税务风险和防控措施探究[J].财会学习，2019（7）.

[7] 郭学良.上市公司税务风险管理探析[J].当代会计，2018（12）.

资产收购涉税问题研究

项炀骁　张　慧*

【摘要】 为了响应国务院2014年关于鼓励企业兼并重组的指导意见，国家税务总局在随后几年内针对非货币性资产投资行为的征税规范相继出台了一系列文件。然而由于企业重组较为复杂，因此给纳税人带来了难以避免的税收风险。而企业资产收购重组交易对于不同的纳税主体来说，可能还符合非货币性资产投资、资产划转的税务处理条件，学者们关于如何选择合适的税务处理方法的意见也略有差异。本文在参考大量业内文献的基础上，针对一个资产收购案例探讨重组双方的税务处理，以期为企业进行类似重组安排提供参考；最后对我国资产收购理论与实务中存在的争议问题及有待完善之处提出思考。

【关键词】 企业重组；资产收购；非货币性资产

一、引言

根据《财政部国家税务总局关于企业重组业务企业所得税处理若干问题的通知》（财税〔2009〕59号，以下简称"59号文"）的规定，资产收购是指一家企业（以下称"受让企业"或"受让方"）购买另一家企业（以下称"转让企业"或"转让方"）实质经营性资产的交易。资产收购和一般意义上的资产购买不同，资产收购的主要目的在于通过收购获得一项资产组的控制权；资产收购同样也有别于股权收购，股权收购的收购客体是企业股东的股权，而资产收购行为完成之后交易各方均保持原来的法律主体地位不变。资产收购的支付形式可以是股权支付、非股权支付或两者的组合。59号文第六条规定，重组交易各方适用特殊性税务处理时，交易各方对于交易中的股权支付部分暂不确认所得，但对于其中的非股权支付部分仍然应当在当期确认对应的资产转让所得或损失，并调整相应资产的计税基础。然而59号文虽然明确了非股权支付对应的资产转让所

---

* 作者简介：项炀骁，首都经济贸易大学财政税务学院博士研究生；张慧，北京鑫税广通税务师事务所有限公司项目经理。

得或损失，但对于交易各方如何调整相应资产的计税基础，收购方如何确认取得的被收购资产的计税基础，被收购方如何确认取得收购方股权的计税基础，并未给出明确指引。因此，在实际操作中有些企业对于参与交易的资产、股权的计税基础的确认依然存在困惑。

本文通过对一起以股权与非股权结合支付的资产收购案例进行分析，说明交易各方应如何确认相关资产、股权的计税基础的问题。此外，由于企业重组所涉税种繁多，本文还将以案例为引对资产收购中所涉其他税种的税务处理进行梳理。

二、资产收购重组交易涉税情况分析

对于符合条件的资产收购交易可以选择适用特殊性税务处理，获得递延纳税待遇。59 号文规定，符合特殊性税务处理条件的资产收购，可以选择以下规定进行处理：①转让企业取得受让企业股权的计税基础，以被转让资产的原有计税基础确定；②受让企业取得转让企业资产的计税基础，以被转让资产的原有计税基础确定。应当注意的是，若受让方以股权和非股权同时进行支付，转让方仍应当在交易当期确认相应资产转让所得或损失，即

非股权支付对应的资产转让所得或损失 =（被转让资产的公允价值 - 被转让资产的计税基础）×（非股权支付金额 ÷ 被转让资产的公允价值）

并根据资产转让所得或损失调整相应资产的计税基础，而该调整后的计税基础也就构成了资产收购方所取得资产的计税基础。

59 号文提供的大多为原则性的处理方式，对于资产收购采用股权支付和非股权支付两者组合支付对价的形式仍然缺乏明细的指引，使得企业在进行财税处理时产生困惑。通过对上述规定进行梳理，可以对特殊性税务处理得出以下更具操作性的原则：

第一，转让方应根据依上述公式计算取得的非股权支付部分对应的资产转让所得。

第二，转让方应确认取得股权的计税基础应该在所转让资产原计税基础上，加上（减去）取得非股权支付部分对应的资产所得（损失），再扣除所取得非股权支付部分的公允价值。具体公式为：

转让方应确认取得股权的计税基础 = 被转让资产的原计税基础 + 转让方取得非股权支付部分对应的资产转让所得（减损失）- 取得的非股权支付公允价值

第三，虽然相关文件没有给出受让方取得资产的计税基础的计算公

式,但根据原理依然可以推导出其计算公式为:

受让方取得资产的计税基础=被转让资产的原计税基础+转让方取得非股权支付部分对应的资产转让所得(减损失)

【案例】为扩大经营规模,提高产品竞争力,2018年A公司以定向增发普通股股票和支付部分现金的方式向B公司收购存货、固定资产等部分资产。根据双方的资产收购协议,A公司以2元/股的价格向B公司定向增发股票14 000万股,并支付银行存款2 000元。B公司重组日的资产情况如表1所示。资产收购完成后,B公司持有A公司25%的股权,且B公司拟长期持有。A公司、B公司均为非房地产企业。具体情况如表1所示。

表1 B公司重组日的资产情况　　　　　　　单位:万元

类别	原值	折旧/摊销	计税基础	评估价值(不含增值税)	备注
货币资金	600		600	600	不转让
应收账款	400		400	400	不转让
存货	1 000		1 000	1 000	转让
固定资产	10 000	2 000	8 000	10 000	转让
在建工程	10 000		10 000	12 000	转让
无形资产	1 500	1 500	0	4 000	转让
资产总计	23 500	3 500	20 000	28 000	

该交易对于A公司而言构成了资产收购,对B公司而言既构成了资产转让,同时也构成了非货币性资产投资。在本案例中,若选择适用非货币性资产投资的税务处理,B公司应当将其用于交易的资产的评估增值部分视为非货币性资产转让所得8 000万元,虽然根据规定可以选择在5个年度内均匀确认该资产转让所得,但B公司依然需要承担较重的税负。因此,本文将着重对资产收购的相关税务处理规定进行分析。

(一)企业所得税的处理

在本案中,A公司的资产收购业务达到了以下条件:①发生该交易是为了扩大市场规模,提高竞争力,具备合理商业目的;②资产收购完成后,被收购的资产继续投入到生产经营且不发生实质性改变;③A公司对B公司的股权支付比例达到93%(28 000÷30 000),大于85%的比例要求;④A公司所收购的资产占B公司总资产的96%(27 000÷28 000),大于

50%；⑤B公司拟长期持有A公司股权。

因此，该资产收购交易满足特殊性税务处理条件，双方协商一致后可以选择适用特殊性税务处理。

1. 转让方（被收购方）的企业所得税处理

根据规定，转让企业（B公司）取得受让企业（A公司）股权的计税基础，以被转让资产的原有计税基础确定。B公司对于其股权支付暂不确认所得，但其取得的对价中包含货币资金、应收账款等非股权支付部分应当在交易当期确认资产转让所得，并调整取得的股权支付对应的计税基础：

非股权支付对应的资产转让所得 =（27 000−19 000）×（2 000÷30 000）
= 533.33（万元）

B公司应确认取得A公司股权的计税基础 = 被转让资产的原计税基础 + 转让方取得非股权支付部分对应的资产转让所得 − 取得的非股权支付公允价值
= 19 000+533.33−2 000
= 17 533.33（万元）

资产收购完成后，B公司持有A公司25%的股权，并不达成控制，应将其以"长期股权投资"进行核算。在本次交易中B公司虽然暂不需要就其取得的股权支付部分确认资产转让所得，但由于其取得股权所确认的计税基础与会计入账价值有差异，将来在B公司对这部分长期股权投资进行处置时会计和税法中所确认的资产处置收益也不同，B公司相当于获得了延迟确认所得的税收待遇。

2. 受让方（收购方）的企业所得税处理

受让方（A公司）取得转让方（B公司）资产的计税基础应当以转让方（B公司）资产原有计税基础确定，且受让方应按取得每项资产的公允价值占取得总资产公允价值的比例，计算分摊非股权支付部分对应的资产转让所得或损失，进而算出受让方应确认各项资产的计税基础。具体计算过程如下：

A公司应确认取得B公司全部资产的计税基础 = 被转让资产原有计税基础 + 非股权支付部分确认的转让所得
= 19 000+533.33
= 19 533.33（万元）

A公司取得各项资产的计税基础应分别确认为：

存货的计税基础 = 1 000+533.33×（1 000÷27 000）= 1 019.75（万元）
固定资产的计税基础 = 8 000+533.33×（10 000÷27 000）= 8 197.53（万元）
在建工程的计税基础 = 10 000+533.33×（12 000÷27 000）= 10 237.04（万元）
无形资产的计税基础 = 0+533.33×（4 000÷27 000）= 79.01（万元）

A 公司所取得资产计税基础合计为 19 533.33 万元。

上述资产收购若在 12 个月内改变了被收购资产原来的实质性经营活动或是转让方对取得的股权进行转让,则无法继续适用特殊性税务处理,应该按照一般性税务处理的规定重新计算应缴纳的企业所得税,并及时向税务机关报告。

(二) 增值税涉税分析

根据《国家税务总局关于纳税人资产重组有关增值税问题的公告》(国家税务总局公告 2011 年第 13 号,以下简称"第 13 号公告")的规定,纳税人在资产重组过程中,通过合并、分立、出售、置换等方式,将全部或者部分实物资产以及与其相关联的债权、负债和劳动力一并转让给其他单位和个人,不属于增值税的征税范围,其中涉及的货物转让,不征收增值税;此外,《财政部、国家税务总局关于全面推开营业税改征增值税试点的通知》(财税〔2016〕36 号,以下简称"36 号文")附件 2《营业税改征增值税试点有关事项的规定》规定,在资产重组过程中,通过合并、分立、出售、置换等方式,将全部或者部分实物资产以及与其相关联的债权、负债和劳动力一并转让给其他单位和个人,所涉及的不动产、土地使用权转让,不征收增值税。

根据以上规定,"一揽子交易"(资产、负债、劳动力的打包转让)的资产收购中涉及的货物、不动产、土地使用权转让都属于不征收增值税项目。然而资产收购可能还会涉及无形资产或金融资产(如以金融工具准则核算的非上市公司股票)等其他类型资产,目前执行的政策对资产收购业务涉及的无形资产或金融资产转让行为是否需要征税并未做出明确规定,征管实践中也往往容易产生争议。部分学者认为,如果现有税收政策没有对相关行为予以税收优惠,就默认应当对其进行征缴税款。而笔者对此持不同观点。

36 号文及第 13 号公告的规定是,"一揽子交易"的资产收购中涉及的货物、不动产、土地使用权转让不征收增值税,而非免征增值税,即 36 号文和第 13 号公告中的规定并非对相关事项的税收优惠政策,而是此类事项从性质上来看就不属于增值税应税项目。因此,笔者认为资产收购下的无形资产等资产的转让应当与货物、不动产、土地使用权的转让同样不属于增值税应税行为。此外,还可以参考英国增值税中的"TOGC"规则 (transfer of a business as a going concern),即对于"持续经营前提下的业务转让",无论转让标的是无形资产、金融商品还是其他类型的资产,均不征收增值税。

(三) 土地增值税的处理

根据《财政部 税务总局关于继续实施企业改制重组有关土地增值税政策的通知》(财税〔2018〕57号,以下简称"57号文")规定,单位、个人在改制重组时以房地产作价入股进行投资,对其将房地产转移、变更到被投资企业的行为,暂不征收土地增值税。上述改制重组有关土地增值税政策不适用于房地产转移任意一方为房地产开发企业的情形。故对于满足57号文规定条件的企业,可以遵照文件处理。

本案例中,A公司、B公司均为非房地产企业,如果是双方因为改制重组而进行的资产收购,可以适用上述重组暂不征收土地增值税的政策。

(四) 印花税的处理

《中华人民共和国印花税暂行条例》规定,在中华人民共和国境内书立、领受本条例所列举凭证的单位和个人,都是印花税的纳税义务人。资产收购交易中存在各项资产产权的转移,因此需要就其交易过程中可能存在的购销合同、产权转移书据以及权利、许可证照等应税凭证履行纳税义务。

(五) 契税的处理

如果资产收购的交易标的中含有房地产,还会涉及收购方的契税处理。根据《财政部 税务总局关于继续支持企业事业单位改制重组有关契税政策的通知》(财税〔2018〕17号,以下简称"17号文")的规定,同一投资主体内部所属企业之间土地、房屋权属的划转,免征契税。母公司以土地、房屋权属向其全资子公司增资,视同划转,免征契税。

本案例中的交易不属于17号文所规定的同一投资主体内部进行的交易,若收购的固定资产中有房屋等不动产,则无法适用免税条款,收购方需要按规定缴纳契税。

三、小结与展望

(一) 对经济性重复征税问题的思考

企业对资产收购的行为在企业所得税规定中选择适用特殊性税务处理,虽然可以给转让方递延纳税的待遇,但是如果交易双方先后于12个月之后处置本次交易中取得的资产及股权,则双方都需要确认资产转让所得。基于企业所得税的链条式管理和计算，在资产收购环节少确认的收入会直接导致资产转让环节计税基础的减少，下一环节再进行转让时会将上一环节少确认的收入释放出来。总体来看，与一般性税务处理相比，特殊性税务处理中企业可能负担更多的税款。因此，部分学者认为在这样的情况下特殊性税务处理并非最优选择，应当考虑选择一般性税务处理或非货币性资产投资的税务处理。然而笔者认为在这种情况下适用特殊性税务处理，虽然企业看似负担了更多的税款，但是根据我国税制的设计，企业能够通过清算消除该环节所产生的额外税负。

假设本案例中 A 公司、B 公司在 12 个月之后先后将本次资产收购中取得的资产、股权进行处置，双方都应当就资产转让所得缴纳税款。表面上看似乎造成了重复征税，但实际上这只是经济性重复征税——对不同纳税人的同一税源进行的重复征税。我国的所得税制度是典型的古典所得税制度，在古典所得税制度下经济性重复征税是税制的内在规定。我国通过对股息分配、减资、清算相关税收政策的制定，将这种重复征税限制在了两层以内，从而避免了更多层重复征税对资本市场发展的阻碍。在上述假设下确实暂时产生了重复征税，但 A 公司清算时会为其股东带来资产转让损失。这里的重复征税最终会在股东层面消除。综上，笔者认为，没有必要由于可能产生的额外的税负而放弃特殊性税务处理的递延纳税的待遇，毕竟这部分税负可以通过清算等其他安排予以消除。

（二）受让方资产计税基础应当如何确定

59 号文对于资产收购中受让方取得资产的确认规则仅以寥寥两句话概括，但实务中可能出现的复杂情况仍需要更明确的指引。59 号文仅规定了受让方应确认的总资产的计税基础，但对于计税基础应当如何在各项资产之间进行分配却没有明确的规定。

在本案例中，A 公司所收购的资产中不存在现金、银行存款等流动性较强的货币资金，因此 A 公司可以按照所收购各项资产的公允价值的比例分摊其应确认的计税基础。若假设 A 公司收购的资产中包含银行存款等其他流动性较强的资产，对于银行存款而言不可能出现计税基础与公允价值不相等的情况，也就无法再简单按照各项资产公允价值的比例分摊各项资产的计税基础。

实际上，各项资产的性质不同，所应分配的计税基础也有所差异。按照资产（现金、银行存款除外）的公允价值的比例对计税基础进行分配是一种可行的方式，或将全部的计税基础都分配给流动性较差的固定资产也具备一定的可行性，但采用何种分配方式需要将来在政策中予以进一步明确。

参考文献

［1］黄木生. 资产收购的财税处理.［J］现代国企研究，2016（10）：115-116.

［2］欧阳施华. 非货币性资产投资重组双方的涉税问题探讨：以A公司为例［D］. 广州：广东外语外贸大学，2018.

［3］禹奎. 如何确定资产、股权收购中相关主体的计税基础［J］. 中国税务，2019：64-66.

［4］赵国庆. 透视59号文股权（资产）收购特殊性税务处理合理性［EB/OL］.［2020-05-20］. https：//mp.weixin.qq.com/s/yLazBMyKeLOSc49Px0AtIA.

关于个人所得税汇算清缴制度的两点思考

刘植才*

【摘要】 对纳税人取得的"综合所得"进行汇算清缴是 2019 年个人所得税制度改革的一项重要内容。本文从分析税制改革后首次个人所得税汇算清缴出现的退税业务规模过大现象入手，揭示出个人所得税预扣预缴办法存在的缺陷，提出了改进对策，并就个人所得税异地汇算清缴引发的地区间税收收入转移问题发表了见解。

【关键词】 个人所得税；汇算清缴制度

鉴于"分类所得税制"的局限性，早在第八届全国人民代表大会第四次会议批准的《中华人民共和国国民经济和社会发展第九个五年计划》中就确定了"建立覆盖全部个人收入的分类与综合相结合的个人所得税制"的改革目标；此后的《中华人民共和国国民经济和社会发展第十个五年规划》至《中华人民共和国经济和社会发展第十二个五年规划》，以及党的十八届三中全会通过的《中共中央关于全面深化改革若干重大问题的决定》等纲领性文件均将"建立健全综合与分类相结合的个人所得税制度"作为税制改革的取向之一。经过 25 年的准备，这一改革目标终于得以实现，这是很令人感慨的。此项改革的准备过程如此漫长，相关影响因素是复杂多样的。其中，费用扣除项目细化、综合所得汇算清缴等主要改革内容面临的来自征管方面的挑战无疑是重要的因素。因此，对居民个人的"综合所得"实行年终汇算清缴是 2019 年个人所得税制度改革的一项重要内容，该项工作能否圆满完成也是衡量改革成效的重要标志之一。

因而，2019 年度结束后的首次个人所得税汇算清缴引起了社会各界的高度关注。税务部门对此项工作更是高度重视、精心筹备。一方面，为个人所得税汇算清缴设计了科学、简化的工作流程，提供了便捷多样的办税渠道，并且大力推广以信息化技术为支撑的申报方式；另一方面，通过广泛开展宣介活动大大提高了纳税人对个人所得税汇算清缴的知晓程度和参

---

* 作者简介：刘植才，男，1956 年 3 月出生，河北任丘人，共产党员，天津财经大学教授，管理学博士。

与的主动性。税务部门在汇算清缴工作中提供的高效、无偿的纳税服务则直接降低了纳税人的办税成本，营造了便利的办税条件。上述工作对汇算清缴顺利完成发挥了重要保障作用。时至今日，我国个人所得税"综合所得"的年终汇算清缴"试水"成功了。在此历史节点上，我们不仅要总结成功的经验，而且应当认真查找存在的不足，以便不断地改进，使我国的个人所得税制度更趋完善。

笔者对2020年3月至6月开展的2019年度个人所得税汇算清缴工作进行了调查，关注的重点主要是首次进行的居民个人"综合所得"的汇算清缴。在此，谨就调查过程中发现的问题及其对策略抒浅见。

一、关于"综合所得"汇算清缴环节退税业务的分析与对策

新税制规定，居民纳税人取得的工资薪金所得、劳务报酬所得、稿酬所得和特许权使用费所得为"综合所得"，按纳税年度合并计算个人所得税。扣缴义务人向个人支付应税款项时，应当依法预扣或者代扣税款。纳税人从两处以上取得综合所得且综合所得年收入额减除专项扣除的余额超过6万元的，取得劳务报酬所得、稿酬所得、特许权使用费所得中一项或者多项所得且综合所得年收入额减除专项扣除的余额超过6万元的，纳税年度内预缴税额低于应纳税额的，以及申请退税的，需要办理汇算清缴。

在这种制度框架下，"综合所得"项目应纳税款的征收工作实际上被划分为预扣预缴与汇算清缴两个基本环节。就二者之间的关系而言，预扣预缴是为了保障税收收入及时、均衡入库而在纳税年度中采取的一项征收管理措施；汇算清缴则是在纳税年度终了后，在规定期限内计算出全年应纳税额，"找补"全年预缴税额与应纳税额之间差额的过程。一般而言，在兼顾税收征纳时效性和便利性的前提下，全年预扣预缴税额与年终汇算得出的全年应纳税额愈为接近，表明预扣预缴办法的效果愈为理想。然而，从新制度的实施情况看，目前，预扣预缴与汇算清缴两个环节之间的衔接尚未达到理想状态。其中一个比较突出的问题表现在年度汇算清缴环节中的退税业务方面。

（一）部分地区"综合所得"汇算退税远超补税业务规模

经调查发现，在此次个人所得税"综合所得"汇算清缴工作中存在着申报退税业务量大于补税业务量，累计退税发生额高于补税发生额的状况。下面以西南地区某省的统计数据为例进行分析。该省共有240.38万人办理个人所得税年度汇算申报，汇算结果为：23.47万人补税，金额总计

3.12 亿元；82.53 万人退税，金额总计 4.25 亿元；134.38 万人汇算结果为不退不补。按相对数比较，其办理年度汇算退税的人数相当于补税人数的 3.5 倍多，退税额超出补税额 36.22%。据该省税务部门估算，即使加上按《财政部 税务总局关于个人所得税综合所得汇算清缴涉及有关政策问题的公告》（2019 年第 94 号）规定予以豁免的两部分应补税金[①]，该省个人所得税年度汇算的应退税款仍会超过应补税款规模。除此之外，笔者从其他一些地区了解到的信息也与上述情况类同。虽然资料来源存在局限性，不能以偏概全，但至少可以认为，上述情况并非极其个别的现象。这一现象虽然表现在汇算清缴环节，但是实际上"折射"出"综合所得"预扣预缴环节存在的问题。

（二）"综合所得"税款预扣预缴办法存在的缺陷

笔者观察、分析发现，不同"综合所得"项目的退税情况存在着比较明显的差异。部分应税所得项目的退税发生率明显偏高，退税额相对较大，其中表现最为突出的项目当属劳务报酬所得。

从归纳调查过程中收集到的意见发现，大家普遍认为上述问题是在预扣预缴环节对劳务报酬所得采用了过高的"预扣率"所致。其理由在于，目前对劳务报酬所得采用的 20%、30%、40% 三档"预扣率"实际上沿用了税制改革前该项所得适用的税率，而与现行税法规定的"综合所得"适用税率之间缺乏明确的关联关系。从采用这一"预扣率"的征收效果看，除收入畸高者外，对劳务报酬所得的纳税人预扣税款形成的税收负担通常会高于年度汇算确定的税收负担，且因其最低一级"预扣率"高达 20%，对适用 3%、10% 税率的低收入群体而言，预扣预缴形成的税收负担会与汇算结果差距更为明显。由此可见，过高的"预扣率"导致了汇算清缴环节劳务报酬所得退税事项高发现象，这应当是一个不争的事实。

但是，笔者研究发现，"预扣率"过高并非这一问题的全部成因。一般而言，税基和税率是决定税负水平的最基本因素。笔者认为，除"预扣率"因素之外，劳务报酬等所得项目在预扣预缴环节采用的税基计算方法存在的缺陷也是导致其汇算清缴环节退税事项高发的一个不容忽视的

[①] 《财政部 税务总局关于个人所得税综合所得汇算清缴涉及有关政策问题的公告》（2019 年第 94 号）规定：2019 年 1 月 1 日至 2020 年 12 月 31 日居民个人取得的综合所得，年度综合所得收入不超过 12 万元且需要汇算清缴补税的，或者年度汇算清缴补税金额不超过 400 元的，居民个人可免于办理个人所得税综合所得汇算清缴。居民个人取得综合所得时存在扣缴义务人未依法预扣预缴税款的情形除外。

原因。

新税法规定，对劳务报酬所得在预扣预缴环节不允许减除每月 5 000 元的费用和专项扣除、专项附加扣除等项目。这对于在纳税年度兼有工资薪金所得和劳务报酬所得的纳税人而言并无不妥，其原因在于，上述各项费用在计算该纳税人工资薪金所得预缴税额时是可以得到减除的。但是，对于那些没有工资薪金所得的纳税人而言，如果在计算依劳务报酬所得预扣预缴税额时不允许减除上述各项费用，则意味着这些与维持其生计相关的费用全部被推迟到纳税年度结束之后减除。其结果必然造成预扣预缴环节的税基累计大于汇算清缴环节的税基，即使不考虑"扣税率"与税率之间存在差异的因素，发生超缴退税也在所难免。举例说明如下：

刘先生为中国居民，退休后无工资薪金所得，担任银行独立董事，每月薪酬 10 000 元，2019 年度总共从该银行取得薪酬 120 000 元。按照现行税制规定，个人担任公司董事且不在公司任职、受雇，取得的董事费应按劳务报酬所得项目征收个人所得税。假设刘先生在纳税年度内没有专项扣除、专项附加扣除，仅发生符合规定的公益性捐赠支出 1 000 元。其预缴和年度汇算个人所得税的情况如下：

每月预扣税款为：

$$10\ 000×（1-20\%）×20\% = 1\ 600（元）$$

全年预扣税款累计：

$$1\ 600×12 = 19\ 200（元）$$

全年应纳税所得额：

$$120\ 000×（1-20\%）-60\ 000-1\ 000 = 35\ 000（元）$$

全年应纳税额：

$$35\ 000×3\% = 1\ 050（元）$$

汇算清缴应退税额：

$$19\ 200-1\ 050 = 18\ 150（元）$$

结果是在该纳税人未发生专项扣除和专项附加扣除事项的情况下，全年应退税额已经达到应纳税额的 17.3 倍。假设其在纳税年度发生部分专项附加扣除，年终汇算结果可想而知。

由上例可见，采用这种办法确定税基虽然极大地简化了预扣预缴税额的计算过程，但也必然使预扣预缴税额与实际应纳税额之间出现较大差异，而且其差异额会在纳税年度内不断地"累积"，成为推高退税发生率及退税额的另一个重要因素。其结果不仅在一定程度上影响了纳税年度税收收入的真实性和入库的均衡性，而且在较长时间内占用了本应归纳税人所有和支配的资金，从而可能加大预扣预缴工作的阻力。

不言而喻，这一问题同样存在于稿酬所得和特许权使用费所得项目征收管理之中。只不过由于这两项所得的纳税人与劳务报酬所得项目的纳税人相比数量相对较少，其适用的"预扣率"只有20%一级，也远远低于劳务报酬所得项目40%的边际"扣税率"，因而使矛盾的显露不如劳务报酬所得项目突出而已。相比而言，四项"综合所得"采用的预扣预缴税额计算方法，应属工资薪金所得适用的"累计预扣法"更为合理。

（三）改进"综合所得"税款预扣预缴办法的对策

针对上述情况，建议区分纳税人的收入来源构成情况分别采用不同方法计算劳务报酬所得的预扣预缴税额。

1. 对纳税年度没有工资薪金所得而取得劳务报酬的居民个人，采用"累计预扣法"预扣预缴所得税

按照国家税务总局的解释，工资薪金所得属于非独立个人劳务活动得到的报酬，劳务报酬所得则是个人独立从事各种技艺、提供各项劳务取得的报酬。根据《国家税务总局关于印发〈征收个人所得税若干问题的规定〉的通知》（国税发〔1994〕89号）的规定。其主要区别在于，前者存在雇用与被雇用关系，后者则不存在这种关系。但二者同属劳动所得。鉴于此，有理由对劳务报酬所得采用与工资薪金所得类同的计税方法。对在纳税年度内仅取得劳务报酬所得而没有工资薪金所得的纳税人，可以按照目前对工资薪金所得采用的"累计预扣法"计算预扣预缴税额。此举不仅可以使纳税人的相关费用在预扣预缴环节得到及时扣除，而且能够解决目前因其适用的"预扣率"过高引发的问题。

2. 对兼有工资薪金所得和劳务报酬所得的纳税人，在保持预扣预缴环节现行税基计算方法的前提下改变其"预扣率"

由于此类纳税人每月5 000元的费用额以及专项扣除、专项附加扣除都可以在计算其工资薪金所得预扣预缴税额时减除，因而计算劳务报酬所得预扣预缴税额时自然无须再考虑上述费用的减除问题。这意味着在预扣预缴环节对此类纳税人仍采用现行方法计算税基。

此外，针对前文所述因劳务报酬所得适用的"扣税率"过高、严重背离"综合所得"适用税率而产生的弊端，有必要对现行的"扣税率"进行调整，使之更加接近"综合所得"适用税率的税负水平。笔者认为，关于"扣税率"的调整，采用非居民个人取得工资薪金所得、劳务报酬所得、稿酬所得和特许权使用费所得适用的个人所得税税率替代劳务报酬所得现

行"扣税率"比较合适（见表1）。这一思路主要基于以下理由：

第一，该税率表中3%~45%的七级超额累进税率与居民个人综合所得适用的税率是完全一致的；

第二，表中"应纳税所得额"一栏数据原本是为了适应非居民个人的工资薪金所得、劳务报酬所得、稿酬所得和特许权使用费所得按月或按次分项计算个人所得税的需要，依据居民个人综合所得适用的税率表（税法称"税率表一"）中的"全年应纳税所得额"按月换算来的，完全适用于对居民个人劳务报酬所得按月或按次预扣预缴税款。因而，有理由相信，如果以此为劳务报酬所得的"预扣率"，计算出的全年累计预扣预缴税额会与全年应纳税额更为接近，从而有利于避免在年度汇算环节出现退税业务高发现象。个人所得税预扣率如表1所示。

表1 个人所得税预扣率表

级数	应纳税所得额	税率（%）	速算扣除数（元）
1	不超过3 000元的部分	3	0
2	3 000元至12 000元的部分	10	210
3	12 000元至25 000元的部分	20	1 410
4	25 000元至35 000元的部分	25	2 660
5	35 000元至55 000元的部分	30	4 410
6	55 000元至80 000元的部分	35	7 160
7	超过80 000元的部分	45	15 160

二、个人所得税异地汇算清缴引发的地区间税收收入转移问题及其对策

现行《中华人民共和国个人所得税法》及其实施条例没有就"综合所得"的汇算清缴地点做出具体规定。《国家税务总局关于办理2019年度个人所得税综合所得汇算清缴事项的公告》（国家税务总局公告2019年第44号）规定："按照方便就近原则，纳税人自行办理或受托人为纳税人代为办理2019年度汇算的，向纳税人任职受雇单位所在地的主管税务机关申

报;有两处及以上任职受雇单位的,可自主选择向其中一处单位所在地的主管税务机关申报。纳税人没有任职受雇单位的,向其户籍所在地或者经常居住地的主管税务机关申报。"

毋庸置疑,上述规定为纳税人选择办理个人所得税年终汇算清缴地点提供了较大的空间,为纳税人遵从税法营造了便利的条件。但从其实施结果来看,却极容易发生个人所得税预扣预缴地与汇算清缴地不一致的情况,本文称之为"异地汇算清缴"。按照我国《预算法》和"分税制"财政管理体制的规定,每一级政府都有相对独立的预算,每个地区都具有相对独立的财政利益;而个人所得税属于中央与地方共享税种,其中40%的收入归地方政府分享。在此制度环境下,如果个人所得税的预扣预缴地与汇算清缴地不一致,难免引起由地方政府分享的那部分个人所得税收入在不同地区之间的转移,从而对不同地区之间的财政利益产生影响,这是一个不应当被忽视的现实问题。

其实,同为中央与地方共享税的企业所得税也出现过类似问题。2008年新企业所得税法实施之初,也曾因对不具有法人资格的营业机构实行"法人汇总纳税制度"而产生地区间税源转移问题。后来是本着"统一核算、分级管理、就地预缴、集中清算、财政调库"的原则,采取确定总、分机构所在地区的企业所得税分享比例等办法加以解决的。笔者认为,这一事例无疑表明了妥善处理地区间税收收入转移问题的必要性。但是,由于个人所得税纳税人众多,且同一纳税人在多个地区取得多项应税所得的情况非常普遍,而实行"法人汇总纳税制度"的企业为数较少,所以解决个人所得税"异地汇算清缴"产生的问题面对的情况可能更为复杂。

论及解决上述问题的对策,笔者有一个很不成熟的想法:如果把个人所得税由目前的共享税改为中央专享税种,这个问题就会迎刃而解。但是与此同时需通过提高其他某种共享税的地方分享比例或者采取其他方法给予地方政府规模相当的财力补偿。但是此举可能会引发地方政府与中央政府之间的财政"博弈"行为。

个人所得税异地汇算清缴引发的地区间税收收入转移问题不仅属于税收征管范畴,而且涉及财政管理体制。为此建议财政、税务主管部门应尽快就此问题展开专题调查研究,厘清因个人所得税汇算清缴因素导致不同地区间财政利益转移的问题及其所产生的影响,并提出对策建议。在开展此项调研的过程中应注意充分运用信息技术,并剔除新冠肺炎疫情期间限制人员流动等特殊因素对纳税人选择个人所得税汇算清缴地产生的影响。

在此基础上设计切实可行的解决方案。

附录：我国关于个人所得税的主要法律法规

1. 《中华人民共和国个人所得税法》。
2. 《中华人民共和国个人所得税法实施条例》。

加大农村生活卫生基础设施投资
促进城乡财政和公共服务均等化

郝如玉 曹静韬[*]

【摘要】 在我国农村,生活卫生基础设施贫乏一直是农民生活水平提升的一个短板。从当前来看,解决农村生活卫生基础设施贫乏问题具有重要的意义:它不仅是改善农村人居环境、提高农民生活品质的现实需求,而且是缩小城乡差距、实现城乡财政均等化的关键举措。为此,应借助我国当前不断加大"新基建"投资力度的契机,加大财政对农村生活卫生基础设施建设的投资,建立以国家财政为主导、国家与农民共同负担的农村生活卫生基础设施投资体制,切实解决农民生活中的现实问题,实现城乡财政和基本公共服务的均等化。

【关键词】 农村;生活卫生基础设施;投资;公共服务均等化

自中央实施脱贫攻坚、精准扶贫等措施以来,我国农民的生活发生了翻天覆地的变化。但是,农村生活卫生基础设施贫乏的状况却一直没有得到根本改观,厕所污水处理、垃圾处理等生活卫生问题仍困扰着广大农民。这一问题引起了中央领导的高度重视,2014年、2015年、2017年,习近平总书记多次对农村"厕所革命"做出重要指示。厕所革命的深刻意义在于:它不仅是改善农村人居环境、提高农民生活品质的现实需求,而且是缩小城乡差距、实现城乡财政均等化的关键举措。为此,我们建议,借助我国当前不断加大"新基建"投资力度的契机,加大财政对农村生活卫生基础设施建设的投资,切实解决农民生活中的现实问题,实现城乡财政和基本公共服务的均等化。

---

[*] 作者简介:郝如玉,中央统战部无党派专家财金组组长,第十一、十二届全国人民代表大会财政经济委员会副主任,北京哲学社会科学国家税收法律研究基地首席专家;曹静韬,首都经济贸易大学财政税务学院教授、经济学博士、博士研究生导师。

一、解决农村生活卫生基础设施缺乏问题,是提高农民生活质量的当务之急

近些年来,虽然农民的收入不断增加,但是,下水处理、污水处理、垃圾处理等生活卫生基础设施问题依然困扰着广大农民,使得农村与城市的日常生活形成鲜明对比。

在城市,生活卫生基础设施已经相当完善,对垃圾也开始实行科学分类处理;而广大农村地区的生活卫生基础设施却远远落后于城市,大部分农村的污水、垃圾仍以家庭自行处理为主,污水哪里低洼哪里流,垃圾哪里方便哪里扔,每到夏季,蚊蝇滋生,臭气熏人。一些地区的农村甚至出现了"垃圾围村"的现象。由于缺乏下水和污水处理设施,大部分农村家庭仍然无法在室内如厕,还是露天挖土坑解决问题。当前,解决农村的厕所、垃圾等生活卫生基础设施问题,已经成为提升农民生活质量的当务之急。

解决生活卫生基础设施匮乏问题,正是农村"厕所革命"的初衷与核心。当前,在农民的收入问题得到基本解决的情况下,最应推进的就是提升农民的生活质量,让农民切实感受到党和国家的关怀。而要提高农民的生活质量,当务之急就是解决农村卫生基础设施匮乏问题,使农民告别千百年来一直使用的风吹雨淋、无遮挡的厕所和垃圾到处飞的生活环境。为此,必须加大财政对农村生活卫生基础设施建设的支持力度。

二、加大农村生活卫生基础设施投资、实现城乡财政均等化,具有重大意义

农村生活基础设施的严重匮乏,反映出我国财政对农村生活卫生基础设施投资的不足。改革开放以来,我国经济发展和财政投资的重心一直放在城市。2002 年,党的十六大报告提出了"统筹城乡经济社会发展"的目标和要求。随后,中央又提出了"基本公共服务均等化"的战略目标。基本公共服务均等化的实质是财政均等化,它要求财政对城市和农村"一视同仁"。虽然财政均等化的实现受到政治、经济的制约,有个渐进的过程,但是,我国农村目前下水处理、污水处理、垃圾处理等基础设施的严重缺乏却反映出城乡差距过大,财政对农村生活卫生基础设施建设的投资明显不足。在这种情况下,加大财政对农村生活卫生基础设施的投资、实现城乡财政及公共服务均等化,具有特殊重要的意义。

(一)有助于维护社会和政治的稳定

实现城乡财政及公共服务均等化,要求城镇居民和农村居民享有同等

公共财政投入、享受同等水平的公共服务。城市居民与农村农民都是中国公民，再偏远的农村、再贫困的人民，也应有机会享受国家最低标准的基本公共服务。为此，公共财政的覆盖范围就应该包括城市居民和农村居民在内的所有公民。

当前农民生活面临的最大问题之一就是农村生活卫生基础设施建设力度仍然不足，特别是农村厕所下水道管网等建设滞后，农村污水处理和生活垃圾处理等问题长期得不到根本性解决。这已经成为影响国家经济发展和社会稳定的重要诱因。世界许多国家的经验表明，如果落后地区长期得不到政府强有力的财政支持、经济与公共服务问题长期得不到改善，就很容易产生离心倾向，甚至危害到国家的长治久安。

（二）有利于提高财政资金使用的效率

从经济学中的边际效用递减规律看，以城乡财政及公共服务均等化为目标，加大对农村生活基础设施的投资，比增加对城市基础设施的投资具有更高的效用，从而可以提高财政资金使用效率，实现社会福利最大化。

一直以来，我国财政对城市的支持力度都大于农村，这使得城市和农村的财力状况"苦乐不均"。对财力较为充裕的城市来说，财政的投入更像锦上添花；而对农村生活卫生基础设施的投入才是雪里送炭，财政资金的使用效率会更高。这是因为，与城市相比，农村对生活卫生基础设施的需求更为强烈、更为迫切，因而广大农民能从中获得更大的效用和满足感。这显然是将有限财政资金花到了"刀刃上"，更能体现财政资金的效率，这也是应对当前复杂多变的世界政治经济形势的一剂良方。

（三）有助于防止新冠肺炎疫情的扩散

从城乡一体的疫情防控需要看，改善农村生活卫生基础设施的状况，实现城乡财政及公共服务均等化，也是严防疫情扩散的重要手段。在新冠肺炎疫情防控过程中，许多地区的村镇都采取了"封村封路"等措施，严格限制外来人员入村。但是，这些措施虽然限制了疫情的外来输入，却未能避免村子内部可能出现疫情扩散的潜在风险。

由于在许多村子内部，垃圾乱扔、污水乱排等问题依然非常严重，一旦存在外来输入病例，或者村民与村外病例有过密切接触，这种垃圾乱扔、污水乱排的状况便有可能成为疫情传播的巨大隐患。农村一旦发生疫情，问题就十分严重，河北藁城区农村发生新冠肺炎疫情时实行的万人大迁移就是例子。只有建设好城乡一体的疫情防控体系，才能取得全国疫情防控的最后胜利。

三、农村生活卫生基础设施建设还面临着现实问题

要加大财政对农村生活卫生基础设施的投资，实现城乡财政和公共服务的均等化，还需要解决农村生活卫生设施建设中面临的现实问题。从我国近些年的新农村建设实践看，这些问题主要体现在以下两个方面：

第一，部分地区在农村生活卫生基础设施建设中存在形式主义、做表面文章等问题。人民日报、新华社、中央电视台对部分农村生活卫生基础设施建设"走过场"的现象进行了曝光。这也让我们警醒：要发挥财政对农村生活卫生基础设施建设投资的作用，心里必须装着人民，必须按照中央对新农村建设、"厕所革命"的要求，将农村生活卫生基础设施的建设落到实处。

第二，大部分农村的生活卫生基础设施建设都面临着"怎么建"的问题。这主要体现在：农村生活卫生基础设施建设既缺乏科学的规划指导，又缺乏适合农村和农民的技术方案。例如，有的农村建了多个厕所，化粪池多用玻璃钢，容量很小，难以满足实际需求；还有的农村使用大桶，不仅给农民带来了新的经济压力，还不能从根本上解决厕所脏乱差问题。由于既无科学的规划，又无可行的技术，许多农村的厕所建设都半途而废，不了了之。在部分农村，这种状况甚至重复出现，导致了财政资金的浪费，也失去了农民的信任。为此，必须根据农村的实际情况做好规划，制定符合农村特点的技术标准，真正解决农村生活卫生基础设施匮乏问题，为农民办好事、办实事。

四、政策建议

农村"厕所革命"的核心，是要加大财政对农村生活卫生基础设施建设的投资力度，实现城乡财政及公共服务均等化。为此，根据我国的国情，我们提出以下建议。

（一）建立以国家财政为主导、国家与农民共同负担的农村生活卫生基础设施投资体制

具体而言，财政投资的方向应为公共基础设施建设，主要是农民共用的基础设施网络（家庭之外的公共设施）建设。农民个人主要负担家庭内部（屋内）供自己家庭成员使用的设施建设费用，如房屋内部的沐浴、如

厕设施建设费用等。

其中，对农村生活卫生基础设施建设的投资，由中央财政、省级财政以及县级财政共同负担。根据各级政府的财力状况，考虑享有基本生活卫生环境是城乡公平、社会公平的体现，建议中央财政、省级财政的分担比例可暂定为 80∶20。这一比例的划分依据为：一是从事权角度考虑，中央应该占大头；二是近年来各地财政收支形势异常严峻，财政支出压力比较大。省以下的分担比例由各省自行研究确定，主要是考虑各市县财力状况差异较大。此外，还应鼓励各地根据地方特点、实际情况，通过贷款担保、贴息、设立引导基金以及畅通高收入群体和企业的捐赠渠道、鼓励社会捐赠等方式，积极引导金融资本、社会资本参与。这不仅有助于解决农村生活卫生基础设施建设面临的资金问题，还能发挥调节收入分配的作用，有助于共同富裕目标的实现。

（二）制定切实可行的农村生活卫生基础设施建设规划和技术标准

农村生活卫生基础设施的建设，应结合我国农村地域广阔、农民居住分散的特点，制定好分期、分步骤、分地区逐步推广的规划，并按照国家指导标准，落实各地、各类基础设施建设的技术标准。

从建设规划看，我们建议先以城市和乡镇为中心，向周围农村扩展；以农村下水（污水）处理、垃圾处理为重点，逐步构建农村生活卫生基础设施网络。

从技术标准看，2020 年，国家市场监督管理总局、国家标准化管理委员会根据大部分农村的具体情况，批准发布了《农村三格式户厕建设技术规范》《农村三格式户厕运行维护规范》《农村集中下水道收集户厕建设技术规范》等三项推荐性国家标准，对大部分农村的规划建设具有重大指导意义。

（三）加快农村中小型污水处理厂的研究设计和建设

农民居住相对分散的特点，为污水管网的建设带来了极大的困难，为此，应加快研究设计适应分散的小村落的中小型污水处理厂，并按照建设规划，加快具备条件地区的污水处理厂建设。

参考文献

[1] 郭思琪. 浅析农村"厕所革命"困境及优化路径 [J]. 现代农业研究, 2021（7）.

[2] 赵伯康. 河南省农村"厕所革命"问题研究 [J]. 合作经济与科技, 2021 (6).

[3] 李婕、王玉斌、程鹏飞. 如何加速中国农村"厕所革命"？：基于典型国家的经验与启示 [J]. 世界农业, 2020 (10).

新冠肺炎疫情下税收政策探讨

新冠肺炎疫情防控背景下我国公益捐赠税收政策的完善初探

冷功业*

【摘要】为了支持新冠肺炎疫情防控工作,财政部、税务总局2020年2月7日下发了《关于支持新型冠状病毒感染的肺炎疫情防控有关捐赠税收政策的公告》(财政部、税务总局公告2020年第9号),规定符合条件的防疫捐赠可在计算企业所得税前全额扣除,直接向承担疫情防治任务的医院捐赠防疫物品的捐赠人可凭捐赠接收函全额税前扣除。这一政策的实施具有阶段性、临时性,从而使我国出现了公益性对外捐赠支出的一般性、常规性税收优惠政策与临时性、阶段性税收优惠政策并存的局面。随着税收法定原则的落实,近几年税法不断完善,但对公益性捐赠支出的税收优惠政策,有些人仍存在一些模糊认识,本文就新冠肺炎疫情防控背景下我国公益捐赠的税收优惠政策体系进行系统梳理,并对公益捐赠的税收政策立法进行简单探讨。

【关键词】公益捐赠;税收政策创新;新冠肺炎疫情防控

2020年1月,新冠肺炎疫情暴发,随后迅速向全国蔓延,给国民经济正常运行带来了前所未有的困难。面对新冠肺炎疫情防控的严峻形势,税务部门与相关部门密切配合,围绕支持防护救治、支持物资供应、鼓励物资捐赠、支持复工复产四个方面,紧急出台了一系列支持疫情防控税收优惠政策,助力打赢疫情防控阻击战。为了支持新冠肺炎疫情防控工作,便

---

* 作者简介:冷功业,聊城大学商学院副教授。

于和鼓励社会各界慷慨捐赠新冠肺炎疫情防控物资，财政部、税务总局 2020 年 2 月 7 日下发了《关于支持新型冠状病毒感染的肺炎疫情防控有关捐赠税收政策的公告》（财政部、税务总局公告 2020 年第 9 号，以下简称"9 号公告"），规定符合条件的防疫捐赠可在计算企业所得税前全额扣除，直接向承担疫情防治任务的医院捐赠防疫物品的捐赠人可凭捐赠接收函全额税前扣除。这一政策的实施具有阶段性、临时性，使我国公益性对外捐赠支出一般性常规性税收优惠政策与临时性阶段性税收优惠政策并存。随着税收法定原则的落实，近几年税法不断完善，但有些人对公益性捐赠支出的税收优惠政策仍存在一些模糊认识，本文就新冠肺炎疫情防控背景下我国公益捐赠的税收优惠政策体系进行系统梳理，并对公益捐赠的税收政策立法进行简单探讨。

一、关于支持新冠肺炎疫情防控有关捐赠税收政策的基本规定

为了支持新冠肺炎疫情防控工作，9 号公告明确自 2020 年 1 月 1 日起实施以下税收政策（截止日期视疫情情况另行公告）：

第一，企业和个人通过公益性社会组织或者县级以上人民政府及其部门等国家机关，捐赠用于应对新冠肺炎疫情的现金和物品，允许在计算应纳税所得额时全额扣除。

第二，企业和个人直接向承担疫情防治任务的医院捐赠用于应对新冠肺炎疫情的物品，允许在计算应纳税所得额时全额扣除。

第三，单位和个体工商户将自产、委托加工或购买的货物，通过公益性社会组织和县级以上人民政府及其部门等国家机关，或者直接向承担疫情防治任务的医院，无偿捐赠用于应对新冠肺炎疫情的，免征增值税、消费税、城市维护建设税、教育费附加和地方教育附加。

二、关于支持新冠肺炎疫情防控有关捐赠税收政策的突破

关于支持新冠肺炎疫情防控有关捐赠的税收政策共涉及企业所得税、个人所得税、增值税、消费税、城市维护建设税、教育费附加和地方教育附加。

现行《中华人民共和国企业所得税法》（以下简称《企业所得税法》）和《中华人民共和国个人所得税法》（以下简称《个人所得税法》）规定，对纳税人发生的公益慈善捐赠支出可以在计算所得税前扣除。其中，《企业所得税法》第九条规定，企业发生的公益性捐赠支出，在年度利润总额 12% 以内的部分，准予在计算应纳税所得额时扣除；超过

年度利润总额12%的部分，准予结转以后三年内在计算应纳税所得额时扣除。《个人所得税法》第六条规定，个人将其所得对教育、扶贫、济困等公益慈善事业进行捐赠，捐赠额未超过纳税人申报的应纳税所得额百分之三十的部分，可以从其应纳税所得额中扣除；国务院规定对公益慈善事业捐赠实行全额税前扣除的，从其规定。

相比之下，此次出台的公益捐赠所得税政策有了三个方面的突破。

第一，突破了税前扣除比例的限制。9号公告明确规定，企业和个人通过公益性社会组织或者县级以上人民政府及其部门等国家机关，捐赠应对疫情的现金和物品，允许在计算应纳税所得额时全额扣除。企业和个人直接向承担疫情防治任务的医院捐赠用于应对新冠肺炎疫情的物品，允许在计算应纳税所得额时全额扣除。具体扣除办法，可以按照《财政部 税务总局关于公益慈善事业捐赠个人所得税政策的公告》（2019年第99号，以下简称"99号公告"）的规定执行。既可以在工薪所得预扣预缴个人所得税、分类所得代扣代缴个人所得税时扣除，也可以在综合所得年度汇算清缴时办理扣除。

第二，突破了程序的限制。考虑到疫情紧急，捐赠的对象增加了医院。政策规定，企业和个人直接向承担疫情防控任务的医院捐赠用于应对疫情的物品（即直接捐赠），允许在计算应纳税所得额时全额扣除。疫情期间受赠单位增加了承担疫情防治任务的医院（不接受现金，只接受货物才能享受），非疫情期间受赠单位只有公益性社会组织或者县级以上人民政府及其部门等国家机关。

第三，公益捐赠税前扣除凭据有所增加。正是因为捐赠的对象增加了医院，相应的捐赠税前扣除凭据也增加了一种——承担疫情防治任务的医院开具的捐赠接收函。企业通过公益性社会组织或者县级以上人民政府及其部门等国家机关，捐赠用于应对新冠肺炎疫情的现金和物品的，应及时要求对方开具公益事业捐赠票据，在票据中注明相关疫情防控捐赠事项。非疫情期间，受赠者为公益性群众团体的税前扣除凭据为公益性捐赠票据，受赠者为政府部门的税前扣除凭据为"非税收入一般缴款书"。该捐赠票据由企业妥善保管、自行留存。企业直接向承担疫情防治任务的医院捐赠用于应对新冠肺炎疫情的物品的，应妥善保管、自行留存对方开具的捐赠接收函。

在商品税方面，此次突破点在于：单位和个体工商户对外公益性和抗疫性捐赠实物（物品），无论是间接捐赠还是直接捐赠，一律享受减免增值税、消费税、城市维护建设税和教育费附加等。

三、我国对外捐赠的现行税收政策体系

对外捐赠在我国不同的税种中根据捐赠主体的不同而有所不同。根据增值税纳税人的规定，对外捐赠可以分为单位对外捐赠、个体工商户对外捐赠和个人（非经营者）对外捐赠。根据所得税纳税人的不同，对外捐赠分为企业对外捐赠和个人对外捐赠。根据捐赠方式的不同，对外捐赠可以分为直接捐赠（捐赠人直接向受赠人捐赠）和间接捐赠（捐赠人通过公益性社会组织或者县级以上人民政府及其部门等国家机关进行捐赠）。根据捐赠物的不同，对外捐赠可以分为现金资产捐赠和非现金资产捐赠。假定非现金资产都是可以交易的，根据我国增值税的征税对象的不同，可以把非现金资产分为货物（物品）、不动产、无形资产和服务，从而非现金资产捐赠包括货物（物品）捐赠、不动产捐赠、各种无形资产捐赠和服务捐赠。根据捐赠的用途，对外捐赠可以分为公益慈善捐赠和其他捐赠。

综合考察我国关于捐赠的税收政策法规，我国现行的对外捐赠税收政策体现在以下几个方面。

（一）现金对外捐赠的税收政策

1. 增值税

无论是直接的现金捐赠还是间接的现金捐赠，都不涉及增值税等商品税问题。

2. 企业所得税

第一，《关于企业扶贫捐赠所得税税前扣除政策的公告》（财政部、税务总局、国务院扶贫办公告2019年第49号，以下简称"49号公告"）第一条规定，自2019年1月1日至2022年12月31日，企业通过公益性社会组织或者县级以上（含县级）人民政府及其组成部门和直属机构，捐赠用于目标脱贫地区的扶贫捐赠支出，准予在计算企业所得税应纳税所得额时据实扣除。在政策执行期限内，目标脱贫地区实现脱贫的，可继续适用上述政策。

第二，9号公告第一条规定，抗击新冠肺炎疫情期间企业通过公益性社会组织或者县级以上人民政府及其部门等国家机关，捐赠用于应对新冠肺炎疫情的现金支出，允许在计算应纳税所得额时全额扣除。

第三，《财政部 税务总局关于公益性捐赠支出企业所得税税前结转扣除有关政策的通知》（财税〔2018〕15号，以下简称"15号公告"）明确规定，企业通过公益性社会组织或者县级（含县级）以上人民政府及

其组成部门和直属机构，捐赠用于慈善活动、公益事业的捐赠支出，在年度利润总额12%以内的部分，准予在计算应纳税所得额时扣除；超过年度利润总额12%的部分，准予结转以后三年内在计算应纳税所得额时扣除。

第四，直接现金对外捐赠，非用于慈善活动公益事业的现金对外捐赠，以及超过结转年限规定的用于慈善活动、公益事业的现金捐赠支出不得税前扣除。

3. 个人所得税

第一，9号公告第一条规定，个人通过公益性社会组织或者县级以上人民政府及其部门等国家机关，捐赠用于应对新冠肺炎疫情的现金，允许在计算应纳税所得额时全额扣除。

第二，《个人所得税法》第六条和99号公告规定，个人通过中华人民共和国境内公益性社会组织、县级以上人民政府及其部门等国家机关，向教育、扶贫、济困等公益慈善事业的捐赠（以下简称"公益捐赠"），发生的公益捐赠支出，未超过纳税人申报的应纳税所得额百分之三十的部分，可以从其应纳税所得额中扣除；国务院规定对公益慈善事业捐赠实行全额税前扣除的，从其规定。

第三，其他现金捐赠支出，不得在计算所得税前扣除。

（二）货物（物品）捐赠支出的税收政策

1. 增值税

第一，根据《关于扶贫货物捐赠免征增值税政策的公告》（财政部、税务总局、国务院扶贫办公告2019年第55号，以下简称"55号公告"）第一条和《增值税暂行条例实施细则》第四条第（八）项的规定，单位或者个体工商户直接无偿捐赠给包括832个国家扶贫开发工作重点县、集中连片特困地区县（新疆阿克苏地区6县1市享受片区政策）和建档立卡贫困村在内的目标脱贫地区的单位和个人，免征增值税。

第二，根据9号公告第三条的规定，单位和个体工商户将自产、委托加工或购买的货物，通过公益性社会组织和县级以上人民政府及其部门等国家机关，或者直接向承担疫情防治任务的医院，无偿捐赠用于应对新冠肺炎疫情的，免征增值税、消费税、城市维护建设税、教育费附加和地方教育附加。

第三，不属于前述两种情形的，也有相关规定。根据《增值税暂行条例实施细则》第四条第（八）项的规定，单位或者个体工商户将自产、委托加工或者购进的货物无偿赠送给其他单位的，视同销售，需要缴纳增值税、消费税、城市维护建设税、教育费附加和地方教育附加。

2. 企业所得税

第一，根据49号公告第一条的规定，自2019年1月1日至2022年12月31日，企业通过公益性社会组织或者县级以上（含县级）人民政府及其组成部门和直属机构，捐赠用于目标脱贫地区的扶贫捐赠支出，准予在计算企业所得税应纳税所得额时据实扣除。在政策执行期限内，目标脱贫地区实现脱贫的，可继续适用上述政策。

第二，根据9号公告第一条的规定，企业通过公益性社会组织或者县级以上人民政府及其部门等国家机关，捐赠用于应对新冠肺炎疫情的物品，允许在计算应纳税所得额时全额扣除。

第三，根据9号公告第二条的规定，企业直接向承担疫情防治任务的医院捐赠用于应对新冠肺炎疫情的物品，允许在计算应纳税所得额时全额扣除。

第四，15号公告明确企业通过公益性社会组织或者县级以上（含县级）人民政府及其组成部门和直属机构，捐赠用于慈善活动、公益事业的捐赠支出，年度利润总额12%以内的部分，准予在计算应纳税所得额时扣除；超过年度利润总额12%的部分，准予结转以后三年内在计算应纳税所得额时扣除。

第五，根据《企业所得税法》及其实施条例等法规，其他捐赠物品的行为，视同销售，征收企业所得税。

3. 个人所得税

第一，根据9号公告第一条的规定，个人通过公益性社会组织或者县级以上人民政府及其部门等国家机关，捐赠用于应对新冠肺炎疫情的物品，允许在计算应纳税所得额时全额扣除。

第二，根据9号公告第二条的规定，个人直接向承担疫情防治任务的医院捐赠用于应对新冠肺炎疫情的物品，允许在计算应纳税所得额时全额扣除。

第三，根据《个人所得税法》第六条和99号公告的规定，个人通过中华人民共和国境内公益性社会组织、县级以上人民政府及其部门等国家机关，向教育、扶贫、济困等公益慈善事业实施捐赠（以下简称"公益捐赠"），发生的公益捐赠支出，未超过纳税人申报的应纳税所得额百分之三十的部分，可以从其应纳税所得额中扣除；国务院规定对公益捐赠实行全额税前扣除的，从其规定。例如，通过中华慈善总会等机构进行的公益慈善事业捐赠，可以在计算个人所得税前全额扣除。

第四，其他物品捐赠支出，不得在所得税前扣除。

(三) 不动产、无形资产和服务等捐赠支出的税收政策

1. 增值税

第一，根据《财政部 国家税务总局关于全面推开营业税改征增值税试点的通知》（财税〔2016〕36号，以下简称"36号文"）附件1《营业税改征增值税试点实施办法》第十四条的规定，单位或者个体工商户向其他单位或者个人无偿提供服务，单位或者个人向其他单位或者个人无偿转让无形资产或者不动产，用于公益事业或者以社会公众为对象的，不视同销售，不征收增值税。

参考《公益事业捐赠法》第三条的规定，公益事业是指非营利的下列事项：①救助灾害、救济贫困、扶助残疾人等困难的社会群体和个人的活动；②教育、科学、文化、卫生、体育事业；③环境保护、社会公共设施建设；④促进社会发展和进步的其他社会公共和福利事业。

第二，单位或者个人、个体工商户向其他单位或者个人无偿转让无形资产、不动产或者服务，非用于公益事业或者不以社会公众为对象的，视同销售，需要缴纳增值税。

2. 企业所得税

第一，根据49号公告第一条的规定，自2019年1月1日至2022年12月31日，企业通过公益性社会组织或者县级以上（含县级）人民政府及其组成部门和直属机构，以无形资产、不动产和服务的形式捐赠用于目标脱贫地区的扶贫捐赠支出，准予在计算企业所得税应纳税所得额时据实扣除。在政策执行期限内，目标脱贫地区实现脱贫的，可继续适用上述政策。

第二，15号公告明确规定，企业通过公益性社会组织或者县级以上（含县级）人民政府及其组成部门和直属机构，以无形资产、不动产和服务形式用于慈善活动、公益事业的捐赠支出，在年度利润总额12%以内的部分，准予在计算应纳税所得额时扣除；超过年度利润总额12%的部分，准予结转以后三年内在计算应纳税所得额时扣除。

第三，根据《企业所得税法》及其实施条例等法规，其他捐赠无形资产、不动产和服务的行为，视同销售，征收企业所得税。

3. 个人所得税

第一，根据《个人所得税法》第六条和99号公告的规定，个人通过中华人民共和国境内公益性社会组织、县级以上人民政府及其部门等国家

机关,向教育、扶贫、济困等公益慈善事业实施捐赠(以下简称"公益捐赠"),发生的公益捐赠支出,未超过纳税人申报的应纳税所得额百分之三十的部分,可以从其应纳税所得额中扣除;国务院规定对公益慈善事业捐赠实行全额税前扣除的,从其规定。例如,通过中华慈善总会等机构进行的公益慈善事业捐赠,可以在计算个人所得税前全额扣除。

第二,其他不动产、无形资产和服务捐赠支出,不得在应纳税所得额中扣除。

4. 印花税

根据《印花税暂行条例》及其实施细则的规定,一般的赠予合同不涉及印花税,但如果赠予合同涉及产权转移如财产所有权、版权、商标专用权、专利权、专有技术使用权共5项产权转移的书据,应该就产权转移书据缴纳印花税,按所载金额万分之五缴纳。财产所有人将财产赠给政府、社会福利单位、学校所立的书据免纳印花税。

5. 土地增值税

根据《土地增值税暂行条例》及其实施细则的规定,以继承赠予方式无偿转让房地产的行为不属于土地增值税的征税范围。房地产赠予是指房地产所有人、土地使用权所有人将房屋产权、土地使用权赠予直系亲属或直接赡养义务人,或通过我国境内的非营利社会团体、国家机关将房屋产权、土地使用权赠予教育、民政和其他社会福利、公益事业。由此可见,房地产所有人、土地使用权所有人将房屋产权、土地使用权通过我国境内的非营利社会团体、国家机关将房屋产权、土地使用权赠予教育、民政和其他社会福利、公益事业,不缴纳土地增值税,其他非公益慈善性捐赠房地产应缴纳土地增值税。

(四)公益股权捐赠支出的税收政策

1. 增值税

根据36号文附件1《营业税改征增值税试点实施办法》的规定,纳税人股权转让收入属于资本利得,无须缴纳增值税,只需缴纳企业所得税或者个人所得税。

2. 企业所得税

第一,《关于公益股权捐赠企业所得税政策问题的通知》(财税〔2016〕45号)的规定,股权捐赠行为是指企业将持有的其他企业的股权、上市公司股票等向中华人民共和国境内公益性社会团体实施的股权捐赠行为。该通知明确,企业向公益性社会团体实施的股权捐赠,应按规定视同转让股权，股权转让收入额根据企业所捐赠股权取得时的历史成本确定。企业实施股权捐赠后，以其股权历史成本为依据确定捐赠额，并依此遵照《企业所得税法》第九条的规定，在年度利润总额12%以内的部分，准予在计算应纳税所得额时扣除；超过年度利润总额12%的部分，准予结转以后三年内在计算应纳税所得额时扣除。公益性社会团体接受股权捐赠后，应按照捐赠企业提供的股权历史成本开具捐赠票据。

第二，非公益股权对外捐赠、超过结转年限规定的公益股权捐赠支出不得税前扣除。

3. 个人所得税

第一，根据《个人所得税法》第六条和99号公告的规定，个人通过中华人民共和国境内公益性社会组织、县级以上人民政府及其部门等国家机关，向教育、扶贫、济困等公益慈善事业实施捐赠（以下简称"公益捐赠"），发生的公益捐赠支出，未超过纳税人申报的应纳税所得额百分之三十的部分，可以从其应纳税所得额中扣除；国务院规定对公益慈善事业捐赠实行全额税前扣除的，从其规定。例如，通过中华慈善总会等机构进行的公益慈善事业捐赠，可以在计算个人所得税前全额扣除。

第二，99号公告明确规定，个人发生的公益捐赠支出金额，按照以下规定确定：①捐赠货币性资产的，按照实际捐赠金额确定；②捐赠股权、房产的，按照个人持有股权、房产的财产原值确定；③捐赠除股权、房产以外的其他非货币性资产的，按照非货币性资产的市场价格确定。居民个人可以按照规定自行选择扣除公益捐赠支出的具体方式和顺序。

四、关于我国公益慈善捐赠税收政策完善的思考

总体而言，我国公益性对外捐赠支出一般性、常规性税收优惠政策与临时性、阶段性税收优惠政策并存。公益慈善捐赠的一般性、常规性税收优惠政策是主体，公益慈善捐赠的临时性、阶段性税收优惠政策是补充。它们共同构成了当前我国公益慈善捐赠的税收政策体系。就法律形式而言，公益慈善捐赠的一般性、常规性税收优惠政策体现在《企业所得税法》及其实施条例、《个人所得税法》及其实施条例、《增值税暂行条例》及其实施细则等税收基本法律法规中，公益慈善捐赠的临时性、阶段性税收优惠政策则往往体现在财政部、税务总局公告等税收部门规章或者税收规范性文件中。

与新冠肺炎疫情防控有关的捐赠税收政策具有临时性，实施具有阶段

性。该政策的出台及实施体现了财税部门应对疫情给予的政策支持，满足了捐赠人开展捐赠活动对于相关税收优惠政策的需要，有利于激发社会公益捐助活动的有序开展，为抗击疫情募集了丰富的捐赠物资和款项。既有对现有公益捐赠一般性常规性税收优惠政策的继承，又有所突破。其继承主要是针对我国相关税种的基本法律法规而言的，是在遵循税收基本法律法规的前提下，针对特定事件所发布实施的应急性措施，属于临时性、过渡性政策。其突破体现为较所得税法、增值税法等基本法律法规关于公益性、慈善捐赠的规定有所创新。如前所述，就所得税而言，在公益性和慈善捐赠的对象、捐赠的方式、捐赠税前扣除的比例以及捐赠税前扣除的凭据等方面有所创新。此外，在公益性、慈善捐赠的增值税等商品税方面也进行了创新探索。实际上，9号公告对《企业所得税法》及其实施条例、《个人所得税法》及其实施条例、《增值税暂行条例》及36号文等基本法律法规的创新并非首次。在此之前，就捐赠问题的税收政策创新主要体现在15号公告、49号公告、55号公告等税收部门规章中。这些文件对于公益性、慈善捐赠的所得税、增值税等政策已经较税收基本法律法规有所突破。所有这些，在《中华人民共和国增值税法》（征求意见稿）中已经有所体现。《中华人民共和国增值税法（征求意见稿）》第十一条明确规定了对外捐赠视同增值税应税交易，应当依照规定缴纳增值税：单位和个体工商户无偿赠送货物视同增值税应税交易，但用于公益事业的除外；单位和个人无偿赠送无形资产、不动产或者金融商品视同增值税应税交易，但用于公益事业的除外。可见，公益性捐赠在《中华人民共和国增值税法（征求意见稿）》中是作为非应税交易处理的，不属于增值税征税范围。将来在所得税法的完善以及慈善法、公共事业捐赠法的修订中也会有所体现，会更加明确公益性捐赠的不征税、免税或者减税规定，既可以切实促进公益慈善事业的发展，又可以使税制更加完善科学，体现税收的公平原则和效率原则。

需要注意的是，临时性、阶段性公益捐赠税收政策的出台应该符合税收法定的要求。临时性、阶段性公益捐赠税收政策的颁布实施应事先取得相应的授权或者有相应的法律依据。处理好临时性、阶段性公益捐赠税收政策对一般性、常规性公益捐赠的突破与继承是非常必要的。

综合考察我国现行的公益慈善捐赠税收政策可以看到，《个人所得税法》和《企业所得税法》把公益慈善捐赠作为减免税项目处理，允许税前扣除，减少应纳税所得额。在商品税法律法规方面，把公益慈善捐赠行为不作为应税交易行为，不征收增值税、消费税、城市维护建设税、教育费附加、地方教育附加。我们不应把公益慈善捐赠行为错误地理解为商品税上的减免税行为。

公益捐赠的标的物应该进一步细化。如前所述，我国目前关于公益慈善捐赠的标的物税法分为现金、货物、服务、无形资产、不动产和股权等六种。我们应借鉴发达国家的立法经验，结合社会进步中财富形式的多样性，在税收立法中进一步细化公益捐赠的标的物种类和公益捐赠的具体方式，比如无形资产公益捐赠项目的细化、服务公益捐赠项目的细化、金融商品公益捐赠项目的细化等。对于详尽的不同公益捐赠项目实施税收优惠政策，既是对公益慈善事业发展的推进和鼓励，也是对突发事件应急处理的税收政策灵活性的体现。

附录：我国相关公益性捐赠的税收政策清单

1. 《关于支持新型冠状病毒感染的肺炎疫情防控有关捐赠税收政策的公告》（财政部、税务总局公告 2020 年第 9 号）。

2. 《财政部 税务总局关于公益慈善事业捐赠个人所得税政策的公告》（2019 年第 99 号）。

3. 《关于企业扶贫捐赠所得税税前扣除政策的公告》（财政部、税务总局、国务院扶贫办公告 2019 年第 49 号）。

4. 《关于扶贫货物捐赠免征增值税政策的公告》（财政部、税务总局、国务院扶贫办公告 2019 年第 55 号）。

5. 《关于公益性捐赠税前扣除资格有关问题的补充通知》（财税〔2018〕110 号）。

6. 《关于公益性捐赠支出企业所得税税前结转扣除有关政策的通知》（财税〔2018〕15 号）。

7. 《中华人民共和国个人所得税法》及其实施条例（2019）。

8. 《中华人民共和国企业所得税法》及其实施条例（2017）。

9. 《中华人民共和国增值税暂行条例》及其实施细则（2008）。

10. 《财政部 国家税务总局关于全面推开营业税改征增值税试点的通知》（财税〔2016〕36 号）附件 1《营业税改征增值税试点实施办法》。

11. 《关于公益股权捐赠企业所得税政策问题的通知》（财税〔2016〕45 号）。

12. 《国家税务总局关于企业所得税有关问题的公告》（2016 年第 80 号）。

13. 《关于通过公益性群众团体的公益性捐赠税前扣除有关问题的通知》（财税〔2009〕124 号）。

14.《国家税务总局关于企业处置资产所得税处理问题的通知》(国税函〔2008〕828号)。

15.《关于我国公益性捐赠税收政策完善的思考》(财政部、税务总局、民政部公告2020年第27号)。

应对新冠肺炎疫情的财税政策研究

姚林香　卢光熙*

【摘要】 新冠肺炎疫情给我国的经济社会造成了巨大的冲击，我国出台的一系列财税政策在帮助政府做好疫情防控工作和支持企业复工复产等方面发挥了重要作用，但这些政策依然存在一些问题。为了更好地应对新冠肺炎疫情的冲击，建议在借鉴国外先进经验的基础上，提高税收优惠政策的合理性和有效性，拓宽财政补贴范围，健全危机管理财税政策，理顺中央与地方间财权与事权之间的关系。

【关键词】 新冠肺炎疫情；财政补贴；税收优惠

一、引言

新冠肺炎疫情对我国的经济社会造成了巨大影响。根据国家统计局4月17日发布的一季度国民经济数据，2020年一季度国内生产总值为206 504亿元，同比下降6.8%，其中第三产业增加值下降5.2%，一季度除与抗疫相关行业投资保持增长外，社会领域投资总体下降8.8%①。为应对新冠肺炎疫情的冲击，习近平总书记在2020年3月27日主持召开的中共中央政治局会议上指出，要抓紧研究并提出积极应对的宏观政策措施，积极的财政政策要更加积极有为，要落实好各项减税降费政策，加快地方政府专项债发行和使用。在习近平总书记讲话精神的指导下，国务院和各级地方政府部门迅速出台了一系列财税政策。在这些政策的刺激作用下，经济逐渐复苏，经济增长率由负转正。然而，在经济全球化的背景下，境外疫情仍然严峻，造成的经济波动还在继续，这事关我国经济的平稳发展，所以，全面分析应对疫情的财税政策，对疫情过后企业的复工复产以及国家长期经济发展目标的实现具有重要的现实意义。

关于应对新冠肺炎疫情的财税政策，国内外学者已经进行了深入的探

---

* 作者简介：姚林香，江西财经大学财税与公共管理学院教授、博士研究生导师；卢光熙，江西财经大学财税与公共管理学院博士研究生。

① 数据来源：http://www.stats.gov.cn/。

讨，主要从两个方面展开对抗疫财税政策研究，一是制定财税政策支持疫情防控，二是分析财税政策如何缓解疫情对经济的冲击。制定财税政策支持疫情防控方面的研究有：贝斯利等人（Besley et al，2020）对英国应对疫情防控的财税政策进行了研究，提出对失业者实施财政救济、加大公共卫生领域的财政支出、在财政上减轻中小微企业压力以及对医务工作者实施直接补贴等九项措施。詹青荣（2020）在总结梳理美国、意大利、韩国、澳大利亚防控疫情的财税政策的基础上，结合我国国情提出我国政府应对疫情防控应该着重考虑解决重点地区的财政缺口、加大税收优惠力度、加强财政管理制度化等建议。朱青（2020）建议国家可以考虑突破3%的财政赤字率限定，以更多的财政资金支持疫情防控，特别是要加大公共卫生领域的财政支出。蔡昌等（2020）指出政府需继续综合布局，实施精准减税，要在疫情防控人员个税、捐赠物资税前扣除、维持企业现金流等多个方面发力。李明等（2020）提出我国的财政政策应该以明确补短板为重心，积极布局关键领域，提升产业链关键环节竞争力。白彦峰等（2020）认为本次应对新冠肺炎疫情在短期内需要继续利用财政补贴和税收优惠政策，刺激经济复苏。在财税政策如何缓解疫情对经济的冲击方面的研究有：福尔纳罗和沃尔夫（Fornaro and Wolf，2020）以新凯恩斯模型为理论起点，通过建立三维分析框架研究新冠肺炎疫情对全球经济的破坏效应，研究发现积极的财政政策将有助于推动全球经济摆脱因疫情而导致的经济停滞状态。朱武祥（2020）通过设计问卷的方式研究疫情对中小微企业的影响，其结论表明财税政策与中小微企业的诉求仍然存在差距，并提出后疫情时期政府仍然需要积极减免中小微企业的税收，增加企业的现金流以保证中小微企业生存。

已有文献关注的焦点在于财税政策对疫情防控和刺激经济复苏的作用机理，而较少文献对我国现有应对新冠肺炎疫情的财税政策进行归纳梳理并展开深入的分析。据此，本文拟全面梳理我国应对新冠肺炎疫情的财税政策并分析其存在的问题，在借鉴国际经验的基础上提出应对新冠肺炎疫情的财税政策。

二、我国应对新冠肺炎疫情的财税政策现状及问题

（一）我国应对新冠肺炎疫情的财税政策

回顾历史，每次发生全国性重大的危机和灾害时，财税政策历来被认为是抢险救灾的根本保障，也是灾后恢复重建以及经济复苏的重要手段。

疫情期间，我国应对疫情的财税政策主要包括财政补贴、资金支持、转移支付、税收优惠以及提高地方财政留存比例五种形式，如表1所示。

表1 我国应对新冠肺炎疫情的财税政策

实施对象	政策类型	具体内容
个人	救治补贴	由个人负担且在保障范围外发生的患者医疗费用，中央和地方政府给予补助
	工作补贴	中央财政对参与接触病例的工作人员每天补助300元，对其他参与疫情防控的工作者每天补助200元
		湖北省一线医务工作人员临时性工作补助标准提高1倍，湖北省一线医务人员工资提高2倍
企业	行业补贴	对疫情期间执行飞行任务的国际定期客运航班给予奖励；对执行重大运输飞行任务的给予补贴；对疫情防控重点保障企业提供贷款贴息支持
地方政府	提高地方财政留存比例	缴入中央国库的中央收入，按照一定比例就地直接划入地方国库，留存地方使用
	转移支付	加快转移支付下达进度，向地方预拨多方面资金
企业	税收优惠	对于重点物资保障和生产企业：生产疫情防控重点保障物资的企业，所购进的相关设备允许当期一次性扣除；生产疫情防控重点保障物资的企业，可以申请全额退还增值税期末留抵税额；运输疫情防控重点保障物资的企业所取得的收入，免征增值税
		对于困难行业：因疫情暴发而亏损较大的企业，最长结转年限由5年延长至8年；对纳税人提供的公共交通等必需物资快递服务所取得的收入，免征增值税
		复工复产：免征湖北省境内小规模纳税人增值税，其他地区征收率由3%降至1%
		物资捐赠：符合条件的企业向灾区捐赠的病毒防护物资，可当期一次性在税前扣除；符合条件的单位和个体工商户无偿捐赠的物资，免征增值税、消费税、城市维护建设税、教育费附加以及地方教育附加
个人	税收优惠	参加防疫工作的医务人员和其他工作者所取得的符合标准的临时性工资或补助，免征个人所得税；单位发放给个人用于预防感染的物品，免征个人所得税；个人向承担防疫工作的医院所捐赠的防疫物资，允许在个人所得税应纳税所得额中一次性扣除；个人通过指定政府部门或社会慈善组织向社会捐赠的物资，允许当期一次性从应纳税所得额中扣除

资料来源：根据《应对新冠肺炎疫情税费优惠政策指引汇编》和财政部官网相关资料整理。

(二) 我国疫情防控财税政策存在的问题

财税政策在一定程度上稳定了宏观经济形势，减轻了个人和企业的经济负担，缓解了疫情对困难行业的冲击，但当前出台的财税政策还存在以下几个方面的问题。

1. 税收优惠政策不够合理

从一系列条款来看，一些税收优惠政策不够合理。一是当前的税收优惠政策局限于疫情防控，而对这些政策产生的衍生问题较少关注。个人所得税优惠条款中规定参加防疫的医务工作者获得的奖金和物品可免征个人所得税，但参加防疫的医务工作者难以界定，这就有可能诱使有些单位借此机会通过发放防疫物资避税。二是优惠范围有限。本次疫情对交通运输服务的税收优惠政策做了特殊规定，但航空运输、铁路客运服务不在本次疫情增值税免税范围内，且免征增值税的公共交通运输服务也仅仅包括城市轨道、长途客运等几个项目。三是优惠政策"一刀切"，不考虑实际情况。企业所得税的征税对象是企业的利润部分，而对于亏损企业来说实际上是根本得不到税收优惠的，这类特定税种优惠政策的局限性也构成了税收政策的局限性。

2. 财政补贴范围较窄

财政补贴的对象包括个人补贴和企业补贴，但补贴的范围明显较窄。一是个人补贴的对象包括病患和医务工作者，但是受到疫情影响的不是只有病患和医务工作者，还包括因为疫情而失业的人群，这部分人群也同样需要补贴来渡过难关。二是企业补贴的对象是疫情期间执行飞行任务的国际定期客运航班以及执行重大运输飞行任务的航空公司，然而，同为交通服务行业的铁路运输、邮政快递等行业却没有在财政补贴的范围内。三是财政仅对疫情防控的重点保障企业提供贷款贴息支持，但实际上，在疫情发生期间，众多企业面临着复工困难和固定成本高昂等问题。

3. 应急政策与税收法定原则相冲突

为有效应对新冠肺炎疫情造成的冲击，各地地方政府出台了多项减税降费措施，但其中部分条款缺乏必要的法律依据，也没有遵循相关的立法程序。从税法条款规定的内容来看，当前仅有企业所得税对突发事件有专门的优惠条款[1]，尽管个人所得税法规定自然灾害可根据实际情况出台减

---

[1] 《中华人民共和国企业所得税法》第三十六条规定，根据国民经济和社会发展的需要，或者由于突发事件等原因对企业经营活动产生重大影响的，国务院可以制定企业所得税专项优惠政策，报全国人民代表大会委员会备案。

免优惠政策,但疫情不属于自然灾害,所以减免个人所得税这类措施在法律上很难找到依据。又如纳税人延期申报这一税收优惠政策从立法源头来看,缺乏法律授权。因此,尽管出台防疫政策在当时刻不容缓,但从长期来看,必须要有完善的法律体系作为支撑以保障政策的规范性和有效性。

4. 中央和地方间财权与事权不匹配

我国危机管理的基本原则是"地方自救为主,中央补助为辅",但是此次疫情期间的实际情况是"地方政府为辅,中央政府为主",即抗击疫情主要依靠中央政府划拨大量资金,出现了中央与地方政府在危机管理中财权与事权不相匹配的现象。这固然可以归因于地方政府财力匮乏,但中央与地方之间财权与事权的不匹配造成了相互间财权的博弈,将直接影响危机管理的效果。

三、应对新冠肺炎疫情财税政策的国际经验借鉴

(一) 国外应对新冠肺炎疫情的财税政策

为抗击新冠肺炎疫情以及后续的经济复苏,各国出台了防疫抗疫和刺激经济的财税政策。国外应对新冠肺炎疫情的财税政策可分为财政激励和税收优惠两大类,其实施对象主要覆盖企业和个人两大主体,见表2。

表2 国外应对新冠肺炎疫情的财税政策

实施对象	政策类型	具体内容
个人	为贫困家庭和个人提供生活补助	①加拿大为因新冠肺炎疫情失去工作的人提供2 000加元的补助;②新加坡实施关爱与援助计划
	允许居民提前领取退休金	澳大利亚规定受新冠病毒感染的个人可以在2019/2020和2020/2021年度,免税领取不超过1万澳元的退休金
企业	对受疫情影响的行业和地区给予补助	①美国向航空、货运企业以及相关的行业提供直接援助或贷款支持;②新加坡推出1.12亿元的航空援助计划,港口费减半征收;③澳大利亚对疫情严重地区给予10亿澳元的经济补助
	向受疫情影响的企业提供补助	①澳大利亚为中小企业提供不超过10万澳元的补贴用于支付租金、电费等;②新加坡减免租用政府拥有/管理的设施的租客租金;③加拿大、澳大利亚、新加坡、爱尔兰为保留员工的企业提供工资补助
	增加医疗卫生的拨款	美国联邦机构拨付83亿美元用于医疗用品的开发、制造、采购

续表

实施对象	政策类型	具体内容
个人	税收优惠	退还个人所得税：美国根据居民纳税人毛所得确定退款数①
		提高税前扣除标准：波兰税法规定，个人纳税人为应对疫情而进行的捐赠，可以加计扣除
企业	税收优惠	提高扣除标准：①澳大利亚和波兰允许购买固定资产支出一次性扣除或允许固定资产加速折旧；②美国规定，2019至2020年度纳税人利息支出的扣除上限由原定的30%增加到50%；③泰国规定，中小企业发生的借款利息支出可以按照150%的比例在税前扣除，同时对符合条件的中小企业为员工支付的工资，可按300%的比例在所得税前加计扣除
		增加抵免：①美国税法规定，对于符合条件的雇主，其2020年3月13日至12月31日期间为每位雇员所支付的社保税等可以进行税收抵免；②符合条件的雇主2020年4月1日至12月31日期间向雇员提供带薪休假待遇，其支付的休假薪金可以在限额内从公司所得税中抵免，不足抵免的可以获得退税；③意大利税法规定，企业购买及安装用于工作场所的防护设备，相关成本可以进行税收抵免
		亏损结转：①波兰税法规定，纳税人2020年度的营业额比2019年同期下降50%时，纳税人可以用2019年的利润弥补2020年的亏损，最高不超过500万波兰兹罗提；②挪威税法规定，公司可以将2020年发生的亏损冲抵前两年的所得，最高冲抵金额为3 000万挪威克朗；③斯洛伐克税法规定，公司可以将亏损向以前年度结转，可结转至2014年
		延期申报：多国规定纳税人可以延期提交纳税申报表和延期缴纳税款，在此期间不会被罚款或收取利息；一些国家还规定在疫情期间暂停税收执法活动

资料来源：表格内容根据网址：http：//www.gjjmxh.com/gjjmxh/Article/ShowArticle.asp? ArticleID=4366 提供的信息整理得来。

① 美国居民纳税人毛所得（AGI）在75 000美元（夫妻联合申报，为150 000美元）以下，只要其不是另一纳税人的被抚养人并且拥有社会保障号码（SSN），即有资格获得1 200美元的退税（夫妻联合申报的可以获得2 400美元的退税）；如果其有子女，则每个子女可额外获得500美元的退税。AGI超过75 000美元的美国居民（夫妇联合报税情况下，AGI超过150 000美元），退税额逐步减少，所得每增加100元，退税额减少5%。当其AGI超过99 000美元时（夫妇联合申报，AGI超过198 000美元时），退税额为0。

(二）分析与启示

通过梳理国外应对新冠肺炎疫情的财税政策不难发现，与国外的先进经验相比，我国出台的疫情防控财税政策还有继续改进的空间。为更好地应对新冠肺炎疫情的冲击，需要全面比较分析国内外应对新冠肺炎疫情的财税政策，以期为下一步优化我国疫情防控的财税政策提供经验借鉴。

财政政策方面：一是国外财政补贴的范围更广。从实施对象为个人来看，我国对个人的补贴仅限于病患和参加抗击疫情的医务工作者，而国外将因为疫情失去工作的人也纳入财政补贴的范围。例如，加拿大为因新冠肺炎疫情失去工作的人提供 2 000 加元的补助，新加坡实施关爱与援助计划。从实施对象为行业企业来看，疫情期间，我国对执行飞行任务的国际定期客运航班以及执行重大运输飞行任务的航空公司给予补贴，而国外则对航空、货运以及相关的行业提供援助。不管是对个人的补贴还是对企业的补贴，扩大财政补贴的范围都更加有利于帮助企业或个人渡过财务危机，刺激经济复苏。二是国外的财政补贴政策的针对性更强。疫情期间，企业停工停产，面临固定成本高昂等问题，员工工资支出成为刚性支出，占企业总支出的很大比例，因此，为企业提供工资援助有利于减轻企业负担。从国外抗击疫情的财政补贴政策来看，加拿大、澳大利亚、新加坡、爱尔兰为保留员工的企业提供工资补助，而我国的财政补贴却没有类似的规定。显然，政府为企业提供工资援助的政策精准度高，效果显著，有利于帮助企业减轻负担，推进复工复产。三是国外财政补贴政策更加多样化。我国的财政刺激政策仅包括救治补贴、工作补贴以及行业补贴三大类，而国外的财税政策不仅包含这三个方面，更是创新性地允许居民提前领取退休金，增加居民的现金流，帮助个人渡过难关。例如，澳大利亚规定受新冠肺炎疫情影响的个人可以在 2019/2020 和 2020/2021 年度，分别免税领取不超过 1 万澳元的退休金。

税收优惠政策方面：一是国外的税收优惠政策种类更多。从我国应对新冠肺炎疫情的一系列税收优惠政策文件来看，其类型主要包括延长亏损结转年限、减免小规模纳税人征收率、物资捐赠扣除以及个人所得税减免几大类，而国外的税收优惠政策除了这些以外，还包括居民退税、提高扣除标准、增加抵免以及亏损向前结转等措施。二是国外的税收优惠政策更具有有效性。政府出台免征湖北省境内小规模纳税人增值税，其他地区征收率由 3% 降至 1%，但是增值税是价外税，降低征收率的最终受益人是消费者，与生产者的关系并不大，同泰国对中小企业发生的借款利息支出可以按照150%的比例在税前扣除的政策相比，明显后者对生产者的减税获得感更强。三是国外的税收优惠政策更加灵活。我国税法规定，受疫情亏损较大的企业，最长结转年限由5年延长至8年，即只能向后延长，而根据斯洛伐克税法的规定，公司可以将亏损向以前年度结转至2014年，即不仅能向前结转，也能向后结转，同样，挪威税法规定，公司可以将2020年发生的亏损冲抵前两年的所得，最高冲抵金额为3 000万挪威克朗。这样做的好处在于企业可以立刻享受到亏损带来的税收返还，能帮助企业进一步缓解财务危机。

四、应对新冠肺炎疫情财税政策的优化建议

新冠肺炎疫情给人们带来的是一场健康和经济危机，应对疫情已经实施了一系列的政策手段，新冠肺炎疫情得到有效控制，但疫情引发的经济波动正向人们趋近。财政在国家治理中起着基础支柱和保障性作用，负有应对疫情防控和经济复苏的重任。因此，在借鉴国际经验的基础上结合国情优化财税政策是发挥财政作用、实现经济复苏、稳定经济增长的关键。

首先，提高税收优惠政策的合理性和有效性。一是在增值税方面，建议将银行贷款利息作为进项税额从销项税中抵扣，降低企业的税收负担，同时，对受疫情影响较大的交通运输等生活性服务业的增值税进项税额给予一定比例的加计扣除。二是在企业所得税方面，建议对制造业企业通过技术革新、产品研发等创新获取的超额利润，在征收企业所得税时减按一定的比例征收。三是考虑企业的实际情况，探索更加灵活多样的税收优惠政策。例如，将企业亏损适当地向前结转，具体年限视情况而定，同时也将居民退税、增加抵免等政策纳入税收优惠政策。四是制定税收优惠政策要考虑由此衍生的问题，以此提高税收优惠政策的有效性。

其次，拓宽财政补贴的范围。一是将因为疫情失业的人群纳入财政补贴的范围。虽然疫情得到了控制，但经济并没有完全复苏，仍然有很大部分的人处于失业状态，而且这部分人还面临着房贷等刚性支出，疫情给人们的生产生活带来极为不利的影响。鉴于此，可以借鉴加拿大与新加坡的做法，将因疫情失业的人群纳入财政补贴的范围，这也是财政发挥社会保障职能的重要体现。二是尽可能地将财政补贴的范围扩大到所有困难的行业之中。疫情期间，众多行业面临着负担重、开工难的难题，因此，财政补贴的范围除了航空运输服务外，还应该把受到疫情严重影响的行业纳入财政补贴的范围。三是积极开拓替代财政补贴的政策。面对疫情的冲击，澳大利亚规定受新型冠状病毒感染的个人可以在2019/2020和2020/2021

年度，分别免税领取不超过 1 万澳元的退休金。基于澳大利亚的经验，我国可以考虑允许受疫情影响的个人提取住房公积金，这不仅解决了居民财务危机的问题，也减轻了政府的财政压力，同时还能拓宽住房公积金的使用渠道，激发市场活力。

再次，健全危机管理财税政策的法律保障。一是在各部税收实体法中明确各级政府制定税收优惠政策的权限，以此来维护税收法定地位。比如在增值税暂行条例、个人所得税法等税收实体法中明确国务院、财政部、国家税务总局等部门在面临公共危机时出台的相关税收政策，并对相关税收政策的方式、程序、权限都做出明确规定，使相关部门在实际操作过程中更为规范。二是在税收征管法规中，明确"不可抗力"的具体含义以及地方政府出台税收优惠政策的权限。三是在危机管理法案中明确突发事件出现时财税政策出台的合法性。

最后，理顺中央与地方间财权与事权之间的关系。一是明确事权。当前我国规定应对公共危机采取以中央为辅、地方为主的原则，这种权限不分的划分原则在应对公共危机时容易产生效率低下、相互推诿等问题。中央和地方财权与事权的划分可以参考美国的经验，建议：三、四级危机由地方处理，由地方财政承担责任；二级危机由地方和中央共同处置，分别划定不同的比例承担；一级及一级以上灾难发生后主要由中央处置，由中央承担财政责任。这样就从程序上划分清楚了政府间的财政权责，建立了应对公共危机的长效机制。二是强化财权。疫情期间，地方政府由于财力匮乏，在应对疫情时常常捉襟见肘，应对疫情的积极性不高。所以现有财政体制也需要进一步改革，扩大地方财权，确立地方主体税种，使地方政府在危机来临时发挥更好的应急管理作用。

参考文献

[1] 詹清荣．各国运用财税手段应对新冠肺炎疫情的主要做法及思考［J］．国际税收，2020（4）：7-12．

[2] 朱青．防控"新冠肺炎"疫情的财税政策研究［J］．财政研究，2020（4）：9-14．

[3] 蔡昌，徐长拓，王永琦．新冠肺炎疫情防控的财税对策研究［J］．税收经济研究，2020，25（2）：10-19．

[4] 朱武祥，张平，李鹏飞，等．疫情冲击下中小微企业困境与政策效率提升：基于两次全国问卷调查的分析［J］．管理世界，2020，36（4）：13-26．

[5] 李明，张璿璿，赵剑治．疫情后我国积极财政政策的走向和财税体制改革任

务[J].管理世界,2020,36(4):26-34.

［6］白彦锋,李泳禧.重大疫情下的财税政策研究:对美国经验的借鉴与启示[J].财政科学,2020(2):5-16.

［7］BESLEY T, JARAVEL X, LANDAIS C. Treasury select committee-call for evidence on Covid-19 financial package[J]. Journal of economic theory, 2020, 12(2):151-166.

［8］FORNARO L, WOLF M. Covid-19 Coronavirus and macroeconomic policy: some analytical note[J]. Journal of international economic, 2020, 9(10):68-79.

新冠肺炎疫情冲击下我国助企纾困政策效应研究

高 爽 李为人[*]

【摘要】 新冠肺炎疫情对我国经济造成了多方面的冲击和影响,部分企业的发展甚至生存面临着严峻的挑战。如何科学有效地助企纾困,是摆在包括税收行政管理部门在内的政府有关部门的重要课题。新冠肺炎疫情对服务行业的影响最为直接,中小微企业受到的冲击最为严重,外向型企业受到的影响不容忽视。本文分析了我国自疫情发生以来出台的包括降低成本、打通供应链、稳定企业资金链条、提供更便利的纳税服务在内的一系列帮扶企业度过困难时期的财税政策对我国企业、财政、社会的影响和效应,并提出相应的政策完善建议。

【关键词】 新冠肺炎疫情;复工复产;助企纾困;政策效应

一、引言

自2012年以来,我国面临经济下行压力,国内生产总值(GDP)增速下降,加之中美贸易摩擦的影响,部分企业经营面临巨大压力,2020年初暴发的新冠肺炎疫情更是使企业经营和发展雪上加霜,受各种固定支出与营业利润影响企业面临资金链断裂以及生产成本提高等问题,由此引发就业问题和社会稳定问题。为此,我国出台了一揽子政策支持企业尤其是中小微企业的恢复发展。这些政策措施施行效果如何?在多大程度上达到了政策预期目标?今后将如何进一步完善?这些都是需要研究的问题。本文试图分析我国自疫情发生以来出台的包括降低成本、打通供应链、稳定企业资金链条、提供更便利的纳税服务在内的一系列帮扶企业度过困难时期的财税政策对我国企业、财政、社会的影响和效应,并提出相应的政策完善建议。

---

[*] 作者简介:高爽,中国社会科学院大学商学院2020级税务硕士研究生;李为人,中国社会科学院大学商学院副院长,税务硕士教育中心主任。

二、我国应对新冠肺炎疫情冲击采取的助企纾困财税政策分析

新冠肺炎疫情带给企业的冲击是多方面的。一是在资金流方面,企业的经营收入大幅度下跌,但是包括工资、房租在内的经营成本并没有相应地减少,企业的资金流面临断裂的风险,尤其是小微企业在资金储备方面更是存在劣势,在疫情的冲击下面临倒闭的风险更大。二是在企业的供应链方面,存在同一供应链上下游企业复工复产未必同步、供应链断裂的可能。三是在需求方面,面临着国内居民预期悲观、消费动力不足的问题。为了帮助企业解决以上的困难,我国政府在以下几个方面出台了一系列政策。

(一) 减税降费降成本

疫情的暴发给我国企业带来了很大的冲击,企业复工复产困难,加之整体经济不景气,企业的营业收入下降,还要承担房租、工资等一大笔支出,企业的生存压力变大。为此,我国出台了一系列疫情期间临时性减税降费的政策,详情见表1。

表1 我国疫情期间新出台的减税降费政策

优惠内容	政策依据
1. 阶段性减免增值税小规模纳税人增值税 2020年3月1日至2012年12月31日,对湖北省增值税小规模纳税人,适用3%征收率的应税销售收入免征增值税;对除湖北省以外,其他省、自治区、直辖市的增值税小规模纳税人适用3%征收率的应税销售收入减按1%征收率征收增值税	财政部、税务总局公告2020年第13号、税务总局公告2020年第5号
2. 阶段性减免企业养老、失业、工伤保险单位缴费部分 2020年2月1日至12月31日,各省(除湖北省外)对大型企业等其他参保单位(不含机关事业单位)三项社会保险单位缴纳部分减半征收;对湖北省免征大型企业等其他参保单位(不含机关事业单位)三项社会保险单位缴费部分	人社部发〔2020〕11号、税总函〔2020〕33号、人社部发〔2020〕49号
3. 阶段性减免以单位方式参保的有雇工的个体工商户职工养老、失业、工伤保险 2020年2月1日至12月31日,免征以单位方式参保的有雇工的个体工商户三项社会保险单位缴费部分	人社部发〔2020〕11号、国市监注〔2020〕38号、人社部发〔2020〕49号

续表

优惠内容	政策依据
4. 阶段性减征职工基本医疗保险单位缴费 2020年2月起，各省可在确保基金收支中长期平衡的前提下，对职工医保单位缴费部分实行减半征收，减征期不超过5个月	医保发〔2020〕6号、税总函〔2020〕33号
5. 受疫情影响较大的困难行业企业2020年度发生的亏损最长结转年限延长至8年 困难行业，包括交通运输、餐饮、住宿、旅游四大类	财政部税务总局公告2020年第8号

（二）大数据打通供应链

在助力企业复工复产期间，企业除了自身运营的问题外，还面临着来自企业外部的问题。由于同一产业链的企业复工复产的时间并不完全一致，产业链未能形成复工闭环，不少企业在不同程度上存在原材料供应不足、产品销售受阻等困难，"无米下锅"的情况导致企业难以全面复工复产。与此同时，物流通道缺乏统筹管理，各地限制要求不一，导致物流不畅甚至受阻，也在一定程度上为产业链的闭环管理造成了负面影响。产业链环环相扣，一个环节阻滞，上下游企业都无法正常运转。

为此，税务部门充分发挥税收大数据的优势，通过能够反映企业生产经营状况的增值税发票数据，分析企业同期的进项销项税额数据，发现企业差异过大的数据，以及产业链上下游需要解决的问题，及时与企业联系，再通过对其他企业的数据监控，帮助企业介绍其他可替代企业解决产业链断开问题的办法，从而精准发力、精准帮扶，为企业减负纾困。

（三）金融支持供资金

企业正常运转的背后离不开资金的流转，但是为了遏制疫情蔓延，各地采取限制营业或停业等严格措施，企业面临无法创收或者营业收入下降，房租、工资以及员工的保险费用仍需负担的现状，在这样的情况下，企业尤其是小微企业随时面临资金链断裂的危险。不仅如此，小微企业还由于可抵押物少，没有与银行合作的记录，很难申请到贷款，这更使小微企业在资金问题上雪上加霜。为了保障企业的资金能够正常运转，我国通过采取几种支持政策给予企业资金方面的支持，详情见表2。

表 2 我国疫情期间对企业金融支持政策

类别	优惠内容	政策依据
税收支持	延续支持小微企业、个体工商户和农户普惠金融有关税收优惠政策 对金融机构向农户、小微企业及个体工商户发放小额贷款取得的利息收入，免征增值税 对金融机构向农户发放小额贷款取得的利息收入，在计算应纳税所得额时，按90%计入收入总额等	财税〔2017〕44号、48号、77号、90号，财政部税务总局2020年第22号
银税互动	"银税互动"助力小微企业复工复产 深挖数据价值，企业的纳税数据具有真实、及时、科学、有效等特点，增值税、所得税等数据和企业购进、销售等日常经营活动息息相关，银行可用纳税数据通过模型推算，较为真实地还原企业生产经营情况，将纳税人无形的信用资产转变成扶持小微企业发展的有形资金	税总办发〔2020〕10号

（四）发放消费券扩内需

疫情对于我国经济的影响表现为供给侧和需求侧双重因素的交织。在疫情初期，由于疫情防控的需要，消费者居家隔离且严格保持社交距离，与人员流动相关的消费活动和聚集性的消费活动，如住宿、餐饮、旅游、娱乐等消费需求受到抑制。在疫情基本稳定后，受疫情冲击，加上经济下行和国际环境不稳定，人们收入下降，消费信心不足，服务业需求疲软。企业在复工复产后面临消费不足的问题，为应对需求不足的问题，各级地方政府发放消费券，以消费券的杠杆效应来刺激消费、扩大内需。

截至2020年9月，全国整体发放消费券总额超过300亿元。各地发放的消费券涉及行业非常广泛，大部分都是受疫情冲击较大的旅游、健身、餐饮服务等第三产业。

从消费券发放的效果来看，其对消费的刺激作用明显，这主要是由于消费券的杠杆效应。据北京大学光华管理学院测算，每1元钱的政府补贴能带动3.5元至5.8元的新增消费，杠杆效应能够达到3.5倍以上。

消费券在刺激消费的同时，需求的上涨也刺激了广大商家，尤其是有效帮助了小微商户。根据支付宝公布的数据得知，中小规模商家是消费券的最大获益者，九成消费券流入小店，支持消费券的小店流水增长超过70%，超过疫情前水平。

（五）税收征管行方便

一方面，受疫情影响，税收支持政策中适当延长纳税申报期限可有效避免人员流动，并且为企业资金周转安排了一段"缓冲期"，避免了较重的税收负担进一步阻碍企业复工复产。

另一方面，在税收管理现代化的技术上，税务部门推进非接触式办税，通过电子税务局或手机 App 平台所有的事项尽可能在网上办理，给在疫情期间活动范围受限的企业提供了方便安全的办税途径。

三、新冠肺炎疫情期间助企纾困财税政策效应分析

（一）从企业的角度分析

1. 复工复产率

工业和信息化部提供的数据显示，截至 2020 年 2 月 14 日，全国平均复工率约为 42%，复工复产率存在显著的地区间差别，人口流动性较弱的云南、贵州、西藏等地的复工率指数较高，约为 70%，包括北京、上海、广州、深圳、成都在内的五座流动性较大的城市，复工复产较其他城市存在难度，复工率均不足 40%。在企业复工复产的进程中，中央企业、国有企业走在前列，对于为疫情防控提供充足物资保障、为稳定经济社会大局提供有力支撑具有重要意义。

截至 5 月 18 日，全国中小企业的复工率达到 91%。由于疫情对不同行业的冲击不同，分行业来看，不同行业的复工复产率也存在着一定程度上的差别，工业行业的复工复产率居于领先地位，接近 100%，制造业、建筑业等第二产业排在其后，复工率是 93%，均高于服务业的 90%。随着复工复产进度的加快，各个行业的差距也在进一步缩小。

我国的复工复产率的提高也得益于国家财税部门自 2 月初开始出台的一系列应对疫情的政策。我国疫情高峰期在 2020 年 2 月中旬，自 2 月初便开始出台应对政策，这在一定程度上鼓励了企业复工复产，帮助企业走出困境。

2. 营业利润

对于企业来说复工复产率的提升，并不一定代表着盈利的恢复，通过比较企业同期营业利润率，我们可以更好地了解这次疫情对企业的冲击，并且对接下来的企业帮扶制定针对性政策。

本文采用国内生产总值（GDP）这一指标来衡量企业的营业收入情况。国家统计局提供的相关数据显示，我国疫情期间 GDP 整体走势呈现 V

形，各大产业均在3月呈现低谷，此时疫情正处于高峰期，全国GDP第一季度同步下降6.8%，其中第二产业受挫最大，同比下降9.6%，其次是第三产业，同比下降5.2%（见图1）。

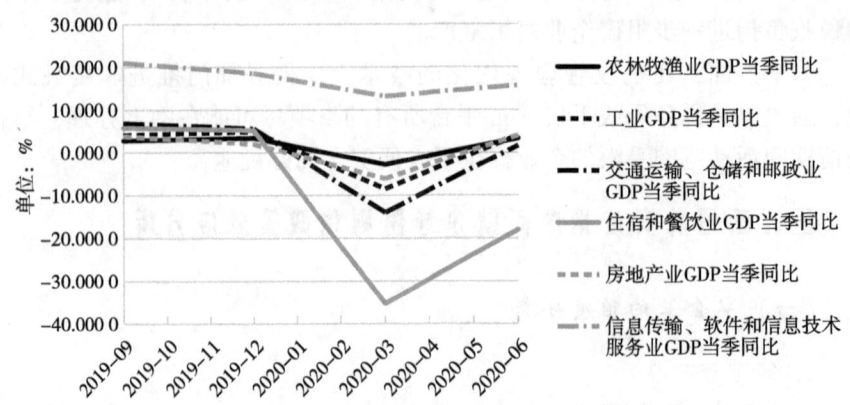

图1　全国及各产业GDP当季同比数据

资料来源：国家统计局网站。

从各行业来看，住宿业和餐饮业等服务行业受挫最大，第一季度GDP同比下降35.3%，交通运输、仓储等行业GDP同季下降排在其后，为14%（见图2）；但是软件和信息技术服务业等行业，不受实体场景和线下使用的束缚，受疫情影响较小，在疫情期间仍然保持上涨，其中第一季度同比增长13.2%，第二季度同比增长15.7%。

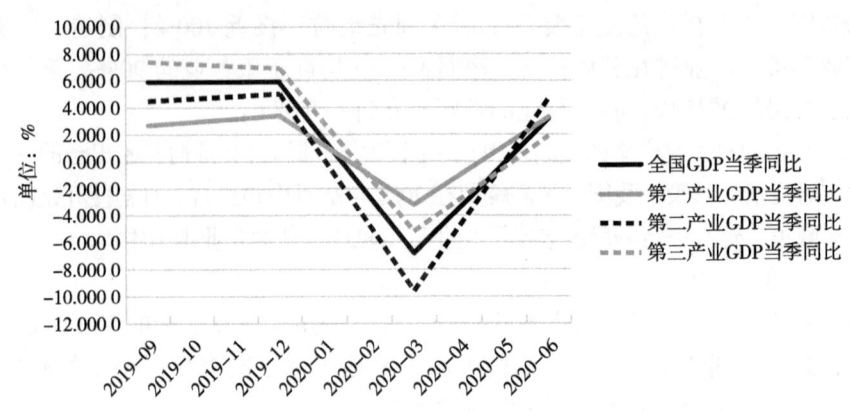

图2　我国主要行业GDP当季同比数据

资料来源：国家统计局网站。

通过数据对比得知,国家财税政策对企业的扶持并没有完全抵消来自疫情的冲击,企业的经营利润率较2019年回落不少,并且行业的性质也与利润存在相关性,受影响的程度各不相同。但是随着疫情的常态化和支持政策的持续发力,企业的经营状况逐渐好转,大部分行业的盈利水平都恢复到疫情前的平均水平。

(二)从国家财政的角度分析

为积极应对疫情给我国经济带来的冲击,我国实施更为积极的财政政策以扶持经济稳定。受多重因素影响我国财政收入下降较多,如企业经营受疫情影响导致税基减少。同时,为保证疫情及时得到控制,我国在医疗方面投入了巨大资金,财政收支之间的差距逐渐扩大。《政府工作报告》提出,2020年财政赤字率按3.6%以上安排,赤字规模比2019年增加1万亿元,较2019年提高0.8个百分点以上,这也是我国赤字率首次突破3%;同时发行1万亿元抗疫特别国债,这也是我国第三次发行特别国债。

新增的1万亿元赤字和同时发行的1万亿元国债将通过建立特殊转移支付机制全部转给地方,抵达资金需求的一线,使积极财政政策发力迅速,缓解基层财政矛盾,更好地帮助企业渡过生存寒冬,提升消费市场的信心。同时这笔两万亿元资金主要用于保就业、保基本民生、保市场主体,包括减税降费、减租降息、扩大消费和投资等,对于我国做好"六稳""六保"工作十分重要。

首先,从绝对值上分析,2020年我国财政收入呈V形走向,2月时达到低谷(见图3),此时为我国的疫情高峰期,大部分企业都无法正常进行营业或者生产,税基大幅度减少,2月我国开始制定颁布一系列财税优惠

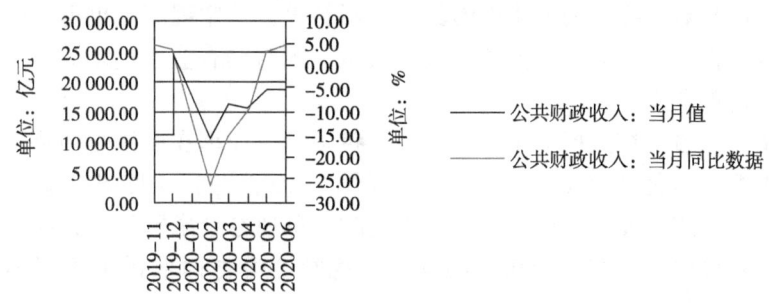

图3 我国财政收入及增减变化

资料来源:国家统计局网站。

政策帮扶企业渡过疫情难关，牺牲临时的财政收入，换取财政的长远可持续发展。在疫情后期，随着我国复工复产进度的加快，大部分受益于积极财税政策的企业，开始为我国的财政收入做出应有的贡献，到2020年五六月份财政收入几乎恢复到疫情冲击前的水平。

其次，从相对值上分析，在经历了五个月的财政收入负增长后，我国于6月和7月连续两个月实现财政收入同比净增长，分别为3.2%和4.3%。这反映了我国疫情前期积极的财税政策发挥了积极的成效。其中，6月工业增加值、固定资产投资、工业企业利润等增幅均呈现回升态势，带动7月全国税收收入增长5.7%。

在经济遭受重创时期，实施积极的财政政策虽然面临着压力，但是从长期来看，疫情期间出台的一系列优惠政策可以在危机中扶持企业渡过难关，保证我国税收贡献主体长期存在，涵养了税源，更加具有长期的经济价值，特别是具有疫情经济的特殊时效意义。

（三）从社会的角度分析

疫情期间国家出台了一系列财税政策，不仅包括助力企业复工复产的财税政策，而且包括支持防疫救助的财税政策，这相当于给因疫情暴发而恐慌的群众注射了一针镇静剂，让百姓对于疫情的稳定和经济的恢复有了积极的预期，尤其是反观国际社会应对疫情的反应，我国在疫情期间执行强有力的政策给百姓带来了更多的信心。

在国家助力企业复工复产方面，对吸纳我国大部分就业人员的小微企业给予政策优惠，在一定程度上稳定已有的工作岗位，同时积极引导各事业单位、国有企业在适度范围内扩招应届毕业生，也给社会新增就业人群带来了更多的就业机会。

纵向来看，我国的失业规模其实并不算大，一定程度上也可以归功于我国为积极扶持企业而出台了一系列政策，既帮助企业渡过难关，也稳定了整体的就业水平。

横向来看，在数据上相比于美国，我国的失业率在可接受的范围内小幅度上调，而美国的失业率的波动为我国的10倍左右（见图4）。由此看出，我国在应对疫情给经济带来的危机时，迅速在金融财税等方面出台了一系列积极政策，在稳经济、稳就业、稳社会等方面取得了相当不错的成绩。

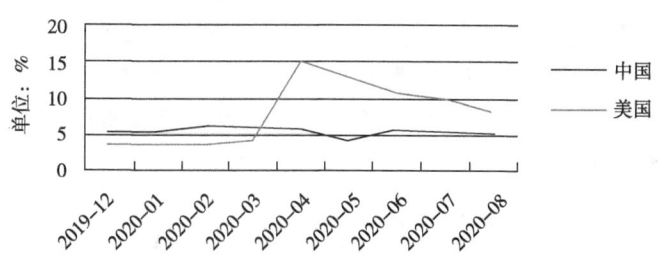

图4 中美两国疫情期间失业率数据对比

资料来源：国家统计局网站。

四、新冠肺炎疫情期间助企纾困财税政策存在的问题

（一）政策可及性有待提升

新出台的税收优惠政策不可避免地面临政策落实不到位的问题。目前税收政策落实主要存在以下几个方面的问题：

首先，政策的宣传力度有待提高。疫情暴发以来，有关部门迅速出台大量政策帮扶企业，但政策发布途径较为分散、覆盖领域不聚焦、宣传不够广泛，多数中小微企业和个体户获取政策能力较弱，对政策发布途径和内容表示"不清楚、不了解"，也缺乏在众多政策中快速筛选有利于自身政策的能力，导致政策不能有效到达企业端。

其次，纳税服务措施还应进一步落细落地。企业尤其是小微企业对于政策的解读不够到位，需要向税务机关咨询。但是部分地区税务机关服务人员对于已出台的支持疫情政策不够了解，无法给出准确回复，还有部分税务机关公布的电话无人接听或者无法接听。

最后，容缺制度有待细化。部分地区税务机关未明确容缺办理适用的业务和执行口径，致使基层税务机关难以执行相关政策。

（二）缺乏应对突发公共卫生事件的长期财税支持政策

在此次疫情期间，我国在较短的时间内出台了一系列财税优惠政策来稳定企业、经济和社会，取得了一定的效果，但是也暴露出了一系列问题。

首先，我国应对突发性公共卫生事件时强调事中和事后，但是在促进事前防范、科技成果转化方面考虑得较少。应对突发性公共卫生事件也要重视事前预防,要以一定的优惠力度提高医药研发类企业的研发动力。

其次,此次应急政策主要事中和事后在不同部门分批次进行发布,涉及增值税、企业所得税、社保费等,且不同地区、不同行业制定的政策各有不同,缺乏系统性,对于企业来说优惠政策的获取便存在一定的困难,无法获取系统性的信息为己所用。

(三)税收优惠政策不够细致化

首先,此次税收优惠范围不够全面。此次政策大力帮扶自身免疫风险能力较差的小微企业,出台了一系列针对小微企业的优惠政策,包括且不限于阶段性减免小规模纳税人。这在一定程度上减轻了部分小微企业的压力,但是那些在增值税起征点以下的小微企业没有享受任何实质上的优惠。

其次,税收优惠方式比较单一。目前出台的税收优惠方式主要有减少应税所得、直接减免税和捐赠扣除,而其他税收优惠方式如退税、投资抵免、亏损弥补等很少。尤其是疫情期间,企业遭受冲击导致营业收入和利润都大幅度下降,减免税很难发挥预期的效应。

最后,税收政策的执行路径不明晰。在政策颁布之后由于没有具体的政策操作标准和办法,往往落实不到位。

五、新冠肺炎疫情期间助企纾困财税政策完善建议

(一)施策方式向简单、直接的方向发展

首先,要主动服务。在基于传统的通过电话一对一宣传、短信群发通知等方式主动对接行业企业的基础上,可以利用信息技术的发展带来的成果,诸如通过建立政企微信群,及时推送相关改革信息,也可以通过目前被大众普遍接受的网络直播形式对新的税收优惠政策进行解读,使受众群体快速了解政策信息。

其次,要利用大数据推动政策"不来即享"。在加快推动政策申办手续全程网上办理的同时,探索"政策自动落实"模式,使符合政策条件的受众自动被纳入政策优惠体系中,利用智能化计算机系统做到自动读入相关档案、自动审核资格、自动落实政策,让受益人足不出户、免于申请就能享受政策,解决政策抵达较慢和落实不到位的问题。

(二)建立和完善应对突发公共卫生事件的财税政策体系

在公众卫生事件突发时,我国经济社会等面临的问题具有一定程度上

的相似性,这种相似性也体现在政府出台的临时性财税支持政策中。因此,将这些存在共通性的财税支持政策集结归纳,按照不同的公共卫生事件响应等级形成一个系统性的"突发公共卫生事件财税政策优惠包"。这样,便可以根据不同时期发生的公共卫生事件的严重程度,尽快出台相应的优惠支持政策。作为一个参照,不仅可以缩短特殊时期出台优惠政策的时间,尽早做出反应,给受疫情影响的纳税人带来信心和支持,还可以减轻在特殊时期政府相关部门本就沉重的压力,降低行政成本。

(三) 制定更为精细化的税收政策

首先,在制定税收优惠政策时,要充分考虑到中小微企业和个体工商户,尽量扩大政策覆盖范围、降低政策门槛,做到应保尽保。同时,也要坚决避免大水漫灌式的普惠措施,要精准定向施策,帮助特定群体渡过难关。

其次,在制定税收政策时,税收优惠形式可以更全面,要将减少应税所得、直接减免税和捐赠扣除,以及其他税收优惠方式如退税、投资抵免、亏损弥补等方式一起纳入税收优惠政策。

最后,要增强政策的可操作性。设置政策时,要提出具体的政策操作标准和办法,避免政策空转、悬置,也避免下级部门在出台配套细则时发生传达上的偏差。

参考文献

[1] 张志元,马永凡,胡兴存. 疫情冲击下中小微企业的金融供给支持研究 [J]. 财政研究,2020 (4).

[2] 孟姝彤. 纳税信用管理在"银税互动"中的运用 [J]. 中国经贸导刊 (中),2020 (8).

[3] 林毅夫,沈艳,孙昂. 我国消费券发放的现状、效果和展望研究 [J]. 中国经济报告,2020 (7).

[4] 李旭红. "非接触式"办税与税收管理现代化 [J]. 税务研究,2020 (5).

[5] 冯俏彬,韩博. 新冠肺炎疫情对我国财政经济的影响及其应对之策 [J]. 财政研究,2020 (4).

[6] 姚景怡. 新冠肺炎疫情影响下的中小微企业扶持政策研究 [J]. 竞争情报,2020 (4).

[7] 朱青. 防控"新冠肺炎"疫情的财税政策研究 [J]. 财政研究,2020 (4).

[8] 李明,汪晓文. 应对突发公共卫生事件的税收政策探讨 [J]. 财政科学,2020 (2).